イラストとネットワーキングで覚える

現代文単語

げんたん

改訂版

河合塾講師　河合塾講師
伊原勇一／土井諭／柴田隆行＝著

いいずな書店

はしがき

皆さんは現代文というものをどう捉えていますか。「現代の文章なので特に勉強しなくても読める」と思っていませんか。確かに、そうかもしれません。しかし、そう思っているということは、ご自身の視野が広がらない、知見や情感が十分に養われないということを意味します。現代文には論理的文章や文学的文章といったジャンルがあり、それぞれが様々なテーマを扱っています。前者は哲学的なものから社会的なものまで幅広く知見を身につけるのに役立ちますし、後者は人間の心理や行動を学ぶのに役立ちます。

本書は、皆さんが高等学校で学ぶ現代文や大学入試現代文を、自信をもって読むことができるようにという思いから作られた単語集です。本書が現代文読解力の養成につながり、ひいては皆さんの視野を広げ、将来に資するものになれば幸いです。

目次

ネットワーキングで覚える

第2章 論理必修語編（204語）

ネットワーキングで覚える

第3章 論理テーマ理解編（144語）

イラストで覚える

本書の特長と使い方

イラストで覚える

第1章　論理対義語編——最重要ペア・重要ペア

第3章　論理テーマ理解編

見開き右頁に覚えるべき単語とその解説、左頁に右頁で学んだ単語とその周辺についての発展的・補足的な解説がありますう。左頁には解説の内容を具体的に表したイラストを掲載しています。掲載した単語を文章上で学習できる

✔文章で語彙力チェックを所々に入れています。

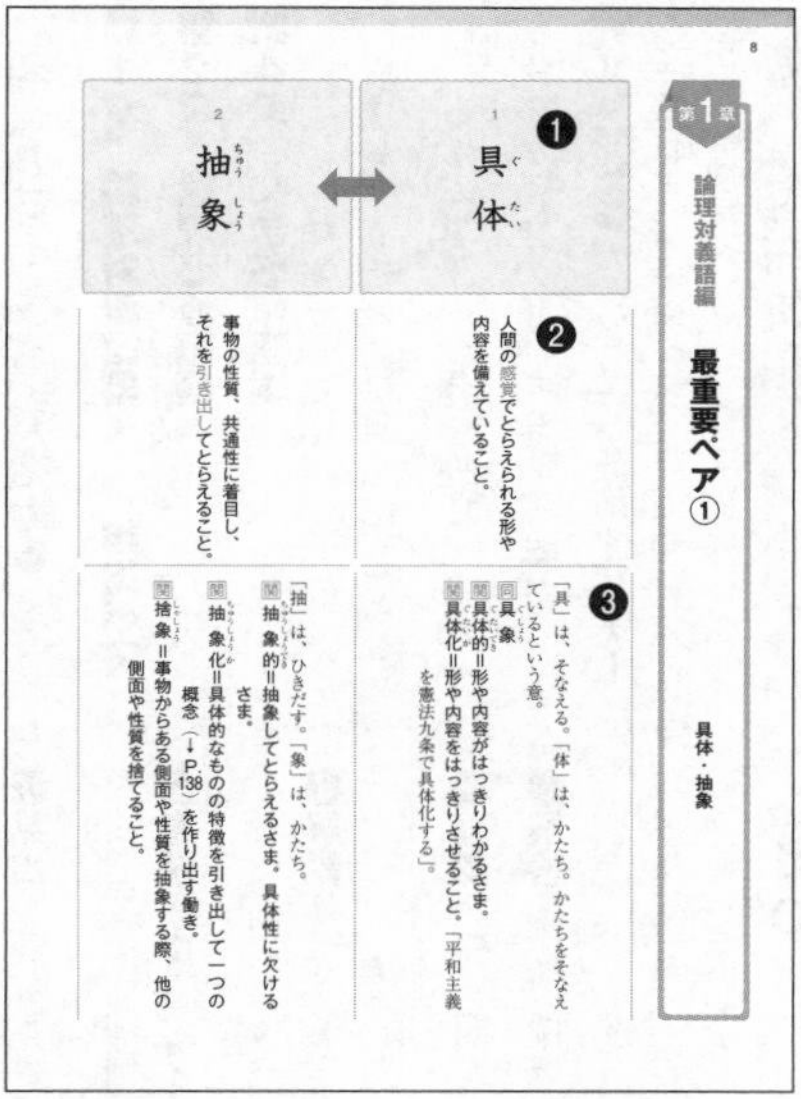

8

第1章

論理対義語編　最重要ペア①　具体・抽象

❶

1 具《ぐ》体《たい》 ⟷ 2 抽《ちゅう》象《しょう》

❷

人間の感覚でとらえられる形や内容を備えていること。

事物の性質、共通性に着目し、それを引き出してとらえること。

❸

「具」は、そなえる。「体」は、かたち。かたちをそなえているという意。

同 具象《ぐしょう》

関 具体的《ぐたいてき》＝形や内容がはっきりわかるさま。

関 具体化《ぐたいか》＝形や内容をはっきりさせること。「平和主義を憲法九条で具体化する」。

「抽」は、ひきだす。「象」は、かたち。

関 抽象的《ちゅうしょうてき》＝抽象してとらえるさま。具体性に欠けるさま。

関 抽象化《ちゅうしょうか》＝具体的なものの特徴を引き出して一つの概念（↓P.138）を作り出す働き。

関 捨象《しゃしょう》＝事物からある側面や性質を抽象する際、他の側面や性質を捨てること。

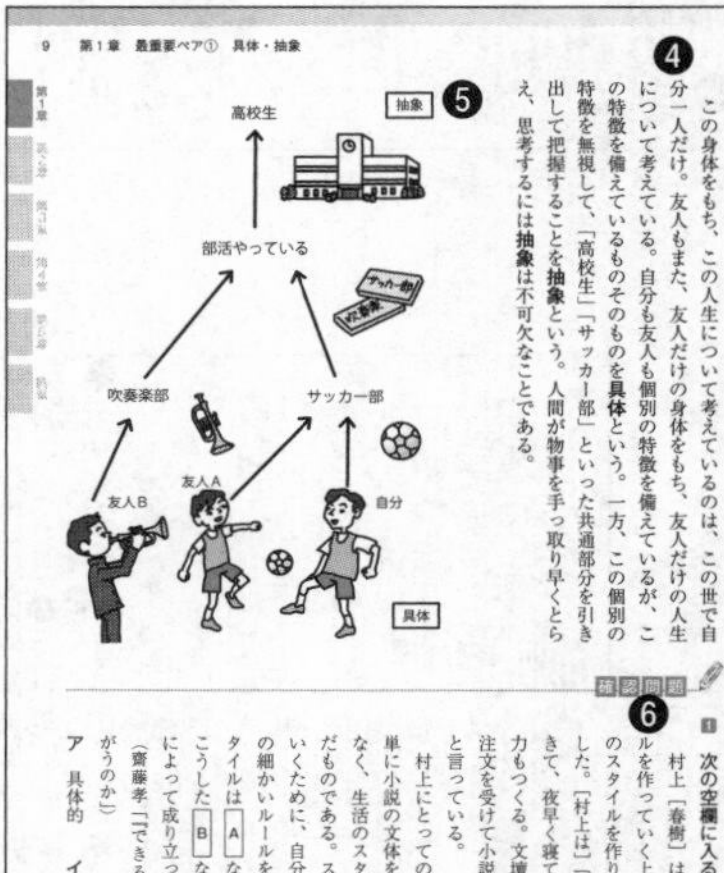

9　第1章　最重要ペア①　具体・抽象

❹

この身体をもち、この人生について考えているのは、この世で自分一人だけ。友人もまた、友人だけの身体をもち、友人だけの人生について考えている。自分も友人も個別の特徴を備えているが、この個別の特徴を備えているものそのものを**具体**という。一方、この個別の特徴を無視して、「高校生」「サッカー部」といった共通部分を引き出して把握することを**抽象**という。人間が物事を手っ取り早くとらえ、思考するには**抽象**は不可欠なことである。

❺

確認問題 ❻

1 次の空欄に入る語を後から選べ。

村上［春樹］は、自分のスタイルを作っていく上で、自分の独自のスタイルを作り上げていこうとした。［村上は］「まず、朝早く起きて、夜早く寝て、運動をして体力もつくる。文壇に関わらない。注文を受けて小説を書かない…」と言っている。

村上にとってのスタイルとは、単に小説の文体を意味するのではなく、生活のスタイルを含み込んだものである。スタイルを作っていくために、自分自身にいくつかの細かいルールを決めていく。スタイルは A なものではなく、こうした B な細かな決めごとによって成り立っている。

（齋藤孝『「できる人」はどこがちがうのか』）

ア　具体的　　イ　抽象的

❼ 解答　Aイ　Bア

❶**見出し語**　本書で学習する単語を見出し語として掲載しています。カタカナ語では原語も記し外国語名を次のように示しています。

英英語／フフランス語／ドドイツ語／ギギリシャ語／ララテン語

❷**意味**　意味のポイント部分を色字にしています。

❸**解説**　漢字意味、関連語、用例などを掲載しています。

❹**左頁解説**　単語やその周辺について解説をしています。適宜、参照頁を入れています。

❺**イラスト**　左頁解説の内容をイラストで示しています。

❻**確認問題**　右頁で学んだ内容を確認できます。適宜、語注（＊）や参照頁を入れています。実際に出題された問題（大学名が記されている）もあります。

❼**解答**　確認問題の解答です。

ネットワーキングで覚える

第1章　論理対義語編――頻出ペア
第2章　論理必修語編
第4章　文学必修語編

ネットワーキング（関連化）で、これから学ぶ単語の全体を押さえてから個々のテーマの単語を学習します。

✔文章で語彙力チェックを所々に入れています。

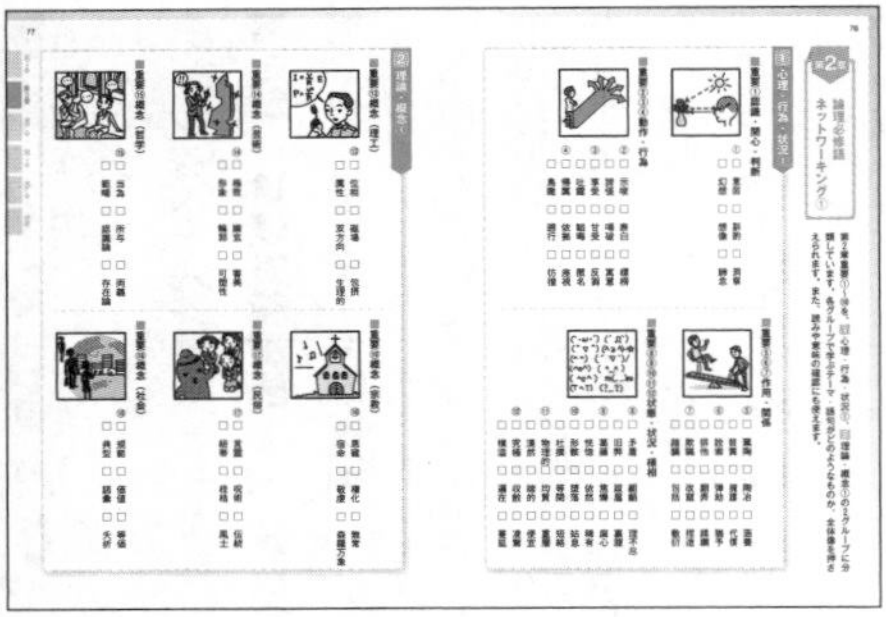

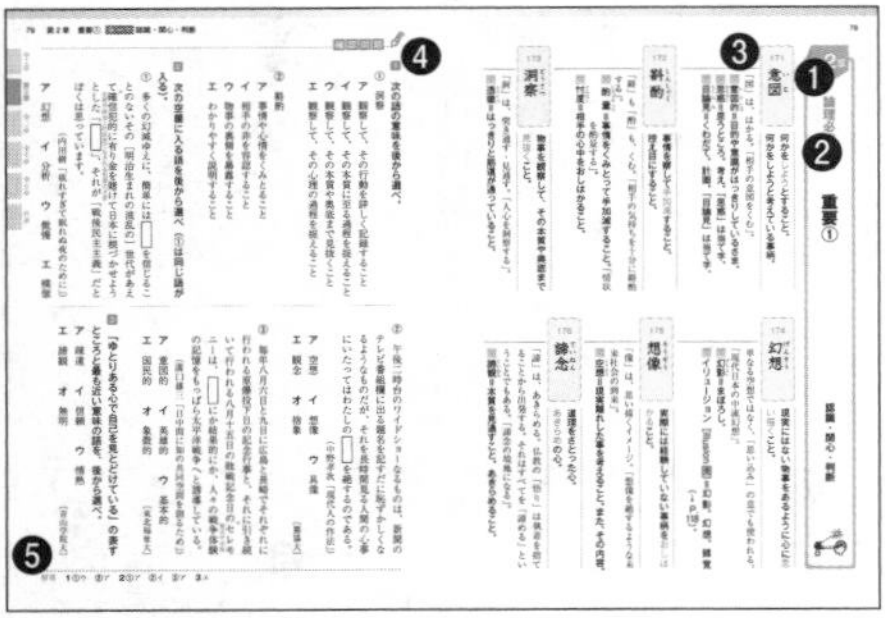

❶見出し語　本書で学習する単語を掲載しています。
❷意味　ポイント部分を色にしています。
❸解説　漢字意味、関連語、用例などを掲載しています。
❹確認問題　問題を掲載しています。
❺解答　確認問題の解答です。

その他の章

第5章　小説テーマ理解編

❶学習テーマ
❷例文
❸確認問題
❹テーマ・作品解説
❺解答

終章　意見論述編

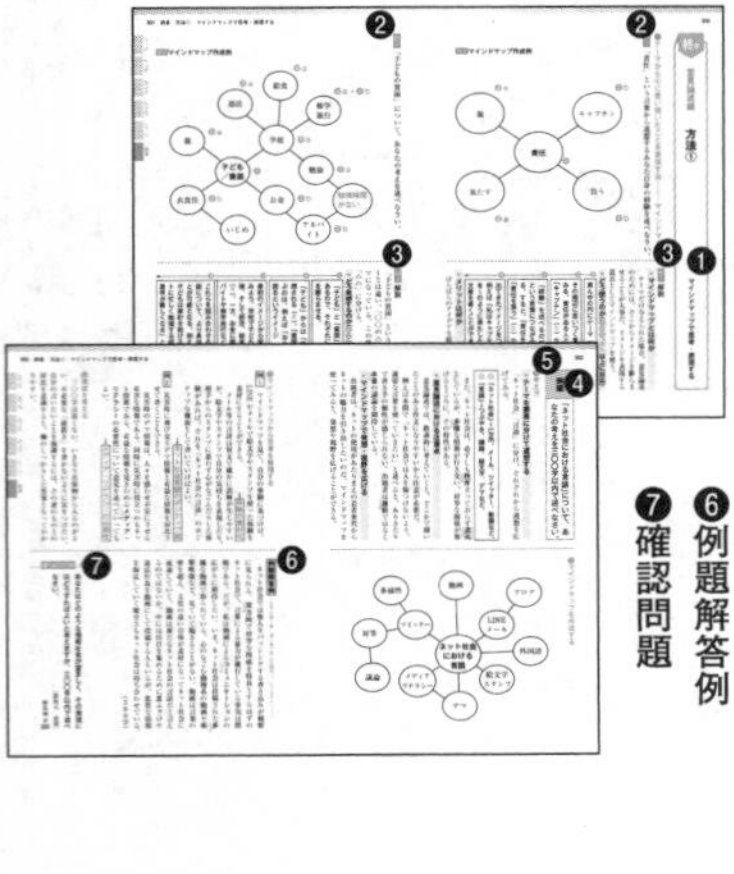

❶学習テーマ
❷例
❸例解説
❹例題
❺例題解説
❻例題解答例
❼確認問題

第1章

論理対義語編

- 最重要ペア①～⑤
- 重要ペア①～⑩
- 頻出ペア①～⑮

第１章では、論理的文章でよく使われる対義語を学習します。論理的文章では、ある物事と物事とを、対比的に論じることが多くあります。そのような際に、対義語が使われることが頻繁にあります。対義語を学習することは論理的文章読解の第一歩です。

第1章 論理対義語編

最重要ペア①

具体・抽象

1 具《ぐ》体《たい》

人間の感覚でとらえられる形や内容を備えていること。

「具」は、そなえる。「体」は、かたち。かたちをそなえているという意。

同 具象《ぐしょう》

関 具体的《ぐたいてき》＝形や内容がはっきりわかるさま。

関 具体化《ぐたいか》＝形や内容をはっきりさせること。「平和主義を憲法九条で具体化する」。

2 抽《ちゅう》象《しょう》

事物の性質、共通性に着目し、それを引き出してとらえること。

「抽」は、ひきだす。「象」は、かたち。

関 抽象的《ちゅうしょうてき》＝抽象してとらえるさま。具体性に欠けるさま。

関 抽象化《ちゅうしょうか》＝具体的なものの特徴を引き出して一つの概念（→P.138）を作り出す働き。

関 捨象《しゃしょう》＝事物からある側面や性質を抽象する際、他の側面や性質を捨てること。

この身体をもち、この人生について考えているのは、この世で自分一人だけ。友人もまた、友人だけの身体をもち、友人だけの人生について考えている。自分も友人も個別の特徴を備えているが、この特徴を備えているものそのものを**具体**という。一方、この個別の特徴を無視して、「高校生」「サッカー部」といった共通部分を引き出して把握することを**抽象**という。人間が物事を手っ取り早くとらえ、思考するには**抽象**は不可欠なことである。

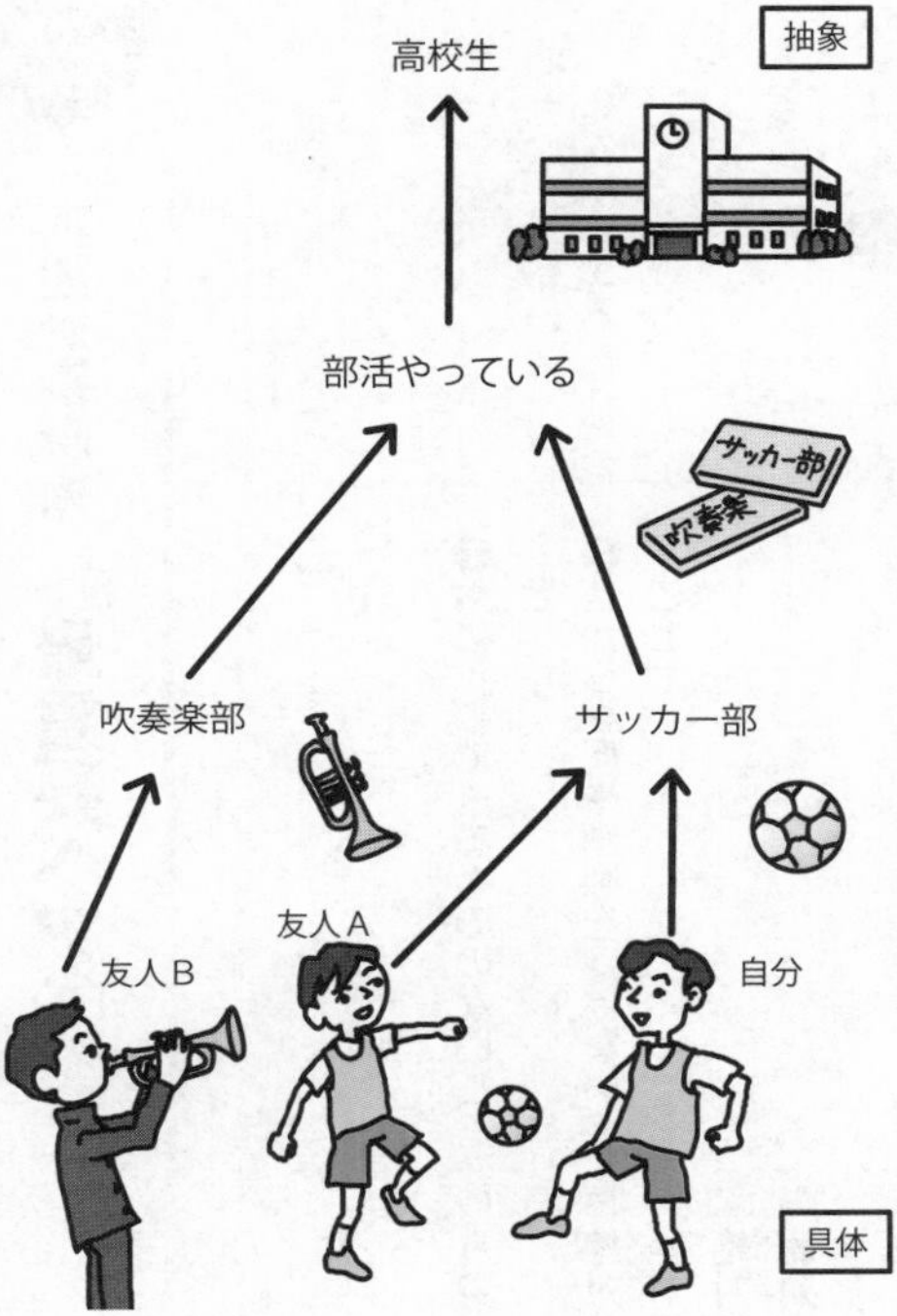

確認問題

1 **次の空欄に入る語を後から選べ。**

村上［春樹］は、自分のスタイルを作っていく上で、自分の独自のスタイルを作り上げていこうとした。［村上は］「まず、朝早く起きて、夜早く寝て、運動をして体力もつくる。文壇に関わらない。注文を受けて小説を書かない…」と言っている。

村上にとってのスタイルとは、単に小説の文体を意味するのではなく、生活のスタイルを含み込んだものである。スタイルを作っていくために、自分自身にいくつかの細かいルールを決めていく。スタイルは［Ａ］なものではなく、こうした［Ｂ］な細かな決めごとによって成り立っている。

（齋藤孝『「できる人」はどこがちがうのか』）

ア　具体的　　イ　抽象的

解答　Ａイ　Ｂア

最重要ペア②

絶対・相対

3 絶《ぜっ》対《たい》

❶他に比較できるもののないこと。
❷他から影響や制限を受けないこと。

完全であり、他に比較したり対立したりするものがなく、すべてのものから制限や拘束を受けず、それ自身が唯一のものとして存在すること。「自分の意見を絶対と考える」。

関 絶対的《ぜったいてき》＝他に比べるものがない存在・状態であるさま。
関 絶対視《ぜったいし》＝それだけがすべてと思うこと。
関 絶対者《ぜったいしゃ》＝独立した最高の存在。神など。
関 絶対主義《ぜったいしゅぎ》＝絶対的なものがあるとする立場。

4 相《そう》対《たい》

❶他との関係において存在すること。
❷向かい合うこと。

❶の意味が重要で、他のものと比べることで、初めてその存在がはっきりするということ。

関 相対的《そうたいてき》＝物事がつねに他との関係において存在するさま。「相対的な価値」。
関 相対主義《そうたいしゅぎ》＝絶対的に正しい立場は存在しないという考え方。

生まれたばかりの赤ちゃんは、自分で衣食住を調達できずに、親の保護を受けて成長していく。つまり、赤ちゃんにとって、親は生命を預ける**絶対**の存在である。だが、成長するにつれて、親子関係以外の人間関係を経験するようになり、自分で衣食住を調達できるようにもなる。すると、幼かったころのように親を**絶対**と見るのではなく、自分と同じ人間の一人だと見なすようになる。これが**相対**として見る（**相対化**）ということである。

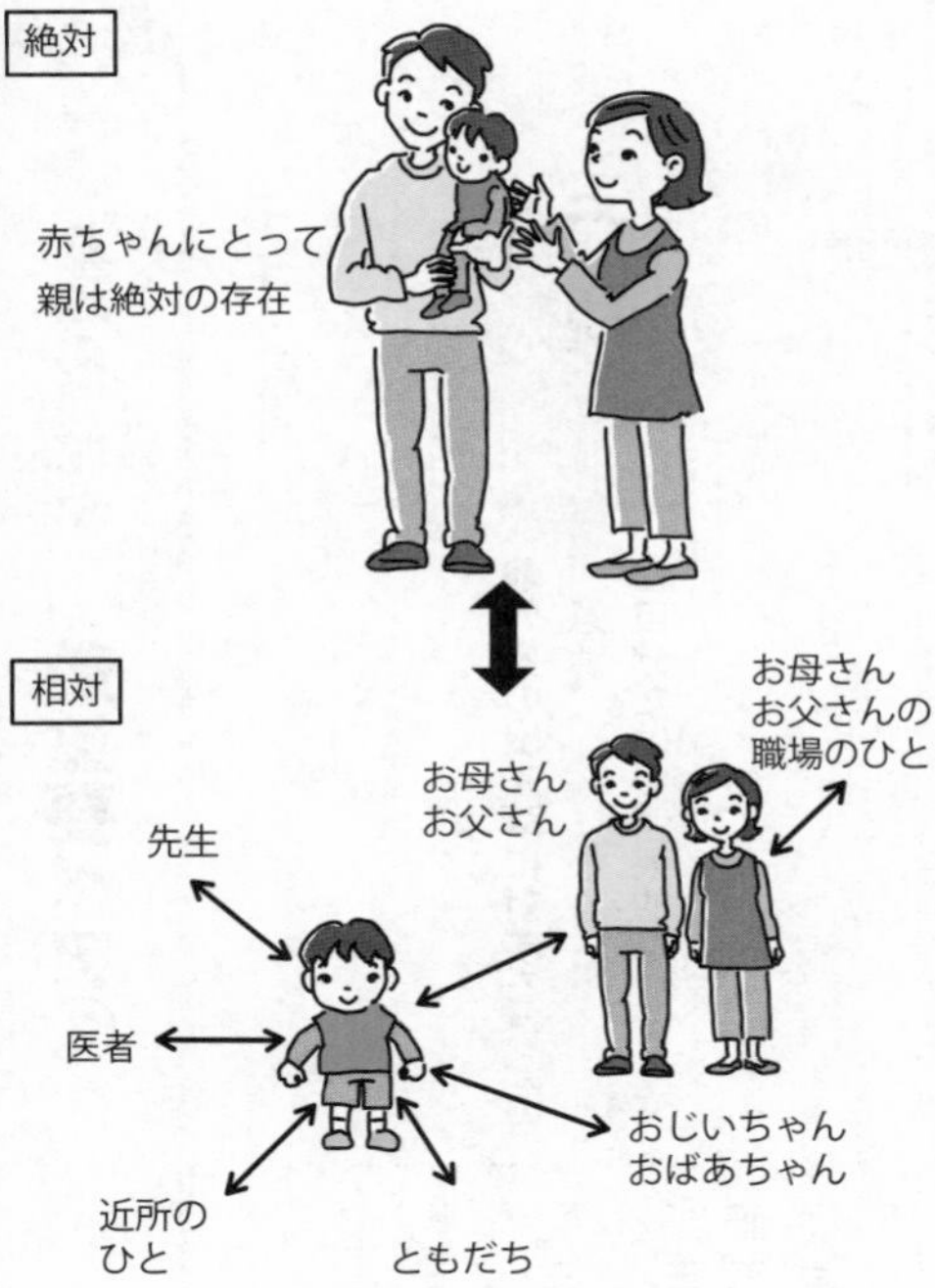

確認問題

1 次の空欄に入る語を後から選べ。

幾つかのサブグループ《下位の団体・付属団体》*があり、私は「国家の概念」→P138という論文を書いた。情報という視点から見て、国家というものが、いかに［A］なものかということを主張したのである。

「国家の概念？　どういうこと？　国家の、いったい何が問題だというんだ？」議論の最中、後に金融関係の仕事に進んだ男が頭を抱えて机に突っ伏したのを、鮮明に覚えている。彼にとっては、「国家」とは、［B］な存在、前提→P44にされることであって、その成立自体を問題にするという私の論文は、ナンセンス《無意味なことやばかげたこと》*に見えたのであろう。

（茂木健一郎「なぜナショナリズムは相互理解されないか」）

ア　相対的　　イ　絶対的

解答　Aア　Bイ

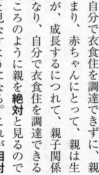

最重要ペア③

主観・客観

5 主《しゅ》観《かん》

❶外界の出来事に対する自分の意識。

❷自分だけの個人的な考え。

「主」は、はたらきかける側。「主観に依存した意見」。

関 主観的《しゅかんてき》=自分だけの考えにかたよるさま。「主観的な意見」。

関 主体《しゅたい》=認識や行為の中心となり、他に働きかけるもの。自分自身。

関 主体的《しゅたいてき》=主体性をもっているさま。

関 主体性《しゅたいせい》=自分の考えや判断によって行動する性質。

関 自己《じこ》=↓P.146

6 客《きゃっ》観《かん》

❶認識や行動の対象となるもの。主観から独立して存在するもの。

❷当事者ではなく、第三者からの観点。

❶の意味が重要で、例えば、世界や自然などをいう。

「客観描写に徹する自然主義文学」。

関 客観的《きゃっかんてき》=個人的な見方をせず、冷静に見たり考えたりするさま。「客観的な判断」。

関 客観性《きゃっかんせい》=客観的な性質。

関 客体《きゃくたい》=人間の意志や行為の対象となるもの。相手。

関 他者《たしゃ》=↓P.146

人間と外界との関係において、意識する側（私・自分）を**主観**、意識される側（世界）を**客観**という。その自分の意志で何かを行っている私を**主体**、私が働きかけることができるすべての事物を**客体**と呼ぶ。ドイツの哲学者カントは、**主観**の側に根拠→P84を置く**主観・客観**の二元論→P28（二つの異なる原理でする考え方）を提唱。**主観**は世界を秩序づけて見る働きをもつが、自分以外の**他者**もまた自分と同じように世界を見ているという視点を忘れてはならない。

確認問題

1 次の空欄に入る語を後のア・イから一つずつ選べ。

a　あとになってあのファイルは消してはいけなかったとわかると、たちまち事故と見なされます。事故かどうかの認定は事情に応じて変化する、多分に□なものです。

（中田亨「ヒューマンエラーを防ぐ知恵」）

b　「比較」は、比較文学や比較言語学、比較政治構造論＊など、今日盛んな学問となっているが、いずれも自分抜きに、自分たち抜きに、あれとこれとを□に比較する。

＊仕組みについて考察する学問

（柳父章「未知との出会い」）

ア　主観的　　イ　客観的

解答　aア　bイ

最重要ペア④

現象・本質

7

現《げん》象《しょう》

❶感覚によってとらえられるすべての物事。
❷表面だけに現れたもの。

「現」は、あらわれる。「象」は、かたち。簡単に言うと、目や耳などの感覚によってとらえることができる自然界や人間社会で起きる出来事のこと。**本質**が理性でとらえられるのに対して、**現象**は感性や感覚でとらえられた外面的なもの。**本質**とは逆に、可視的な（目に見える）ものであり、表面的なものである。「自然界の現象」など。

8

本《ほん》質《しつ》

❶物事の根本的な性質や要素。そのものの本来の姿。
❷存在するものの基底をなすもの。

それがなくてはそのもの自身が成り立たないものをいう。例えば、「問題の**本質**」といった場合、その問題の根本的な性質は現象面（表面的な部分）にあるのではなく、むしろ奥深いところに存在するということをさす。だから**本質**とは、不可視の（目に見えない）ものであり、根本的なものである。「海外支援の本質」など。

関 **本質的**《ほんしつてき》＝本質に関わっていて重要であるさま。
関 **一義的**《いちぎてき》＝最も重要で価値があるさま。↓P.44

哲学の世界では、常に**本質**と**現象**とは対の**概念**→P138としてとらえられる。ただ、**本質**のイメージは人によって異なる。プラトンは**本質**そのものの美を「イデア」と呼び、アリストテレスは「イデア」は存在せず、個別のものの中に**本質**が姿を現していると考えた。**本質**は**現象**の裏にある不可視のものであり、何らかの意味で**現象**を決定していると考えられる。変化する**現象**の背後に、不変で同一の**本質**があると考えたいのが人間の習性といえよう。

本質
本質のとらえ方は人それぞれ
イデアとは本質そのものの美
イデアなどというものは存在せぬ。それぞれの中に本質があるのだ！
プラトン
アリストテレス

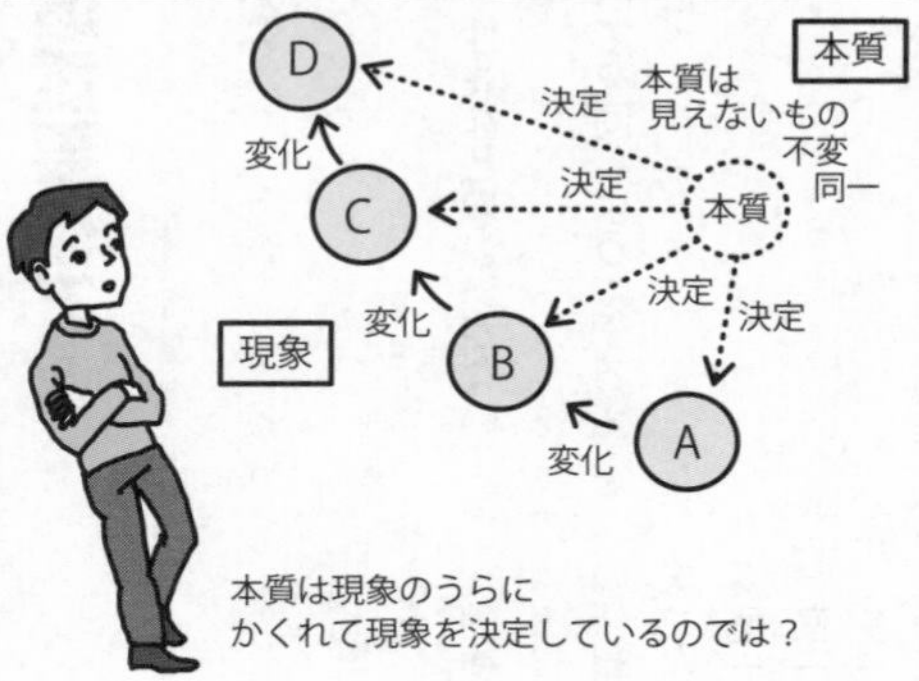
本質
本質は見えないもの 不変 同一
本質
決定
決定
決定
決定
D
C
B
A
変化
変化
変化
現象
本質は現象のうらにかくれて現象を決定しているのでは？

確認問題

1 **次の空欄に入る語を後から選べ。**

どうして、このように情報を捨てるのかというと、そうすることで、何が□かがわかりやすくなり、別の多数のものにも共通する一般的な**概念**→P138が構築しやすくなるからだ。

（森博嗣「人間はいろいろな問題についてどう考えていけば良いのか」）［椙山女学園大］

ア 中心　**イ** 本質　**ウ** 雑事
エ 外見　**オ** 現実

2 **次の空欄に入る「本質」の対義語を答えよ。**

一定の思想をもって□に問いかけ、□をしてこの問に答えさせることが実験である。そして与えられる答《こたえ》について論理的*に思考し、これによって□を合理的*に把握してゆく。

*論理的：論理にかなっているさま
*合理的：道理に合い、むだのないさま

（三木清「哲学入門」）

解答　**1**イ　**2**現象

第1章

論理対義語編

最重要ペア⑤

画一・多様

9

画《かく》一《いっ》

❶形や性質などの違いがないこと。
❷すべてを同じようにそろえること。

現代社会は、大量生産・大量消費・大量伝達の社会といえる。同じような生活、同じような考え方、同じような行動様式が支配的となる。つまり、現代社会に生きる人々は「**大衆**」（↓P.196）として、多くの生産物や多くの情報によって均質化・**画一**化され、主体的な判断を失った集合体として存在しているとも考えられる。

関 **画一的《かくいってき》＝みな同じようで個性や変化がないさま。**

関 **画一化《かくいっか》＝画一にすること。**

10

多《た》様《よう》

❶さまざまに異なること。
❷種類が多いさま。

個人はそれぞれ自分だけの意見や考えをもっている。これを**多様**性という。議会制民主主義では通常、多数決原理が採用される。これはすべての**多様**な意見を取り上げるわけにはいかないので、多数を占める者の意見によって議会の意思決定を行うという原理。民主主義＝多数決と考えられがちだが、全体の意思を形成する過程で、多数者の圧力から少数者の意見をどう擁護し、取り込んでいくかが問題となる。

関 **多様化《たようか》＝多様になること。**

「十人十色」という言葉があるが、十人いれば十人それぞれの特色や個性がある。民主主義の根本は、この個性の尊重にある。自分の個性が一つしかないように、友人の個性も一つしかない。それぞれの個性、すなわち**多様**性を**否定**→P32するのではなく、お互いに認め合うこと。それが文化の面でも主張されている。一つの思想や**価値観**→P112に支配され、**画一**化された社会ほど人間にとって生きづらい社会はないといえる。

画一

それぞれ個性は違うのに…

多様

さまざまな民族→多様性を認め合う

確認問題

1　**次の空欄に入る語を後から選べ。**

今後の社会は、発明ではなく**模倣**→P24によらざるを得なくなるし、その**結果**→P36として、□の方向をたどる…（横山滋「模倣の社会学」）

ア　活性化　**イ**　一般化　**ウ**　幼児化　**エ**　抽象化　**オ**　画一化　［南山大］

2　**次の空欄に入る語を後から選べ。**

無数の情報が乱れ飛ぶ現在、最も問題となるのは情報技術そのものではないだろう。むしろ人びとに□な役割を演じさせる**諸制度**→P162や、複製された言葉やイメージ*を誰でもどこでもいつでも斉一的*に解釈させる社会**メカニズム**→P138こそ、問われねばならないのである。

*心に浮かべる姿や形
*みな一様であるさま・そろっているさま

（西垣通「『情報伝達』という神話」）

ア　完全　**イ**　健全　**ウ**　厳粛　**エ**　多様　［中央大］

解答　**1**オ　**2**エ

重要ペア①

帰納・演繹・総合・分析

11 帰納《きのう》

個別の具体的な事実から一般的な法則を導き出すこと。

関 帰納法《きのうほう》＝帰納による考察の方法。自然科学の研究やデータを重視する学問の論証（証拠を挙げて論理的に説明すること）には帰納法が応用される。よって帰納法は科学的方法論といわれる。

12 演繹《えんえき》

一般的な前提から個別の結論を引き出すこと。

前提（→P.44）として与えられた命題から、厳密に必然的（→P.36）結論（→P.44）が導き出されるのが演繹の特徴。

関 三段論法《さんだんろんぽう》＝演繹法の典型的（→P.112）な論法。「人間は死ぬ→私は人間だ→だから私は死ぬ」。

13 総合《そうごう》

一つ一つのものをまとめ合わせて、全体をとらえること。

ヘーゲル哲学では、矛盾（→P.92）対立する定立（命題）と反定立とを止揚（高次の段階での統一）すること。ジンテーゼ。「綜合」とも。

関 総合的《そうごうてき》＝全体を一つにまとめるさま。統一がとれているさま。行き渡っているさま。

14 分析《ぶんせき》

物事を細かな要素に分解して、部分を明らかにすること。

関 分析的《ぶんせきてき》＝分析するさま。分析にこだわって、総合をないがしろにするさま。

関 分析哲学《ぶんせきてつがく》＝言語の意味や用法の分析から哲学の問題を考える哲学の総称。実証主義への批判から。

帰納と**演繹**は、推論するときの基本的な型。たくさんある個々のものから一般法則へ、というのが**帰納**のイメージ。一般法則から個々の事柄へ、というのが**演繹**のイメージ。

近代哲学や近代科学は、すべてのものが**分析**可能で、その**分析**の結果は**総合**できるという考え方から出発した。→P38確かに**分析**によって物事の成り立ちを明らかにしてきた功績は大きいが、例えば生命は、それを構成する要素に**分析**したとたん、それは生命として存在しなくなる。**分析**は万能ではないというところに問題点が残る。

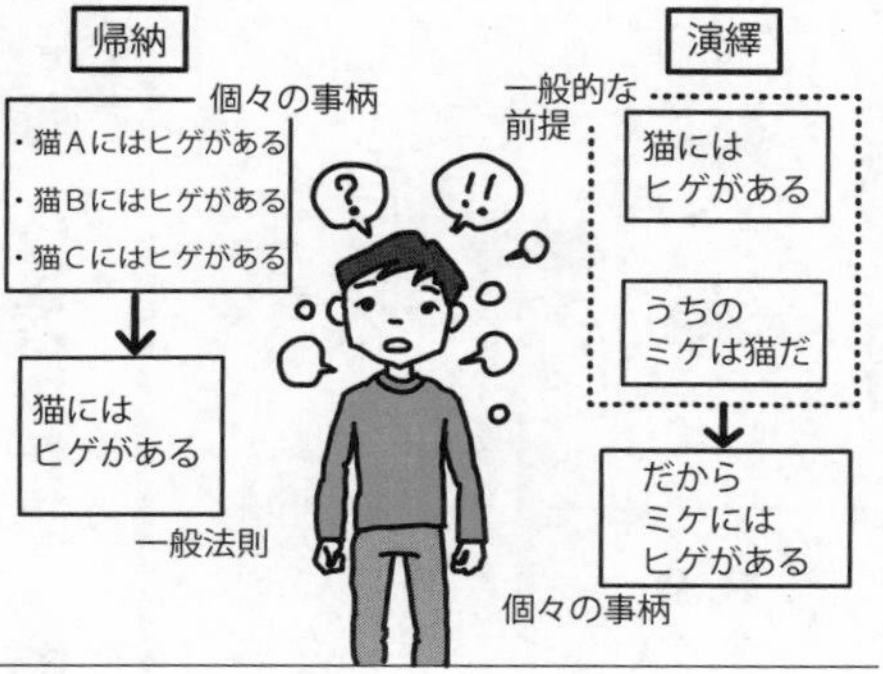
帰納
個々の事柄
・猫Aにはヒゲがある
・猫Bにはヒゲがある
・猫Cにはヒゲがある
猫には
ヒゲがある
一般法則
?
!!
演繹
一般的な
前提
猫には
ヒゲがある
うちの
ミケは猫だ
だから
ミケには
ヒゲがある
個々の事柄

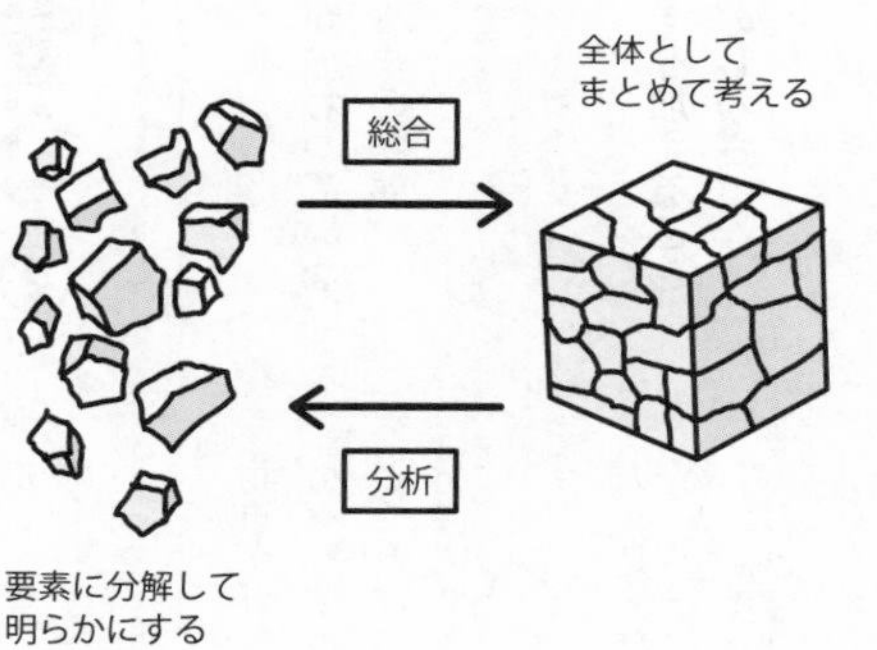
全体として
まとめて考える
総合
分析
要素に分解して
明らかにする

確認問題

1 次の傍線部の対義語を後から選べ。

台所の実験は年中同じように続いて行く。そして時々新しい法則を発見して行くようである。時には「一度醤油《しょうゆ》を差して少しあまかったと思って、注ぎ足したらもう駄目ですね」などというような勝手な法則を帰納している。

（中谷宇吉郎「室鰺《むろあじ》」）

ア　帰省　イ　延納　ウ　演訳
エ　演繹　オ　帰着　〔昭和女子大〕

2 次の空欄に入る語を後から選び、その対義語を答えよ。

画家は、こうした証拠や証言を突き合わせ、それらを□的に判断しながら絵筆を動かしていく必要があります。

（野家啓一「歴史を哲学する」）

ア　逆接　イ　具体
ウ　主観　エ　総合

解答　**1**エ　**2**エ・分析

重要ペア②

自然・人為・身体・精神

15 自然《しぜん》

人の手が加わっていない、ありのままの状態。

物事が外部からの影響を受けず、本来備わっている性質によって存在すること。近代以前、自然界のすべてに精霊が宿ると信じられていた（アニミズム→P.182）が、近代以降、自然は精密な機械であるとの考え方が生まれる（機械論的自然観→P.192）。

16 人為《じんい》

❶人の手を加えること。
❷人間のしわざ。

人が為《な》す意。「大自然の造形は人為では難しい」。

関 人工《じんこう》
関 人為的《じんいてき》＝人の手が加わっているさま。

17 身体《しんたい》

人間の体。肉体。

「肉体」と呼ぶ場合、「心」と対置された物質的な「体」として扱われることが多い。「身体」と呼ぶ場合、「心」と「体」が一つになった自己意識というとらえ方が多い。

18 精神《せいしん》

❶心。
❷物事に対する心のもち方や働き。
❸根本の意義。

関 精神的《せいしんてき》＝精神に関するさま。
関 精神主義《せいしんしゅぎ》＝精神を重視する立場。度が過ぎると、精神さえ強ければ何でもできるという考え方となり、批判の対象とされる。

誰でも**自然**は残しておきたい。人間関係で疲れたとき、山や海や川に出かけて自分を見つめ直すことは大切だ。そもそも人間そのものが**自然**に属する存在なのだ。だが、**自然**を破壊し、文明・文化の名のもとに**人為**的に物を作り出すのも人間なのだ。

人間を目に見える部分（**身体**）と目に見えない部分（**精神**）に分け、後者を重視するのがデカルトらの近代哲学の基本となった。だが、生身の人間は二つに分割できるほど単純なものではない。その反省から、**身体**を中心に考え直そうとする思想が登場した。

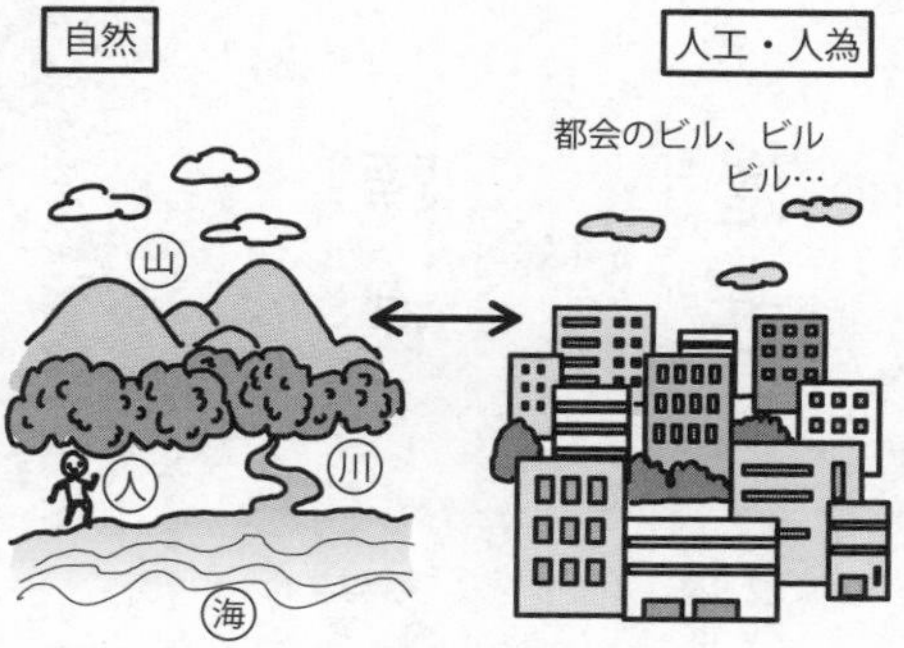

確認問題

1 **次の空欄に入る語を後から選び、その対義語を答えよ。**

人と人、人々と人々とが、比較すれば結局同じであるという考え方は、近代になって□的に造られた考え、平等感である。

（柳父章「未知との出会い」）

ア　人為　　イ　絶対
ウ　客観　　エ　基本

2 **次の空欄に入る語を後から選び、その対義語を答えよ。**

私たち生命体の□はプラモデルのような静的なパーツから成り立っている分子機械ではなく、パーツ自体のダイナミック*な流れの中に成り立っている。

*力強く活気があるさま

（福岡伸一「生物と無生物のあいだ」）

ア　習慣　　イ　問題
ウ　連続　　エ　身体

解答　**1** ア・自然　**2** エ・精神

重要ペア③

顕在・潜在・内包・外延

19
顕《けん》在《ざい》

はっきり形に現れて、存在すること。

「顕」は、あらわれる。「世相に顕在する課題」。
関 顕在化《けんざいか》＝形となってはっきりと表に現れてくること。

20
潜《せん》在《ざい》

内部に隠れていて、表面に現れずに存在すること。

「潜」は、ひそむ。「潜在する要求を探る」。
関 潜在的《せんざいてき》＝表面に現れ出ないさま。
関 潜在意識《せんざいいしき》＝自覚なしで、人を左右する心の奥の働き。
関 伏在《ふくざい》＝表面に出ないで、潜んで存在すること。

21
内《ない》包《ほう》

❶ある概念がもつ共通の性質。
❷内部に包みもつこと。

例えば「魚」の内包は、水中にすむ・鱗《うろこ》をもつ・エラ呼吸するなど、「魚」が共通してもっている性質をさす。

22
外《がい》延《えん》

ある概念が適用される最大の範囲。

例えば「魚」の外延は、タイ・ヒラメ・サンマ・アジなど、「魚」の概念（↓P.138）に当てはまる事物の範囲をさす。

人間は五感→P.118を使って**顕在**するものは知覚できるが、**潜在**するものはとらえることが難しい。例えば、精神分析で、存在していると仮定して用いられている**潜在**意識は、知覚できないものであり、実際に存在しているかどうかは分からない。

内包と**外延**の関係とは、例えば「家」の**内包**は、「家」という概念→P.138が共通して持っている性質（屋根がある・壁がある・出入り口がある等）であり、「家」の**外延**は、「家」という概念が適用できる事物全体（犬小屋・物置・ログハウス等）である。

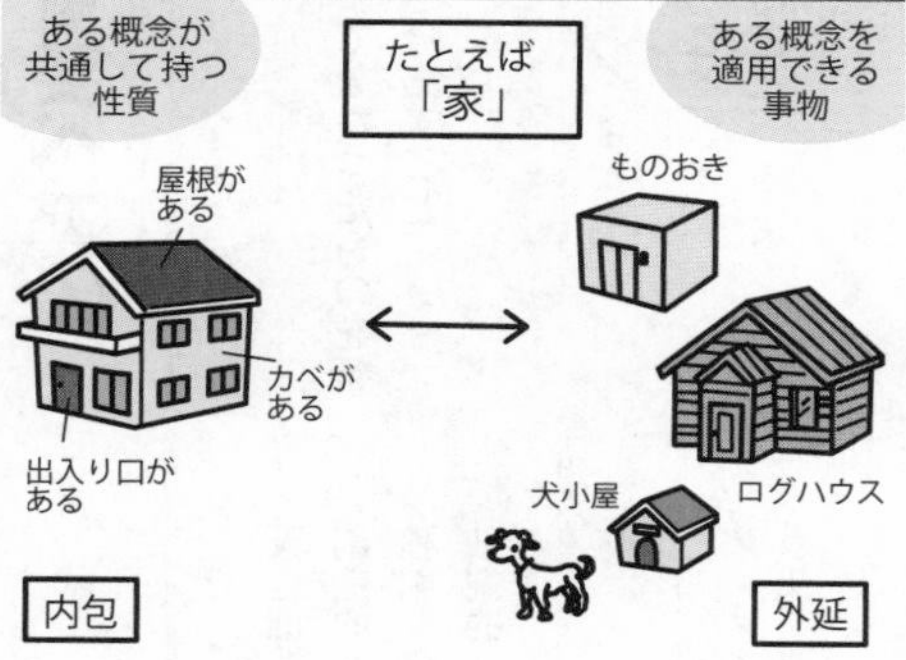

確認問題

1 **次の傍線部の対義語を後から選べ。**

「親密圏《きわめて親しい範囲》*の外部に位置する者＝**潜在**的に危険な者」という安直《手軽で安易なさま》*な図式は、人々の行動に大きな影響を及ぼし始めている。

（田仲康博「空間と表象の暴力」）

ア　介在　**イ**　滞在　**ウ**　遍在　**エ**　顕在　**オ**　駐在

［佛教大］

2 **次の空欄に入る語を後から選べ。**

カフカは、二種類の旅を対比させている。［A］的で組織された旅と、［B］的で「破片、難破、断片による旅」である。最初の旅では旅人は外の世界を歩きまわる。（略）しかし第二の旅で重要なのはその内的な強度である。だから自分の部屋の中でも実行することができる。

（中山元「思考のトポス」）

ア　内包　**イ**　外延

解答　**1**エ　**2**Aイ　Bア

重要ペア④

創造・模倣・ロゴス・パトス

23 創造《そうぞう》

それまでなかったものを新しく作り出すこと。

関 天地創造《てんちそうぞう》＝キリスト教で、神が宇宙や万物を造ること。
関 創造的《そうぞうてき》＝創造力があるさま。
関 独創《どくそう》＝自分だけの考えで作り出すこと。
関 独創的《どくそうてき》＝独創で作られているさま。

24 模倣《もほう》

まねること。似せること。

「倣」は、ならう。「まねる」は「まねぶ（学ぶ）」と語源が同じといわれる。つまり、「まねる」ことは「学ぶ」ことと同義であり、創造の根源であると考えられる。「行動を模倣する」。

25 ロゴス [logos ギ]

理性。理知。言語。論理。

言葉をとおして表される理性（→P.54）。「パトス」と対照的に、理性に関わる側面をいう。「ロゴスの体系としての言語」。

26 パトス [pathos ギ]

感情。情熱。情念。

もとは、他から動作・作用を受けるという「受動」の意。「ロゴス」と対照的に、持続性のない感情に関わる側面をいう。「パトスから見た創造性」。

関 エートス [ēthos ギ]＝→P.152

近代になり、「個」が確立するようになると、他人とは異なる独自性が主張され、**創造**の価値→P112ばかりが重視されるようになった。しかし、学習や習い事が**模倣**から始まるように、**創造**の源泉は**模倣**なのである。

人間には理性→P54的な側面と感情的な側面がある。通常、人間の心の働きは**ロゴス**によって安定しているが、時には**パトス**が前面に出る場合もある。**パトス**には、自分の経験した感情をもとに他者→P146の感情を理解するという性質があり、相互理解には重要である。

確認問題

1 **次の傍線部の対義語を答えよ。**

目に見えないものをあたかも存在するかのように想像→P78的に<u>**創造**</u>→P278する能力を人間はそなえているのだろう。

（今村仁司「貨幣とは何だろうか」）

2 **次の傍線部の意味を後から選べ。**

タイトルをなまえとみるとき、われわれは言語学よりはレトリック→P156に、[a]<u>**ロゴス**</u>は[b]<u>**パトス**</u>へと力点を移し、無機質→P48の科学的世界から魔力の*圏域《範囲》へと入り込んでゆくことになる。

（佐々木健一「タイトルの魔力」）〔成蹊大〕

ア 精神　**イ** 情念
ウ 肉体　**エ** 理知

解答　**1**模倣　**2**aエ　bイ

重要ペア⑤

普遍・特殊・形而上・形而下

27
普《ふ》遍《へん》

❶例外なくすべてに共通すること。
❷広く行き渡ること。

「普」も「遍」も、あまねく。「平和の希求は普遍である」。
関 普遍性《ふへんせい》＝すべてに通じる性質。
関 普遍的《ふへんてき》＝すべてにあてはまるさま。

↔

28
特《とく》殊《しゅ》

他の普通のものとは異なること。

「特」も「殊」も、特別のもの。全体的ではなく、限られた若干数だけに当てはまること。「特殊な事情に配慮する」。

29
形《けい》而《じ》上《じょう》

形を超越した、精神的なもの。

抽象的で観念的なもの。感覚的経験では知り得ない、超自然的なもの。ドイツ語の「メタフィジック［Metaphysik］」の訳語。
関 形而上学《けいじじょうがく》＝ものの根本原理を考究する学問。存在の本質を理性的な思惟《しい》や直観で追究する学問。

↔

30
形《けい》而《じ》下《か》

時間や空間の中で形をとって現れるもの。

感覚的経験で認識できるもの。物質的で具体的なものをいう。「形而下の問題として論じる」。

普遍には、すべてに例外→P44なく共通しているというニュアンスがある。よく似た一般には、例外はあるものの多くに共通しているというニュアンスがあり、例外の存在を前提→P44にしている。**特殊**は、ある特定の物事にしか見られないこと。つまり例外のこと。

形而上とは人間の五感→P118ではとらえられない、形のないものや目に見えないもの、つまり精神的なものをいう。**形而下**とは人間の五感でとらえられる、形のあるものや目に見えるもの、つまり物質的なものをいう。**形而上**について研究するのが**形而上学**。

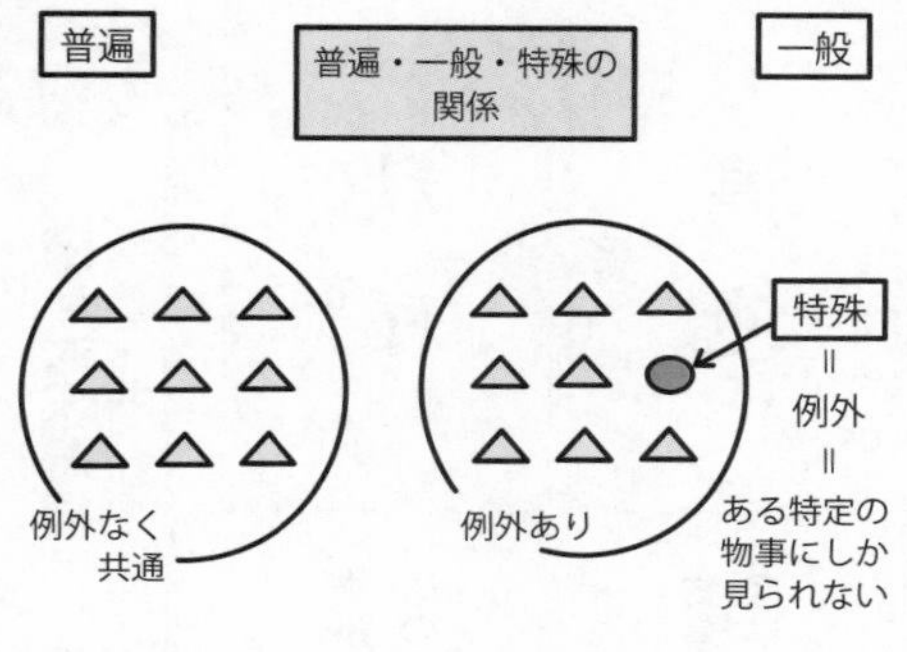

確認問題

1 次の傍線部について、(1)意味を後から選び、(2)対義語を答えよ。

希望というものは人間の存在の**形而上**学的本質→P14を顕すものである。希望に生きる者はつねに若い。

（三木清「人生論ノート」）

ア 捨象的　**イ** 具象的　**ウ** 実在的　**エ** 観念的

2 次の傍線部の対義語を後から選べ。

人は自らの最期《しにぎわ》*をどこで迎えるべきか、という問いに対し、**普遍**的な答《こたえ》を用意することは不可能でしょう。

（霜山徳爾「人間の限界」）

ア 相対　**イ** 特殊　**ウ** 抽象　**エ** 主観　**オ** 恣意

［北海学園大］

解答　**1**(1)エ　(2)形而下　**2**イ

第1章

論理対義語編

重要ペア⑥

秩序・混沌・一元・多元

31
秩《ちつ》序《じょ》

物事や社会を正しく保つための順序や決まり。

「秩」は、順序立っているさま。「大会の秩序を乱す」。
関 コスモス［kosmos ギ］＝宇宙。ギリシャ哲学では、秩序と調和をもつ世界をさす。

32
混《こん》沌《とん》

物事が入り交じって、はっきりと区別がつかないさま。

「渾沌」とも。「沌」は、万物が、まだ形をなさず、気がもやもやと渦巻いているさま。「事態は混沌としている」。
関 カオス［khaos ギ］＝混沌。ギリシャ哲学では、宇宙の秩序形成以前の未分化の状態をいう。

33
一《いち》元《げん》

すべての物事の根源が一つであること。

関 一元的《いちげんてき》＝一つの立場で全体が統一されているさま。
関 一元化《いちげんか》＝組織などを一つにまとめること。一本化。
関 一元論《いちげんろん》＝一つの原理ですべてを説明しようとする考え方。

34
多《た》元《げん》

互いに独立した、多くの原理や要素があること。

「元」は、もと。「二元」は、二つの原理や要素。
関 多元的《たげんてき》＝要素が多くあるさま。
関 多元論《たげんろん》＝世界を説明するのに独立した多くの原理を認める立場。

カオスから**コスモス**へ、という流れはギリシャ神話→P182に限らず、世界の多くの民族の神話に見られる。古代人は**カオス**から**コスモス**がどのように生じるかに関心があった。西洋では、人間にも宇宙と同じように**コスモス**（ミクロコスモスという）があり、宇宙にも人間と同様に**理性**→P54があると考えた。

西欧の先進諸国を中心とした文化や文明が支配的だった時代には、世界の**価値観**→P112の**一元**化ということが疑いもなく受容されていたが、今では**多元**的な文化を認めるという考えが主流となっている。

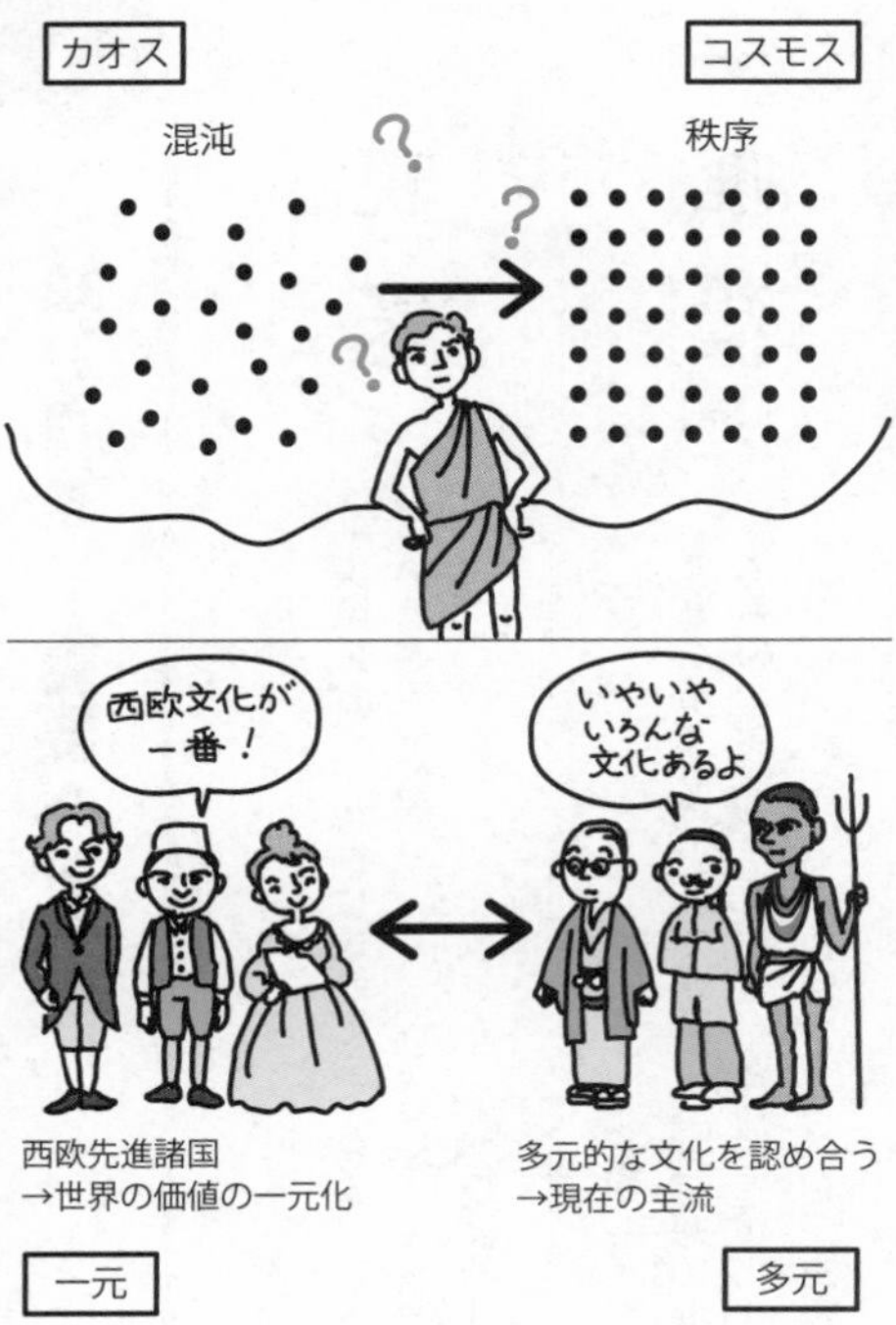
カオス
コスモス
混沌
秩序
西欧文化が一番！
いやいや いろんな 文化あるよ
西欧先進諸国
→世界の価値の一元化
多元的な文化を認め合う
→現在の主流
一元
多元

確認問題

1 次の傍線部について、⑴意味を後から選び、⑵対義語を答えよ。

人間は存在の本源的カオスのなかには生きてはいない。

（井筒俊彦の文）

ア　混沌　　イ　混雑
ウ　困難　　エ　根本

2 次の空欄に入る語を後から選べ。

一見したところの価値→P112の［　　］、「豊かさ」の選択、さまざまな期待や見通しが錯綜《さくそう》→P130するなかで、「豊かさ」の精神風景が問われている。

（三重野卓「『生活の質』と共生」）

ア　多元化　　イ　一元化

解答　**1**⑴ア　⑵コスモス　**2**ア

重要ペア⑦

現実・理想・建前・本音

35

現《げん》実《じつ》

実際に今、目の前に現れている事実や状態。

現実は我々の観念においてしかとらえられないものである。哲学では、そもそも、現実的なもの・リアルなものとは何か、ということ自体が問題とされる。

関 **現実的《げんじつてき》＝現実に即しているさま。**

36

理《り》想《そう》

最善の姿や状態として求めるもの。

実現したいと考える最善の目標のこと。「理想の追求」。

関 **理想的《りそうてき》＝理想の状態であるさま。**

関 **理想化《りそうか》＝現実を理想の状態に近づけて考えること。**

関 **理想主義《りそうしゅぎ》＝理想の実現を目指して行動する考え方。**

37

建《たて》前《まえ》

表向きの方針や考え方。

もとは、建築前の祝い。建前と本音の使い分けは、日本人独特の習慣。「つまらないものですが」といって差し出す贈り物が本当に「つまらないもの」なら、相手に失礼となる。謙虚な姿勢が言葉として表されている。

38

本《ほん》音《ね》

❶本当の気持ち。

❷本当の気持ちから出る言葉。

政治家の暴言や失言があったとき、「本心ではない。心にもないことをいった」と言い訳する場合があるが、実は本音が出たと批判されることがある。「油断して本音を吐く」。

将来、自分はこうありたいと願って**理想**を目指して努力する人がいる。一方で、今の自分の力では限界が見えているとあきらめて**現実**に沿った生き方をする人がいる。**現実**を直視することも大切だが、**理想**を忘れた人生は何か物足りない。

建前では「一致団結」と言いながら、**本音**では「一致団結できるかな…」と思う人がいるかもしれない。**本音**は本来隠されているものだが、ちょっとしたときに表に現れることがある。**建前**をそのまま受け入れてはいけない場合があるのだ。

確認問題

1 **次の空欄に入る語を後から選べ。**

昔から、芸術は□とは別の世界を作るものであり、何らかの意味で日常生活を超越《はるかに超えること》*するものだとされていたわけですが、…

（山崎正和「混沌からの表現」）

ア 物語　**イ** 現実
ウ 知識　**エ** 内面

2 **次の空欄に入る「現実」の対義語を答えよ。**

近代的化粧の□が「薄化粧」であり、擬制《見せかけ》*とはいえ「素肌美人」であるのに較《くら》べて、先史人《有史以前の人間》*は極端にこれ見よがしの化粧を好む。

（山崎正和「装飾とデザイン」）

3 **次の空欄に入る「建前」の対義語を答えよ。**

腹が知れない、言うことが分かりにくい、□と建前とがちがい過ぎる。

（秦恒平「京都感覚」）

解答　**1**イ　**2**理想　**3**本音

重要ペア⑧

肯定・否定・楽観・悲観

39 肯定《こうてい》 ⟷ **40 否定《ひてい》**

41 楽観《らっかん》 ⟷ **42 悲観《ひかん》**

---

39 肯定《こうてい》

❶物事をそのとおりであると認めること。

❷存在や意義を認めること。

「肯」は、もっともだと思う。「現実を肯定する」。

関 肯定的《こうていてき》＝肯定しているさま。

関 ポジティブ［positive 英］＝積極的。肯定的。明白な。

関 是認《ぜにん》＝→P.64

---

40 否定《ひてい》

物事をそうではないと退けて、打ち消すこと。

「否」は、嫌だと言う。「人間性を否定する」。

関 否定的《ひていてき》＝否定しているさま。

関 ネガティブ［negative 英］＝消極的。否定的。マイナスの。

関 否認《ひにん》＝→P.64

---

41 楽観《らっかん》

❶すべての物事をよい方に考えること。

❷将来に明るい見通しをもつこと。

関 楽観的《らっかんてき》＝楽観するさま。オプティミスチック。楽天的。

関 楽観主義《らっかんしゅぎ》＝何事も楽観的に考える傾向。楽天主義。オプティミズム。

関 オプティミスト［optimist 英］＝楽観主義者。楽観論者。

---

42 悲観《ひかん》

❶すべての物事を悪い方に考えること。

❷希望を失って悲しむこと。

「観」は、見方・考え。「将来を悲観する」。

関 悲観的《ひかんてき》＝悲観するさま。ペシミスチック。

関 悲観主義《ひかんしゅぎ》＝何事も悲観的に考える傾向。ペシミズム。

関 ペシミスト［pessimist 英］＝悲観主義者。悲観論者。

練習試合で怪我《けが》をしたとする。本試合の前にきちんと治療しておこうと**肯定**的（ポジティブ）に考える人と、本試合の時までに怪我が治らず、活躍できなかったらどうしようと**否定**的（ネガティブ）に考える人がいる。

自分の好きなおまんじゅうが、昨日までは三つあったが、今日は一つしかない。そこで、「まだ一つ残っている」と考えるのが**楽観**、「もう一つしか残っていない」と考えるのが**悲観**。人間はその時々によって、**楽観**にも**悲観**にもなる存在なのだ。

確認問題

1 次の傍線部の対義語を答えよ。

当時この革新→P66内閣が封建制→P162を**否定**するブルジョワジー→P168を支持層にしたことは、のちの大隈重信の歩みによって明らかである。

（磯田光一「思想としての東京」）

［明治大］

2 次の傍線部の対義語を後から選べ。

孤独というものは、心の閉ざされた状態としては、常に**ペシミスチック**である。

（福永武彦「愛の試み愛の終り」）

ア　利他的　　イ　悲観的

ウ　楽天的　　エ　利己的

［熊本県立大］

解答　1肯定　2ウ

重要ペア⑨

供給・需要・拡大・縮小

43 供給《きょうきゅう》 ⇔ 44 需要《じゅよう》

45 拡大《かくだい》 ⇔ 46 縮小《しゅくしょう》

43 供給

❶必要に応じて、ものを与えること。
❷商品を市場に出すこと。

市場に出された商品量の意もある。「食糧を供給する」。
関 供《きょう》する＝差し出す。役に立てる。
関 給《きゅう》する＝金品をあてがう。支給する。

44 需要

❶必要なものとして求めること。
❷商品を市場から買うこと。

「需」は、もとめる。「需要に応じて生産する」。
関 購買《こうばい》＝買うこと。購入。
関 購買力《こうばいりょく》＝買う財力。

45 拡大

広げて大きくすること。
広がって大きくなること。

「拡」は、ひろげる、ひろがる。「商品の販路を拡大する」。
関 拡張《かくちょう》＝規模を広げて大きくすること。

46 縮小

縮めること。
縮まること。

「縮」は、ちぢめる、ちぢまる。「開発規模を縮小する」。なお、「縮小」は「小」、減少は「少」なので書き取りの際に注意。
関 収縮《しゅうしゅく》＝ひきしまって小さくなること。

商品の値段は、市場→P168における**需要**と**供給**のバランスによって決まる。**供給**よりも**需要**が多くなれば値段が上がり、**供給**よりも**需要**が少なくなれば値段は下がる。そこで**供給**を意識的に少なくし、希少（まれで少ないこと）価値→P112ということで値段を上げる商法もある。

資本主義→P166は、商品やサービスを生み出し、それらを市場で売って利益を上げる経済システムである。だからこそ、利益が上がるたびに土地や工場などの設備を**拡大**していけるが、利益が得られなくなれば**縮小**せざるを得なくなるという特徴がある。

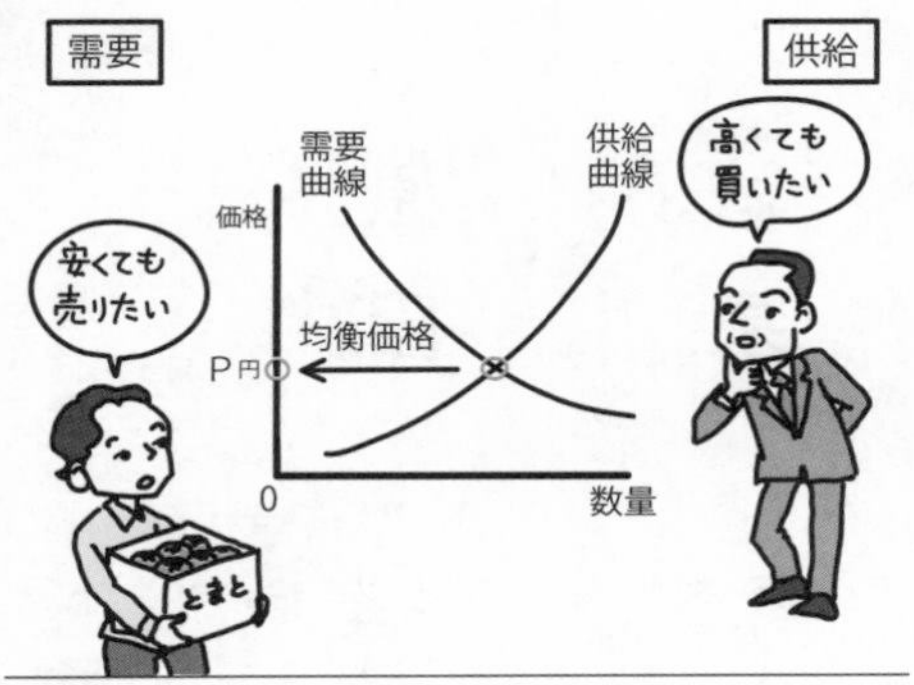

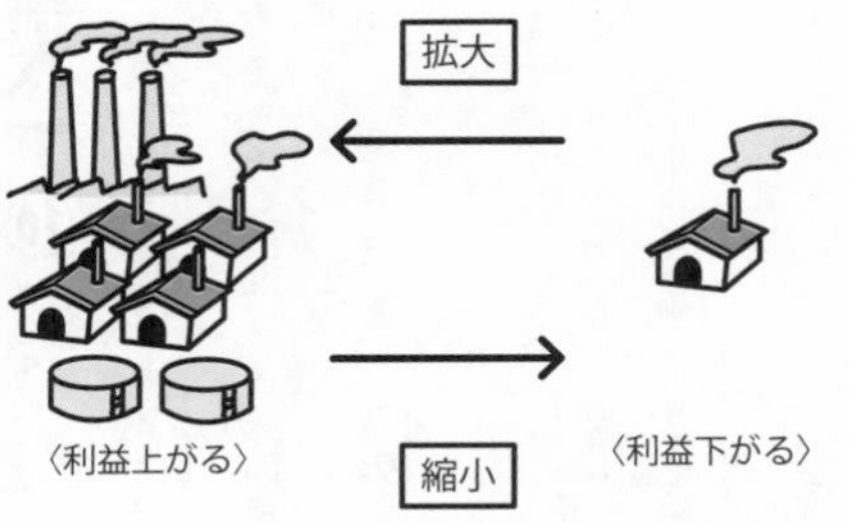

確認問題

1 **次の空欄に入る語を後から選べ（空欄には同じ語が入る）。**

ガス会社は、□に見合うガスを保管し、ガス管の点検修理を怠らずに続け、ガスの□が滞らないようにしていなければならない。

（村田純一「知覚・技術・環境」）

ア　需要　　イ　供給

2 **次の傍線部の対義語を答えよ。**

「〝常用〟な漢字の範囲が人により違うこと」は、個性尊重・多様→P16化の時代、コンピュータによる文字表現**拡大**の時代を経て、「常用漢字表」が作られた当時と比較しても、はるかに大きくなっているのではないでしょうか。

（円満字二郎「戦後日本　漢字事件簿」）

［青森公立大］

解答　**1**イ　**2**縮小

第1章 論理対義語編

重要ペア⑩ 原因・結果・偶然・必然

47 原《げん》因《いん》

ある物事を引き起こしたもと。

関 因果律《いんがりつ》＝同一の原因からは必ず同一の結果が生じるという原理。

関 因果関係《いんがかんけい》＝二つのものが原因と結果というつながりをもっていること。

48 結《けっ》果《か》

ある原因によって生じた事柄や状態。

「結」は、終わりになる。「努力の結果、優勝する」。

関 結果論《けっかろん》＝結果だけを見て是非や善悪を論じる議論。

関 因果応報《いんがおうほう》＝行いの善悪に応じた報いが必ずあること。

関 因果《いんが》を含《ふく》める＝事情を説明して納得させる。

49 偶《ぐう》然《ぜん》

思いがけないこと。たまたま。

「偶」は、たまたま。何の因果関係もなく、予期しないことが起こること。「好成績を残せたのは偶然だった」。

50 必《ひっ》然《ぜん》

必ずそうなること。

因果関係によって、それより他になりようのないこと。

関 必然的《ひつぜんてき》＝必ずそうなるさま。

関 必然性《ひつぜんせい》＝必ずそうなる性質。

関 蓋然性《がいぜんせい》＝ある事が起こる確実さの度合い。確率。

例えば駅で中学時代の担任と会ったとする。予想外のことなので**偶然**といえる。だが、そもそも自分も担任も何かの理由があって駅までやって来たのだと考えれば、その出会いは**必然**ともいえる。**偶然**も重なれば**必然**といえる、とはよくいわれる。

私たちは、あらゆる事柄にはそれを生じさせた**原因**があると考える。すべての事象は何らかの**原因**の**結果**として生起したというこの考え方は、同一の**原因**からは同一の**結果**が得られるはずであるという科学の再現可能性の根拠→P84にもなっている。

偶然
必然
STATION
おや、山田さん
あら、先生
用事で駅まで
私も用事で駅まで
自分
中学時代の担任

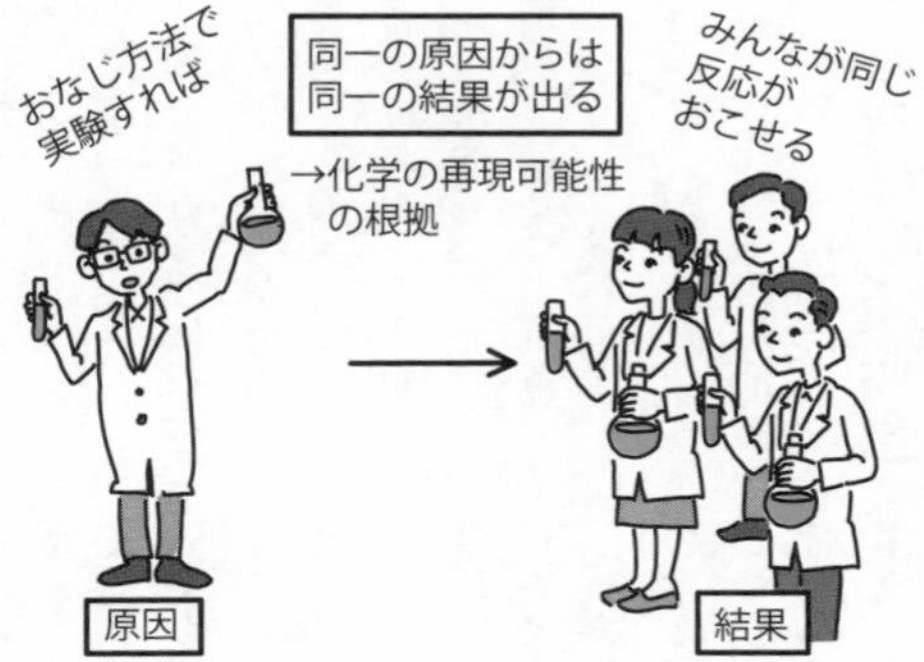
おなじ方法で実験すれば
同一の原因からは同一の結果が出る
→化学の再現可能性の根拠
みんなが同じ反応がおこせる
原因
結果

確認問題

1 **次の傍線部の対義語を答えよ。**

［政治においては］敵を物理的→P98に消滅させることによって紛争の最終的な決着を図ろうとする暴力への意志が**必然**的に姿を現すことになる…

（加藤節「政治学を問いなおす」）［小樽商科大］

2 **次の空欄に入る語を後から選び、その対義語を答えよ。**

つまり叱るという言語による他者規制＊（決まりで制限すること）の行為と、意図する→P78□との間には非常なずれができている。

（鈴木孝夫「ことばの人間学」）

ア 事実　**イ** 能力
ウ 論理　**エ** 結果

解答　**1**偶然　**2**エ・原因

文章で語彙力チェック①（第1章　論理対義語編）

問題　**次の評論を読んで、後の問に答えよ。**

本を読んで頭に描く世界が観念の産物であることは誤解の余地がすくない。ところが、ブラウン管から見えてくるものはいかにもナマナマしい。A第一次的現実であるかのような錯覚を与えがちだ。現代人はおそらく人類の歴史はじまって以来はじめて、B第二次的現実中心に生きるようになっている。これは精神史上ひとつの革命であると言ってよかろう。

従来の活字による第二次的現実のほかに、強力な映像による第二次的現実が出現したことが、現代の知的生活を複雑にしている。

思考の問題を考えるに当たっても、この二種の(a)現実の違いを無視することは許されないであろう。従来、ものを考えるといえば、まず、第二次的現実の次元であった。これまでに読んだ先人の業績との対話から新しい思考が生《うま》れる。そのかわり第一次的現実とのかかわりはあいまいであった。むしろ、低次の現実から絶縁することで、いっそう高い思考への飛翔ができると考えた。

しかし、思考は、第一次的現実、素朴な意味で生きる汗の中からも生れておかしくはないのである。近代人がこの思考に関心を示さないのは、知の階級制度が確立してしまっているように思われていたからにほかならない。働くものにも思考、思索、知識の創造がなくてはならない。

これまでは、〝見るもの〟〝読むもの〟の思想が尊重されたから、〝働くもの〟〝感じるもの〟の思想は値打ちがないときめつけられてきたのである。しかし、知識と思考は、見るものと読むものとの独占物ではない。額に汗して働くものもまた独自の思考を生み出すことを見のがしてはならない。いかに観念的な思考といえども、人間の考えることである以上、まったく、第一次の現実がかかわりをもっていないということはあり得ない。いかに間接的ではあっても、ナマの生活が影を落としているはずである。

現代のように、第二次的現実が第一次的現実を［　　］しているような時代においては、あえて第一次的現実に着目する必要がそれだけ大きいように思われる。人々の考えることに汗のにおいがない。したがって活力に欠ける。意識しないうちに、①抽象的になって、ことばの指示する実体があいまいになる傾向がつよくなる。抽象は第二次的現実から生れる思考の性格である。現代の思想がいかにもなまなましいような装いを見せ、映像によって具体的であるかのような外見はしているけれども、現実性はいちじるしく(b)稀薄である。
歩きながら考える、というのは、第一次的現実の中における思考である。生活を中断し、書物の世界に没入して、ものを考えるのとは質的に違う。われわれの知的活動が、とかく、模倣的であり、真に創造的でないのは、このナマの生活との(c)断絶に(d)原因があるのではあるまいか。

（外山滋比古「思考の整理学」）

問一 語句 傍線部(a)〜(d)の対義語を漢字で記せ。

問二 語句 空欄□に入る「際立った力で相手を負かすこと」の意味の二字熟語を記せ。

問三 読解 筆者がいうA第一次的現実、B第二次的現実に該当するものを次からすべて選べ。

ア 汗　イ 活字　ウ 映像　エ ナマの生活

問四 読解 傍線部①とあるが、これはどういうことか。その内容として最も適当なものを次から選べ。

ア 現実から離れることによって、ことばの密度が凝縮されるということ。
イ ことばが高度になって、現実とのギャップがどんどん広がるということ。
ウ ことばと現実とが対峙《たいじ》することで、ことばの意味がより深まるということ。
エ 具体性に欠け、ことばの指し示す本当の内容がはっきりしなくなるということ。

問五 読解 筆者の主張として最も適当なものを次から選べ。

ア 第一次的現実、第二次的現実をともに乗り越えた思考が必要である。
イ 第一次的現実、第二次的現実とは別の次元の現実が必要である。
ウ 第一次的現実から生まれる思考や知にも目を向ける必要がある。
エ 第二次的現実を従来と同様にこれからも重視していく必要がある。

◆ 重要語フィードバック（問題文にある重要語を再確認！）

観念（⬇P.146）	余地（⬇P.276）	錯覚（⬇P.118）	現実（⬇P.30）
曖昧（⬇P.50）	制度（⬇P.162）	創造（⬇P.24）	圧倒（⬇P.118）
抽象（⬇P.8）	具体（⬇P.8）	稀薄（⬇P.50）	模倣（⬇P.24）
断絶（⬇P.46）	原因（⬇P.36）		

＊色字は既出語

解答　問一(a)理想　(b)濃密　(c)連続　(d)結果　問二圧倒　問三Aア・エ　Bイ・ウ　問四エ　問五ウ

解説　問五第6段落より「第一次的現実に着目する必要」が「大きい」と筆者は述べている。

第1章 論理対義語編 ネットワーキング

第1章頻出ペア①～⑮を、1 思考・表現、2 人間の性質と芸術、3 社会・経済の3グループに分類しています。各グループで学ぶテーマ・語句がどのようなものか、全体像を押さえられます。また、読みや意味の確認にも使えます。

1 思考・表現

■頻出ペア①②理論と方法

①
- □ 理論↔実践
- □ 目的↔手段
- □ 直観↔推理
- □ 微視的↔巨視的

②
- □ 一義的↔二義的
- □ 多義↔一義
- □ 前提↔結論
- □ 原則↔例外

■頻出ペア③時間と空間

③
- □ 連続↔断絶
- □ 既知↔未知
- □ デジタル↔アナログ
- □ ア・プリオリ↔ア・ポステリオリ

■頻出ペア④点と線と面

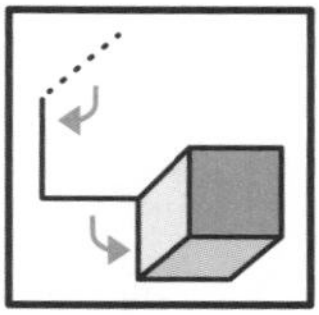

④
- □ 多面↔一面
- □ 中心↔周縁
- □ 内容↔形式
- □ 有機↔無機

■頻出ペア⑤輪郭と中身

⑤
- □ 明瞭↔曖昧
- □ 濃密↔希薄
- □ 中庸↔極端
- □ 類似↔相違

2 人間の性質と芸術

■頻出ペア⑥⑦人間の内面性

⑥
- □ 緊張↕弛緩
- □ 安堵↕危惧
- □ 謙虚↕傲慢
- □ 記憶↕忘却

⑦
- □ 充実↕空虚
- □ 理性↕感性
- □ 表層↕深層
- □ 内発↕外発

■頻出ペア⑧人柄・性格

⑧
- □ 饒舌↕寡黙
- □ 高尚↕卑近
- □ 開放↕閉鎖
- □ 積極的↕消極的

■頻出ペア⑨⑩文学・芸術

⑨
- □ 真名↕仮名
- □ 文語↕口語
- □ 表音↕表意
- □ 巧妙↕拙劣

⑩
- □ 前衛↕後衛
- □ 喜劇↕悲劇
- □ 正統↕異端
- □ 新奇↕陳腐

3 社会・経済

■頻出ペア⑪⑫⑬自己と社会

⑪
- □ 自立↕依存
- □ 自律↕他律
- □ 独立↕従属
- □ 抵抗↕服従

⑫
- □ 是認↕否認
- □ 能動↕受動
- □ 解放↕拘束
- □ 権利↕義務

⑬
- □ 保守↕革新
- □ 通説↕異説
- □ 彼岸↕此岸
- □ ユートピア↕ディストピア

■頻出ペア⑭⑮経済

⑭
- □ 生産↕消費
- □ 蓄積↕消耗
- □ 獲得↕喪失
- □ 利益↕損失

⑮
- □ 名目↕実質
- □ 促進↕抑制
- □ 固定↕流動
- □ 自発↕強制

第1章

論理対義語編

頻出ペア①

理論と方法①

51 **理論《りろん》** ⇔ 52 **実践《じっせん》**

51 理論《りろん》

ある原理をもとに筋道を立てて組み立てた考えや論。

「理」は、筋道。「理論を組み立てる」。

関 理論的《りろんてき》＝理論にもとづくさま。

52 実践《じっせん》

実際に行うこと。

「践」は、ふみ行う。「理論を実践に移す」。

関 実践的《じっせんてき》＝実際に行うさま。

53 **目的《もくてき》** ⇔ 54 **手段《しゅだん》**

53 目的《もくてき》

めざすところ。目当て。

「的」は、まと。「年来の目的を果たす」。

関 目的意識《もくてきいしき》＝自分の行動の目的に対するはっきりした自覚。

54 手段《しゅだん》

目的を達成するための具体的な方法。てだて。

「目的のためには手段を選ばない」とは、マキャベリズムによる。

55 **直観《ちょっかん》** ⇔ 56 **推理《すいり》**

55 直観《ちょっかん》

推理を用いず、対象を直接とらえること。直覚。

関 直観的《ちょっかんてき》＝直観でとらえるさま。

関 直感《ちょっかん》＝理屈抜きで感覚的にわかること。

56 推理《すいり》

既に知っている事柄をもとに筋道を立て、おしはかること。

「推」は、おしはかる。「理」は、筋道を立てる。「原因を推理する」。

57 **微視的《びしてき》** ⇔ 58 **巨視的《きょしてき》**

57 微視的《びしてき》

見分けられないほど微細なさま。細かいところに注意して見るさま。

「ミクロ」とも。「microscopic（ミクロスコピック）」の訳語。「微視的に検討する」。

58 巨視的《きょしてき》

部分にとらわれず、大きくとらえて見るさま。

「マクロ」とも。「macroscopic（マクロスコピック）」の訳語。「巨視的に推移を眺める」。

確認問題

1 **次の傍線部の対義語を答えよ。**

これほど厄介*（面倒で手間のかかること）な技術課題に直面しても西洋の技術をそのまま受容せず、自分たちの文化や生活習慣に合うように時計のしくみを「改造」という**手段**で変えたのである。

（志村幸雄『世界を制した「日本的技術発想」』）

2 **次の傍線部について、(1)意味を後から選び、(2)対義語を答えよ。**

幸福、などという言葉はかなり思考をともなったものだ、と私は思う。**直観**的には、よかった、とか、うれしい、といった言葉の方が出やすい。

（石垣りん「ユーモアの鎖国」）

ア 物事の本質を論理的に捉えること
イ 物事の本質を推理によらず直接的に捉えること
ウ 論理的な思考と感性により本質を捉えること
エ 物事の本質を経験によって捉えること

3 **次の空欄に入る語を後からそれぞれ選べ（②は同じ語が入る）。**

① 実践とは、各人が身を以《もっ》てする決断と選択をとおして、隠された現実の諸相*（いろいろな姿やありさま）を引き出すことなのである。そのことによって、［　　］が、現実からの挑戦を受けて鍛えられ、飛躍するのである。

（中村雄二郎「臨床の知とは何か」）

ア 現象　イ 混沌《こんとん》　ウ 建前　エ 理論

② 私たちのめざしているのは［　　］的なサイエンス*（科学（特に自然科学））の構築である。新しい認識が新しい生き方の創出に結びついていけるような、現実の中でも効力を発揮できる*（力を十分に出して見せること）［　　］的なサイエンス（科学）こそが、私たちの求めるものである。

（中沢新一「芸術人類学」）

ア 合理　イ 抽象　ウ 実践　エ 神話　オ 理想

〔東北学院大〕

③ ただし、高倍率のレンズで見るときには、低倍率のレンズでは見えていた歴史の［　　］的な変化は背景化して見えなくなる。

（若林幹夫「社会（学）を読む」）

ア 巨視　イ 合理　ウ 懐古　エ 審美

〔学習院大〕

解答　**1**目的　**2**(1)イ　(2)推理　**3**①エ　②ウ　③ア

頻出ペア②

理論と方法②

59 一義的《いちぎてき》 ⇔ 60 二義的《にぎてき》

59 一義的《いちぎてき》

最も重要で価値があるさま。

「第一義的」とも。「一義的」は「二義的」に対する場合、最も重要な意義の意になる。「経済政策が一義的な課題である」。

60 二義的《にぎてき》

根本的・基礎的でないさま。

「手続きは二義的な問題にすぎない」。

同 二次的《にじてき》・付随的《ふずいてき》・副次的《ふくじてき》

61 多義《たぎ》 ⇔ 62 一義《いちぎ》

61 多義《たぎ》

一つの語句に多くの意味があること。

「義」は、意味の意。社会で自然に形成された言語はもともと多義的なものであるが、それが厳密な思索を妨げるという説がある。

62 一義《いちぎ》

一つしか意味がないこと。

「一義」は「多義」に対する場合、一つだけの意味の意となる。過去の思想家たちは思索する上で、言語を一義的にとらえようとした。

63 前提《ぜんてい》 ⇔ 64 結論《けつろん》

63 前提《ぜんてい》

あることが成り立つもととなる条件。

結論を導くもととなる既知、または仮定の命題のこと。「国民の合意が前提である」。

64 結論《けつろん》

議論や思考の最終的な判断。

三段論法（→P.18）では、第三の命題をいう。前提から推論の結果、導き出される判断のこと。

65 原則《げんそく》 ⇔ 66 例外《れいがい》

65 原則《げんそく》

多くの場合にあてはまる基本的な決まりや法則。

「原」は、おおもと。「則」は、決まり。「原則に従って処理する」。

66 例外《れいがい》

原則からはずれていること。

「例外のない原則はない」とは、世の中にはどんな規則も適用しきれない事例があるということ。

確認問題

1 次の傍線部について、(1)同義の語を後から選び、(2)「二義的」の対義語を答えよ。

心のなかで起こることが問題であるならば、体験の対象が**オリジナル**→P186であるか、複製であるかは、**第二義的**な意味しかもたないと言えます。

（佐々木健一の文）

ア 経験的　イ 副次的　ウ 本来的

エ 具体的　オ 一般的

2 次の傍線部について、(1)意味を後から選び、(2)対義語を答えよ。

湾岸［戦争］において現実に問題となったのは、合衆国に関するかぎり、石油と石油戦略であって、ブッシュ政権が表明している政治的**原則**など、ほんとうは二の次であるのは誰の眼にもあきらかであった。

（エドワード・W・サイード「知識人とは何か」）

ア ある事物や現象を成り立たせる実質

イ 多くの場合にあてはまらない発展的な規則

ウ あることが成り立つもととなる条件や範囲

エ 多くの場合にあてはまる基本的な決まりや法則

3 次の空欄に入る語を後から選べ。

［人間の世界の］多義性は、人間の文化の［A］的でない進展とその可能性のひろがりを示している。ところがこの［B］性は、人間の文化の可能性の過度の**拡大**→P34そのものによって、ふたたび失われつつあるようにみえる。

（市川浩「精神としての身体」）

ア 一義　イ 多義

4 次の空欄に入る語を後から選び、その対義語を答えよ。

欧米の社会という言葉は本来個人がつくる社会を意味しており、個人が［　］であった。しかしわが国では個人という**概念**→P138は訳語としてできたものの、その**内容**→P48は欧米の個人とは似ても似つかないものであった。

（阿部謹也「『世間』とは何か」）

ア 主権　イ 尊重

ウ 証明　エ 前提

解答　1(1)イ　(2)一義的　2(1)エ　(2)例外　3Aア　Bイ　4エ・結論

頻出ペア③

時間と空間

67 **連《れん》続《ぞく》** ⇔ 68 **断《だん》絶《ぜつ》**

67 連続

切れ目なく続くこと。
切れ目なく続けること。

「三年連続して優勝する」。

68 断絶

続いてきたものや関係を断ち切ること。
また、それらが断ち切れること。

「断」も「絶」も、たつ。「国交を断絶する」。

69 **既《き》知《ち》** ⇔ 70 **未《み》知《ち》**

69 既知

すでに知っていること。
すでに知られていること。

「既」は、すでに。「既知の事実」。

70 未知

まだ知らないこと。
まだ知られていないこと。

「未」は、「まだ〜ない」の意の再読文字。「未知の世界」。

71 **デジタル** [digital 英] ⇔ 72 **アナログ** [analog 英]

71 デジタル

数や量を数値で表示すること。

もとは指折り数えること。デジタル時計など。

72 アナログ

数値を連続する量で表示すること。

もとは、類似・類推の意。アナログ時計など。

73 **ア・プリオリ** [a priori ラ] ⇔ 74 **ア・ポステリオリ** [a posteriori ラ]

73 ア・プリオリ

先験的。生まれつき。
先天的。

経験に先立って与えられている認識や概念（→P.138）のこと。

74 ア・ポステリオリ

後験的。生まれてから後に備わる。
後天的。

経験を通じて得られる認識や概念のこと。

確認問題

1 次の傍線部について、(1)意味を後から選び、(2)対義語を答えよ。

① 言語理論→P42のいう分節化→P154とは、**連続**的な世界を言語によって切りとり、指示する作用のことである。

（菅野道夫「ファジィ理論の目指すもの」）

ア とびとびで続くこと
イ 一定の法則で続くこと
ウ 切れ目なく続くこと
エ 多方面に続くこと

② 地球は動くということにしても、その力学的*基礎づけとしての慣性の法則や万有引力の法則にしても、それだけを他から切り離して、**ア・プリオリ**な、あるいは経験的な根拠→P84から正当化することはできない。

＊物体の運動と、それに作用する力に関するさま

（広重徹「近代科学再考」）

ア 経験的　イ 先験的　ウ 後験的
エ 実験的

2 次の空欄に入る語を後から選べ。

① 「 A 」の領域が拡大→P34するに伴って、「 B 」の領域が狭まってゆくどころか、逆に却《かえ》ってそれは正比例的に拡大する――そのことを多少とも体験しなかった科学者がなかっただろうか。

（林達夫「宗教について」）

ア 未知　イ 既知

② 多くの技術者は「デジタルはアナログに比べて一万倍の可能性を秘めている」と断言する。 A 技術はある一定の知識を持っていれば理解できた。

ところが B 技術になると、無限の可能性があるだけに、どんな優秀な技術者でも将来予測がつかず、下手をすれば夢を追い続け、開発倒れになる危険性がある。

（佐藤正明「陽はまた昇る」）

ア デジタル　イ アナログ

解答　**1**①(1)ウ　(2)断絶　②(1)イ　(2)ア・ポステリオリ　**2**①Aイ　Bア　②Aイ　Bア

論理対義語編

頻出ペア④

点と線と面

75 多面《ためん》 ⇔ 76 一面《いちめん》

75 多面《ためん》

多くの平面。多方面。多分野。

「多面にわたり活躍する」。

関 多面的《ためんてき》＝見方や考え方がいろいろな方面にわたっているさま。

76 一面《いちめん》

物事の一つの面。そのあたり一帯。

「楽しい一面、悲しくもある」。

関 一面的《いちめんてき》＝見方や考え方が一つの方向にかたよっているさま。

77 中心《ちゅうしん》 ⇔ 78 周縁《しゅうえん》

77 中心《ちゅうしん》

真ん中。

最も重要なこと。

イメージとしては、主流・正統・日常など。

「文化の中心」。

78 周縁《しゅうえん》

ものの周り。

ふち。

「周」も「縁」も、はし。イメージとしては、傍流・異端・非日常など。「都市の周縁」。

79 内容《ないよう》 ⇔ 80 形式《けいしき》

79 内容《ないよう》

事物や現象を成立させる実質。中身。

「内容のない議論」。

関 実質《じっしつ》＝→P.70

80 形式《けいしき》

表面上の一定の形。見かけ。

一定の方法や手続き。

関 形式的《けいしきてき》＝形式を重んじるさま。

関 形式張《けいしきば》る＝内容より形式にこだわる。

81 有機《ゆうき》 ⇔ 82 無機《むき》

81 有機《ゆうき》

生命感があること。

生活機能をもっていること。

関 有機的《ゆうきてき》＝人体など、多くのものが密に結びつき一つの働きをしているさま。

82 無機《むき》

生命感がないこと。

単なる部分の集合に過ぎないこと。

関 無機的《むきてき》＝生命力を感じさせず、単調で個々の結びつきを感じさせないさま。

確認問題

1 **次の傍線部について、(1)意味を後から選び、(2)対義語を答えよ。**

徒然草が書かれたという事は、新しい**形式**の随筆文学が書かれたという様な事ではない。純粋で鋭敏な点で、*空前《今までに例を見ないこと》の批評家の魂が出現した文学史上の大きな事件なのである。僕は*絶後《今後再び起こるためしのないこと》とさえ言いたい。

（小林秀雄「徒然草」）

ア　最も重要なこと
イ　基本的な決まり
ウ　思考の最終的な判断
エ　表面上の一定の形

2 **次の空欄に入る語を後から選び、その対義語を答えよ。**

① 明るい空間が実現するにつれ、視覚を□にした**身体**感覚の**制度**化がすすんだ。

身体→P180　制度→P162

（狩野敏次「住居空間の心身論」）

ア　無視　**イ**　厳重　**ウ**　中心　**エ**　明確

② 動き、変化するもののほうが、□で変化しないものよりも関心がもたれるのはとうぜんである。

（中山茂「大学生になるきみへ」）

ア　楽観的　**イ**　時間的　**ウ**　地理的
エ　無機的　**オ**　論争的

3 **次の空欄に入る語を後から選べ。**

① 十九世紀半ば以降、メディア技術とわたしたちの知識や文化の関係は、一挙に□な姿をとっていく。

（吉見俊哉「公共知の未来へ」）

ア　抽象的　**イ**　逐次的
ウ　統一的　**エ**　多面的

［早稲田大］

② 自己の認識が――したがって自分のことばが――有限で□だと、いつも承知している人は、やがて、実験的に自分の視点を変え、**多様**な*アプローチ《接近・取り組み方》をこころみることになる。

多様→P16

（佐藤信夫「レトリックの記号論」）

ア　実験的　**イ**　省略的　**ウ**　実証的
エ　抽象的　**オ**　一面的

［玉川大］

解答　**1**(1)エ　(2)内容　**2**①ウ・周縁　②エ・有機的　**3**①エ　②オ

頻出ペア⑤

輪郭と中身

83 明瞭《めいりょう》 ⇔ 84 曖昧《あいまい》

85 濃密《のうみつ》 ⇔ 86 希薄《きはく》

83 明瞭

態度や物事がはっきりしていること。

「明」も「瞭」も、あきらか。

関 明確《めいかく》＝はっきりしていて確かなこと。

関 明白《めいはく》＝疑う余地がないこと。

84 曖昧

態度や物事がはっきりしないこと。

「味」は、くらい。「曖昧な答弁」。

関 模糊《もこ》＝ぼんやりとしたこと。

85 濃密

濃くて細やかなこと。

「濃密な描写」。

関 濃厚《のうこう》＝色・味などが濃いさま。可能性が強いこと。

86 希薄

濃度や密度が薄いこと。

意欲が乏しいこと。

「稀薄」とも。「希・稀」は、うすい・まれ。

「希薄な労働意欲」。

87 中庸《ちゅうよう》 ⇔ 88 極端《きょくたん》

89 類似《るいじ》 ⇔ 90 相違《そうい》

87 中庸

かたよらず、調和がとれていること。

「中庸をたもつ」。

関 中道《ちゅうどう》＝かたよらず穏やかなこと。

88 極端

ひどくかたよっていること。

一番はし。

「極」は、きわめて。「端」は、はし。「極端な意見」。

89 類似

互いに似かよっていること。

「類」も「似」も、似ている。「類似した商品」。

90 相違

互いに違うこと。

「相」は、たがいに。「事実と相違する」。

関 相違点《そういてん》＝それぞれの異なったところ。

関 相違《そうい》ない＝違いない。

確認問題

1 次の傍線部について、⑴意味を後から選び、⑵対義語を答えよ。

① 日本語はよく**曖昧**な言語だといわれる。　（熊倉千之「日本人の表現力と個性」）

ア　態度や物事がはっきりしないこと
イ　日没で周囲が薄暗くなること
ウ　論理的でないこと
エ　将来が暗いこと
オ　他との比較において劣ること

② 自然を**対象化**→P190して捉えるという姿勢が、日本人には**希薄**→P20だった。　（山本健吉「いのちとかたち」）

ア　希望に満ちあふれていること
イ　意識や情熱などが高いこと
ウ　混乱している状態であること
エ　意欲が乏しいこと
オ　非常に珍しいこと

③ しかもこれは音にきく秩父山岳に**相違**ないのに、……　（青柳瑞穂「武蔵野の地平線」）

ア　互いに共通すること
イ　互いに違うこと
ウ　互いに打ち消しあうこと
エ　互いに肯定すること
オ　互いに誉《ほ》めあうこと

2 次の空欄に入る語を後から選べ。

① 歌謡曲に出てくる自然は、山が哭《な》いたり、月は啜泣《すすりな》いたり、風が怒ったり、大変である。短い歌詞の中で詩的効果を出すために、描写は□にならざるを得ない。　（村田喜代子「名文を書かない文章講座」）

ア　両端　イ　先端　ウ　極端　エ　端的　オ　発端

② ユーモア感覚は一種のバランス感覚で、極端を嫌って□を求める。　（織田正吉「笑いのこころ、ユーモアのセンス」）

［東北学院大］

ア　順当　イ　類型　ウ　中庸　エ　繊細　オ　単純

解答　**1** ①⑴ア　⑵明瞭　②⑴エ　⑵濃密　③⑴イ　⑵類似　**2** ①ウ　②ウ

頻出ペア⑥

人間の内面性①

91 **緊張《きんちょう》** ⟷ 92 **弛緩《しかん》**

91 緊張
気持ちや体がひきしまること。

争いが起こりそうな状態であること。

「講演前で緊張する」。

関 喫緊《きっきん》＝急を要する大事なこと。

92 弛緩
たるみゆるむこと。

「ちかん」と読むのは慣用。「弛」は、ゆるむ。「緩」は、ゆるやか。「精神が弛緩する」。

93 **安堵《あんど》** ⟷ 94 **危惧《きぐ》**

93 安堵
安心すること。

もとは、安住できる地。「堵」は、垣。「無事の知らせに安堵する」。

94 危惧
心配して恐れること。

「惧」は、おそれる。「将来を危惧する」。

95 **謙虚《けんきょ》** ⟷ 96 **傲慢《ごうまん》**

95 謙虚
ひかえめで素直なさま。

「謙」は、ひかえめにする。「謙虚な人柄」。

関 謙遜《けんそん》＝ひかえめにするさま。

96 傲慢
おごり高ぶって人を見下すさま。
「傲」は、おごりたかぶる。「傲慢な態度」。
関 傲岸《ごうがん》＝偉そうにいばり、人に屈しないさま。
関 不遜《ふそん》＝おごり高ぶること。

97 **記憶《きおく》** ⟷ 98 **忘却《ぼうきゃく》**

97 記憶
経験したことを覚えていること。
関 追憶《ついおく》＝過去を思い出して懐かしむこと。
関 回想《かいそう》＝過去をいろいろと思い出すこと。
関 回顧《かいこ》＝過去を思い返すこと。

98 忘却
忘れてしまうこと。
関 失念《しつねん》＝うっかり忘れること。もの忘れ。
関 度忘《どわす》れ＝よく知っているのに、ふと忘れて思い出せないこと。

確認問題

1 次の傍線部について、⑴意味を後から選び、⑵対義語を答えよ。

① 入り組んではいるがあいまいに**弛緩**→P50 *したこの無秩序にさまざまなかたちで浸透《しみ通ること》されるうちに、…（粟津則雄「美の近代」）

ア 伸び縮みすること
イ のんびりしたさま
ウ いやらしいさま
エ ゆるみたるむこと
オ 明るく健やかなこと

② 当時と違うのは、日米欧の金融当局が共同歩調をとり、金融機関への国家資金の注入にすばやく動いたことだ。今はそれが一応功を奏→P262して、少し**安堵**している状態だ。（岩井克人「経済危機の行方」）

ア 安息　イ 安静　ウ 安眠　エ 安心　オ 安置

2 次の空欄に入る語を後から選べ。

[A]な人はていねいな言葉づかいを選択し、[B]な人はおうへい→P240な言葉づかいを選択する。（中村桃子「〈性〉と日本語」）

ア 傲慢　イ 謙虚

3 次の空欄に入る語を後のア・イから一つずつ選べ。

a 日本人ならだれでも川についての[　]を持っている。川は日本人の「いつか見た風景」として心の奥底に生き続けている。（立川昭二「日本人の死生観」）

b トルメキアの王子たちは、ついさっきまで自分たちが生きていた、血と欲望と争いに満ちた世界を完全に[　]してしまう。（重田園江「ナウシカとニヒリズム」）

ア 記憶　イ 忘却

解答　**1** ①⑴エ　⑵緊張　②⑴エ　⑵危惧　**2** Aイ　Bア　**3** aア　bイ

頻出ペア⑦

人間の内面性②

99 充実《じゅうじつ》 ⟷ 100 空虚《くうきょ》

99 充実《じゅうじつ》

力や内容が豊かに備わっていること。

「充」は、みちる。「充実した設備」。

100 空虚《くうきょ》

何もないこと。
内容がなくむなしいこと。

「空」も「虚」も、むなしい。「空虚な生活」。

関 虚無《きょむ》＝何もなくむなしいこと。

101 理性《りせい》 ⟷ 102 感性《かんせい》

101 理性《りせい》

感情にとらわれず、筋道を立てて考え判断する力。

関 知性《ちせい》＝物事を知ったり、考えたり、判断したりする能力。「知性豊かな人」。

102 感性《かんせい》

物事を心に感じとる能力。

「独特の感性をもつ」。

関 感受性《かんじゅせい》＝外界の刺激を印象として心に感じとる能力。

103 表層《ひょうそう》 ⟷ 104 深層《しんそう》

103 表層《ひょうそう》

表面の層。

「表層をなでるだけの報道」。

関 皮相《ひそう》＝うわべ。上っ面。

104 深層《しんそう》

深い層。奥深く隠れた部分。

関 深層心理《しんそうしんり》＝意識では達することができないような、無意識の領域。

105 内発《ないはつ》 ⟷ 106 外発《がいはつ》

105 内発《ないはつ》

内部から自然に発生すること。

夏目漱石は講演「現代日本の開化」で、西洋文化は内から自然に生み出されたという点で、内発的なものであると唱えた。

106 外発《がいはつ》

外部からの力によって生じること。

漱石は同じ講演で、明治期の日本文化は西洋文化の模倣（→P.24）であり、外発的なものであると批判した。

確認問題

1 **次の傍線部の対義語を答えよ。**

「「ポストモダン*《脱近代をめざす思想的潮流》」が日本では八〇年代に一時流通したのち、九〇年代初めに力を失い急速に忘れ去られたことは」本来「ポストモダン」と呼ばれるべき**深層**の傾向には関係がない。

（東浩紀「郵便的不安たち#」）〔小樽商科大〕

2 **次の空欄に入る語を後から選び、その対義語を答えよ。**

この庭から何かのことばを聞こうと胸をおどらせて来たものの、所詮それは、私の儚《はかな》い希《ねが》いにすぎなかったことを思った。失望に似た□感でこの寺を去った記憶→P52は、再びここを訪れようとする気持を起こさせなかった。

（鷲谷七菜子「枯山水」）

ア　劣等　イ　空虚　ウ　切迫　エ　達成
オ　違和

3 **次の空欄に入る語を後から選べ。**

① 低い「閾値*《いきち》《反応を示す最小刺激》」で生起する自分自身の欲望に、たえず過敏に反応しつづける繊細*《感覚が細やかで鋭いさま》な□のありようが際立って見えてくる。

（松浦寿輝「携帯電話と『閾値』の問題」）

ア　本性　イ　物性　ウ　感性　エ　異性
オ　聖性

② そこ［近代科学の見方］で働く知性の能力は、ものごとを分析→P18したり一般化したりする思考能力で、悟性*《論理的に考える能力》とか□とかいわれている。

（山下勲「世界と人間」）

ア　感性　イ　神性　ウ　知性　エ　野性
オ　理性

4 **次の傍線部の比喩について、⑴意味を表す語句を後から選び、⑵その対義語を答えよ。**

決してわれわれの生物学的生命のなかからあるとき自己なる実体が、**種子から芽が出てくるような**具合に浮かびあがってくるのではない。

（岸田秀「死はなぜこわいか」）

ア　内発的　イ　瞬発的　ウ　偶発的
エ　突発的　オ　散発的

解答　1 表層　2 イ・充実　3 ①ウ　②オ　4 ⑴ア　⑵外発的

頻出ペア⑧

人柄・性格

107 饒舌《じょうぜつ》 ⇔ **108 寡黙《かもく》**

109 高尚《こうしょう》 ⇔ **110 卑近《ひきん》**

107 饒舌
よくしゃべること。
「冗舌」とも。「饒舌な語り手」。
関 能弁《のうべん》=話が巧みでよくしゃべること。
関 雄弁《ゆうべん》=力強く、説得力をもって話すこと。

108 寡黙
口数が少ないこと。

「寡」は、すくない。「黙」は、だまる。

関 訥弁《とつべん》=口ごもったりつかえたりして、話し方がなめらかでないこと。

109 高尚
程度が高くて上品なこと。

「高」も「尚」も、たかい。「高尚な趣味」。

関 高遠《こうえん》=考えが立派であること。「高遠な理想を掲げる」。

110 卑近
身近でわかりやすいこと。

「卑」も「近」も、てぢか。「卑近な例をあげる」。

関 低俗《ていぞく》=程度が低いこと。

111 開放《かいほう》 ⇔ **112 閉鎖《へいさ》**

113 積極的《せっきょくてき》 ⇔ **114 消極的《しょうきょくてき》**

111 開放
開け放すこと。

制限なく誰でも自由に出入りできるようにすること。「校庭を開放する」。

関 開放的《かいほうてき》=隠し立てをしないさま。

112 閉鎖
入り口をとじること。

他のものの立ち入りを許さないこと。「国境を閉鎖する」。

関 閉鎖的《へいさてき》=人を受け入れないさま。

113 積極的
進んで物事をするさま。
「積極的に参加する」。
関 能動的《のうどうてき》=→P.64
関 アクティブ［active 英］=→P.64

114 消極的
ひかえめなさま。
「消極的な意見」。
関 受動的《じゅどうてき》=→P.64
関 パッシブ［passive 英］=→P.64

確認問題

1 次の傍線部の対義語を答えよ。

各趣味を共有する人々はきわめて**閉鎖的**なグループを形成し…
（東浩紀「郵便的不安たち#」）［小樽商科大］

2 次の傍線部の意味を後から選べ。

① *フリーク（熱狂的な愛好者）が選び抜いた化粧品は、彼らが化粧により完成させた顔よりも**饒舌**に、彼ら自身を語るかもしれないのだ。
（米澤泉「饒舌な化粧」）［法政大］

ア 口数が多いこと　イ 表現が巧緻なこと
ウ 上辺だけのこと　エ 真実みがあること
オ 大口を叩くこと

② 深く**寡黙**に蔵するその物の実体が、…
（中西進「詩心」）［青山学院大］

ア 饒舌なこと　イ 端正なこと
ウ 流暢《りゅうちょう》なこと　エ 口数が少ないこと
オ 思慮深いこと

③ **卑近**で具体的→P8なもの［自分の立場や世間→P162体、感情的な印象など］が邪魔をするから、素直に本質→P14が見えなくなっている。
（森博嗣「人間はいろいろな問題についてどう考えていけば良いのか」）［椙山女学園大］

ア 勇気がないこと　イ ずる賢いこと
ウ 下品であること　エ 簡単に手に入ること
オ 身近にあること

3 次の空欄に入る語を後から選べ。

*猥褻《わいせつ》（みだらでいやらしいさま）と血まぶれ騒ぎと残忍さと下品さを指摘し、それらを拭い去って、いかにしてかぶきを□なものにすべきかを説いて*倦《う》まない（あきていやにならない）。
（郡司正勝「かぶきの美学」）

ア 厳粛　イ 退廃　ウ 高尚　エ 清浄

4 次の空欄に入る語を後のア・イから一つずつ選べ。

a ［柳田の学風は］□であるが、柳田民俗学が時代の趨勢→P134に呑《の》まれることなく、その実証的な学風を*堅持（かたく守ること）したことから生まれた結果→P36である…
（鶴見太郎「柳田国男入門」）

b もし帰国が将来の運命ならば、西欧の社会、文化への□適応はむしろ負の意味をおびかねない。
（宮島喬「文化と不平等」）

ア 積極的　イ 消極的

解答 **1** 開放的 **2** ①ア ②エ ③オ **3** ウ **4** a イ b ア

頻出ペア⑨

文学・芸術①

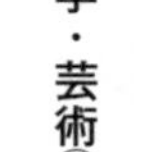

115 真《ま》名《な》 ⇔ **116 仮《か》名《な》**

115 真《ま》名《な》

漢字。

「真字」「まんな」とも。仮名の発明以前は、漢字で表記していたことから。「な」は、文字の意。

116 仮《か》名《な》

片仮名と平仮名。

日本人が日本語を表記するために、真名（漢字）から作ったもの。片仮名では阿→ア、平仮名では安→あ、など。

117 文《ぶん》語《ご》 ⇔ **118 口《こう》語《ご》**

117 文《ぶん》語《ご》

書き言葉。

話し言葉に対する語。平安時代の言葉を基礎とした文章語のこと。

118 口《こう》語《ご》

話し言葉。

現代語。

書き言葉に対する語。明治以降の、日常生活で用いられる言葉をさす。

119 表《ひょう》音《おん》 ⇔ **120 表《ひょう》意《い》**

119 表《ひょう》音《おん》

音を表すこと。

関 表《ひょう》音《おん》文《も》字《じ》＝音を表す文字。日本語の片仮名や平仮名、英語のアルファベットなど。

120 表《ひょう》意《い》

意味を表すこと。

関 表《ひょう》意《い》文《も》字《じ》＝意味を表す文字。漢字など。

121 巧《こう》妙《みょう》 ⇔ **122 拙《せつ》劣《れつ》**

121 巧《こう》妙《みょう》

非常に上手なさま。

「巧」は、たくみ。「妙」は、上手。「巧妙なしかけ」。

122 拙《せつ》劣《れつ》

下手で劣るさま。

「拙」は、つたない。「劣」は、おとる。「拙劣な仕上がり」。

関 稚《ち》拙《せつ》＝幼稚で下手なこと。

確認問題

1　①「表意」、②「表音」の意味を次から選べ。

ア　意識を表に出すこと
イ　意味をあらわすこと
ウ　音をあらわすこと
エ　音楽として表現すること

2　次の傍線部の対義語を答えよ。

口語で書かれた昭和憲法は、明治憲法と比較すればずいぶん親しみやすいものでした。

（円満字二郎「戦後日本　漢字事件簿」）〔青森公立大〕

3　次の傍線部の対義語を後から選べ。

日本語の特徴は、漢字**仮名**――この場合には、平仮名――まじり文からなる上に、どんな外国語・外来語でも片仮名で近似的*に音写することで、自国語の構文を壊さずにそのなかに取り込めることにある。

（中村雄二郎「術語集Ⅱ」）

* 似かよっているさま

ア　偽名　　イ　真名
ウ　本名　　エ　筆名

4　次の傍線部の意味を後から選べ。

バレンタインデーにたいするお返しの機会として、ホワイトデーなるものがスムーズに定着したのも、男性の債務*意識と女性の債権*意識を**巧妙**に利用した結果であることはいうまでもあるまい。

（桜井英治「贈与の歴史学」）

* 債務：特定の人に対する法律上の義務
* 債権：貸し金の返還などを求める権利

ア　不自然で奇妙なこと
イ　手が込んでいないこと
ウ　たまたま良い結果になること
エ　たくみで優れていること
オ　無理に、こじつけること

〔東海大〕

5　次の傍線部の「巧」「拙」は対義であるが、後のaとbが対義語になるよう空欄に入る漢字一字を答えよ。

ただし、誤解して欲しくないのだが、紋切型→P272は表現の**巧拙**の問題などではない。

（長谷正人「悪循環の現象学」）

a　巧□　　b　□劣

解答　**1**①イ　②ウ　**2**文語　**3**イ　**4**エ　**5**a妙　b拙

頻出ペア⑩

文学・芸術②

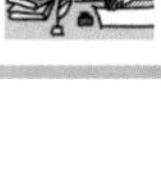

123 前衛《ぜんえい》 ⇔ **124 後衛《こうえい》**

123 前衛
軍隊で前方を守る部隊。

球技などで前方を守る選手。

関 アバンギャルド［avant-garde フ］＝革新的な芸術。前衛芸術。

124 後衛
軍隊で後方を守る部隊。

球技などで後方を守る選手。

「衛」は、まもる。

関 後《うし》ろ盾《だて》＝後方をふせぐ物。後援者。

125 喜劇《きげき》 ⇔ **126 悲劇《ひげき》**

125 喜劇
観客を笑わせる演劇。

おもしろおかしい出来事。

「喜劇のような結末」。

関 喜劇的《きげきてき》＝喜劇であるさま。

126 悲劇
不幸や悲惨さをえがいた劇。

悲しくみじめな出来事。

「いたましい悲劇」。

関 悲劇的《ひげきてき》＝悲劇であるさま。

127 正統《せいとう》 ⇔ **128 異端《いたん》**

127 正統
その時代の最も妥当とされる思想や立場。

元祖の教えを正しく受け継いでいる意もある。

関 正当《せいとう》＝道理に合っていること。

128 異端
その時代の正統とされない学問や思想や信仰。

正統から外れていることの意もある。「異端とされる文学」。

129 新奇《しんき》 ⇔ **130 陳腐《ちんぷ》**

129 新奇
目新しくて珍しいこと。

「奇」は、めずらしい。「新奇をてらう絵画」。

関 斬新《ざんしん》＝新しさが目立つさま。

130 陳腐
古くさくてありふれていること。

「陳」は、ふるい。「腐」は、古くなって役に立たない。「陳腐な表現」。

関 紋切《もんき》り型《がた》＝→P.272

確認問題

1 **「前衛」について、⑴芸術について用いられる場合の意味を後から選び、⑵通常の場合の対義語を答えよ。**

ア　既成の観念や形式に反逆する先進的な芸術
イ　進化の最終局面にたどり着いた不動の芸術
ウ　新旧の調和に配慮しつつ独自性を求める芸術
エ　異文化が衝突する中で均衡を重視する芸術
オ　時代性を一切考慮しない孤立した芸術

2 **次の空欄に入る語を後から選べ。**

政治家の暴言、妄言＊、失言はあとをたたず、敬語や慣用句は間違って使われ、□な接客マニュアル語は一向に改められない。

（野口恵子「かなり気がかりな日本語」）

＊でたらめな言葉

ア　軽妙　　イ　卑近　　ウ　陳腐
エ　煩雑　　オ　姑息《こそく》
〔愛知大〕

3 **次の空欄に入る語を後から選び、その対義語を答えよ。**

出版が産業として成り立つためには、市場→P168を十分に拡大→P34させる必要がある。ラテン語や古典漢文といった一握りの知識人しか読めないような□な「普遍語」→P26は、この意味で失格だ。

（梅森直之編著「ベネディクト・アンダーソン　グローバリゼーションを語る」）

ア　厳格　　イ　高級　　ウ　適正　　エ　完璧
オ　正統

4 **次の空欄に入る語を後から選べ。**

英雄はその最後によって、つまり滅亡によって自己を証明する。A の主人公には英雄がない、英雄はただ B の主人公であることができる。

（三木清「人生論ノート」）

ア　悲劇　　イ　喜劇

5 **次の傍線部の意味を簡潔に答えよ。**

［星の見え方がずれるという］斬新な理論→P42の正しさを証明したのが、［星の位置がずれていたという］この観測結果→P36だったのです。

（村山斉「宇宙は何でできているのか」）

〔東京理科大〕

解答　**1**⑴ア　⑵後衛　**2**ウ　**3**オ・異端　**4**Aイ　Bア　**5**新しさが目立つさま

第1章

論理対義語編

頻出ペア⑪

自己と社会①

131 自立《じりつ》 ⇔ 132 依存《いぞん》

自立：自分一人でやっていくこと。

自ら立つの意。「自立した生活」。

依存：他に頼ることで成り立っていること。

「いぞん」とも。「保護者に依存する」。

関 依拠《いきょ》＝↓P.84

関 寄《よ》る辺《べ》＝頼りにする所や人。よりどころ。

133 自律《じりつ》 ⇔ 134 他律《たりつ》

自律：自分の規律に従って行動すること。

「自律した社会人」。

関 律《りっ》する＝ある規律に当てはめて処理する。

他律：他からの支配や命令などによって行動すること。

「他律によって行動する」。

135 独立《どくりつ》 ⇔ 136 従属《じゅうぞく》

独立：他から離れて存在すること。

他からの束縛（↓P.110）・支配・助力などを受けないこと。「独立した国家」。

従属：権力などの大きなものや強いものに従いつくこと。

「属」は、つき従う。「大国に従属する国家」。

137 抵抗《ていこう》 ⇔ 138 服従《ふくじゅう》

抵抗：素直に従わない気持ち。

ある力の作用に対して、それと逆方向に働く力のこと。「権力への抵抗」。

服従：他人の命令におとなしく従うこと。

関 屈服《くっぷく》・屈伏《くっぷく》＝負けて従うこと。

関 面従腹背《めんじゅうふくはい》＝表向き服従すると見せかけ、内心で反抗すること。

確認問題

1 次の傍線部について、(1)意味を後から選び、(2)対義語を答えよ。

① 私が見るところ我が国の人々、特に知識人と言われる人々は全く意識していないが、それぞれの「世間」→P162の中で生きており、自己の存在自体が、「世間」に**依存**していているのである。

（阿部謹也『「教養」とは何か』）

ア　みずからのよりどころとすること
イ　他を介して事を行うこと
ウ　他によりかかり、それによって成り立つこと
エ　みずからを他に委ね、すべてをまかせきること

② 困った人々は、全員が同意し、全員が同時に履行*《約束などを実行すること》することで誰も裏切らないことが保証された社会契約を結び、最初に想定された自然権を放棄*《投げ捨てること》してリヴァイアサン＝国家に**服従**することを選ぶのである。

（大屋雄裕「社会契約論」）

ア　他人の命令を無視すること
イ　他人の命令におとなしく従うこと
ウ　他人に従うと見せて反抗すること
エ　他人に復讐すること

2 次の空欄に入る語を後から選び、その対義語を答えよ。

① このどこまでも拡張してすべてと繋《つな》がる「私」が、□的に完結した個として「私」を佇立*《ちょりつ》《たたずむこと》させる近代の主体→P12とは異質の場所で成立していることは明瞭→P50である。

（佐藤学「学校改革の哲学」）

ア　自己　イ　自律　ウ　自動　エ　自作　オ　自然

② 狭い意味での経済活動は「家政」の一部であり、それは家の再生産のために不可欠*《なくてはならないこと》なものと考えられていた。つまり、「より良く生きる」ための手段→P42として物質的・経済的活動が□的に考えられていたのである。

（佐々木毅「学ぶとはどういうことか」）

ア　恒常　イ　従属　ウ　相補　エ　中心　オ　必然

〔青山学院大〕

解答　**1**①(1)ウ　(2)自立　②(1)イ　(2)抵抗　**2**①イ・他律　②イ・独立

頻出ペア⑫

自己と社会②

139 是認《ぜにん》 ⟷ **140 否認《ひにん》**

139 是認《ぜにん》
人の行為や思想などを、よいと認めること。

「是」は、正しい・よい。「現状を是認する」。

140 否認《ひにん》
人の行為や思想などを、違っているとして認めないこと。

「否」は、そうでない。「罪状を否認する」。

141 能動《のうどう》 ⟷ **142 受動《じゅどう》**

141 能動《のうどう》
自分から進んで他に働きかけること。
関 能動的《のうどうてき》＝自分から他に働きかけるさま。
関 アクティブ［active 英］＝能動的。積極的。活動的。

142 受動《じゅどう》
他からの働きを受けること。受け身。
「受動喫煙による健康被害」。
関 受動的《じゅどうてき》＝受け身であるさま。
関 パッシブ［passive 英］＝受動的。消極的。

143 解放《かいほう》 ⟷ **144 拘束《こうそく》**

143 解放《かいほう》
制限をとりのぞいて自由にすること。

解き放つ意。「人質を解放する」。

関 釈放《しゃくほう》＝とらえた者を自由にしてやること。「釈」は、ゆるす。

144 拘束《こうそく》
思想や行動の自由を制限すること。

「拘」は、とらえる。「束」は、ひきしめる。

「市民を拘束する」。

145 権利《けんり》 ⟷ **146 義務《ぎむ》**

145 権利《けんり》
物事を自由に行ったり、他人に要求したりできる資格や能力。

「生存する権利」。

関 権限《けんげん》＝ある人が権利を主張できる範囲。

146 義務《ぎむ》
身分上・立場上、務めなければならない事柄。

「納税の義務」。

関 義務的《ぎむてき》＝義務として仕方なくするさま。

確認問題

1 次の傍線部の対義語を答えよ。

世界人権宣言は、戦争に関する規則、捕虜の扱い、労働者・女性・子供・移民・難民の**権利**などについて、厳格な規定を定めている。

（エドワード・W・サイード「知識人とは何か」）

［小樽商科大］

2 次の傍線部について、⑴意味を後から選び、⑵対義語を答えよ。

腹のへっている民衆に欲望の否定→P32を説くのは、野蛮の**肯定**→P32、差別の**是認**になりはしないか。

（梅原猛「地獄の思想」）

ア　否定すること
イ　様子を見ること
ウ　よいと認めること
エ　肯定も否定もしないこと
オ　認めないものを非難すること

3 次の空欄に入る語を後から選び、その対義語を答えよ。

世間→P162とか空気とかいう言葉には、社会の中でもとりわけ、そうした個人の自由に対する［　］としての側面が際立っているんだと思う。

（山岸俊男「『しがらみ』を科学する」）

ア　嫉妬　イ　拘束　ウ　正義　エ　信頼
オ　秩序　カ　非難

4 次の空欄に入る語を後から選べ。

「愛する―愛される」という関係は、その当初においては一方が愛する［A］、他方が愛される［B］と規定することができるとしても、いずれ両者の愛が深まれば、双方が相手を愛しつつ愛されるという関係に移行していくはずです。

（鯨岡峻「〈育てられる者〉から〈育てる者〉へ」）

［滋賀県立大］

ア　受動　イ　否定
ウ　肯定　エ　能動

解答　**1**義務　**2**⑴ウ　⑵否認　**3**イ・解放　**4**Aエ　Bア

頻出ペア⑬

自己と社会③

147 保守《ほしゅ》 ⇔ **148 革新《かくしん》**

149 通説《つうせつ》 ⇔ **150 異説《いせつ》**

147 保守《ほしゅ》

伝統や制度を変えずに守ろうとすること。正常な状態をたもつこと。

「保守を掲げる政党」。

関 **保守的《ほしゅてき》＝伝統や制度を守るさま。**

148 革新《かくしん》

制度や方法を改めて新しくすること。

「革」は、あらためる。「技術の革新」。

関 **革新的《かくしんてき》＝改めて新しくしようとするさま。**

関 **進歩的《しんぽてき》＝新しい方向をめざすさま。**

149 通説《つうせつ》

世間一般で認められている説。

時代や場所により変わるので、「定説」とは異なる。歴史上の人物の肖像画が実は別人だったという例もある。「通説を覆す論文」。

150 異説《いせつ》

世間一般とはちがう説。

異説と判断する前に、思い込みや先入観がないかを点検する必要がある。

関 **異論《いろん》＝異なった意見。反対意見。**

151 彼岸《ひがん》 ⇔ **152 此岸《しがん》**

153 ユートピア [utopia 英] ⇔ **154 ディストピア [dystopia 英]**

151 彼岸《ひがん》

あの世。現実を超越した世界。

「あちら岸」の意。仏教では、生死の境の川を渡った向こう岸。「悟りの境地」の意。

関 **涅槃《ねはん》＝煩悩（苦悩）のない悟りの境地。**

152 此岸《しがん》

この世。現実の世界。

「こちら岸・こちらの世界」の意。仏教では「迷いの世界」の意。

153 ユートピア

現実には存在しない理想の国。桃源郷。

もとは、トマス・モアの社会啓蒙書の題名。否定的に使われる場合が多い。

154 ディストピア

空想上の暗黒世界。反理想郷。

近未来の監視社会を描くことで、現実世界を描く手法として使われた。ジョージ・オーウェル『1984年』など。

確認問題

1 **次の傍線部について、⑴意味を後から選び、⑵対義語を答えよ。**

私は殊更《ことさら》に**異説**を立てようとしているのではない。ただ、私は、この絵［雪舟が門弟宗淵《そうえん》に与えた絵］の成った格別の動機*（直接の原因・きっかけ）というものを特に尊重したいのであり、そこから自ら生れる空想を楽しむに過ぎないのである。

（小林秀雄「雪舟」）

ア　世間一般と同じ説
イ　世間一般とは違う説
ウ　世間一般で認められた説
エ　世間一般に知られた説

2 **次の空欄に入る語を後から選び、その対義語を答えよ。**

ある企業が、技術□によって、ライバルよりも高い生産性を**獲得**（→P68）したとする。

（大澤真幸「文明の内なる衝突」）

ア　革新　イ　相違　ウ　人為　エ　利潤

3 **次の傍線部について、⑴意味を後から選び、⑵空欄に入るその対義語を答えよ。**

① 神性*（神の性質）を付与された老者たちは、同時に、**彼岸**と□の境界人として、彼岸の至近距離に位置づけられる。

（本田和子「フィクションとしての子ども」）

ア　この世　イ　あの世
ウ　最近　エ　大昔

② ルネサンス以降の**ユートピア**思想や**啓蒙主義**（→P158）以降の**進歩主義**（→P158）的な未来像を経て、近・現代のＳＦや技術思想や社会思想における未来像や□像に至る、さまざまな時代や社会で人類が抱き、描いてきた未来世界のイメージの壮大な歴史を期待してこの本［『未来の歴史』］を開くと、その期待はなかば裏切られる。

（若林幹夫「未来の社会学」）

ア　共同体　イ　帰属集団
ウ　理想郷　エ　神の領域
オ　もととなる型

解答　**1**⑴イ　⑵通説　**2**ア・保守　**3**①⑴イ　⑵此岸　②⑴ウ　⑵ディストピア

論理対義語編

頻出ペア⑭

経済①

155 生産《せいさん》 ⇔ **156 消費《しょうひ》**

155 生産《せいさん》

生活等に必要なものを新しく作り出すこと。

関 生産性《せいさんせい》＝生産上の効果や効率。

関 生産的《せいさんてき》＝物事に役立ち、意義のあるさま。

156 消費《しょうひ》

使ってなくすこと。

「費」は、ついやす。主に、金銭・物資・エネルギー・時間などについていう。「大量の消費」。

157 蓄積《ちくせき》 ⇔ **158 消耗《しょうもう》**

157 蓄積《ちくせき》

蓄えていくこと。

たまったもの。

「蓄」は、たくわえる。「知識の蓄積」。

158 消耗《しょうもう》

物を使ってへらすこと。

体力・気力を使いはたすこと。

「耗」は、へる・へらす。「体力を消耗する」。

関 消耗品《しょうもうひん》＝使うと消耗する品物。

159 獲得《かくとく》 ⇔ **160 喪失《そうしつ》**

159 獲得《かくとく》

努力して勝ち取ること。

自分のものにすること。

「獲」も「得」も、手にいれる。「金メダルを獲得する」。

160 喪失《そうしつ》

失うこと。

「喪」も「失」も、うしなう。主に、抽象的なものについていう。「記憶を喪失する」。

161 利益《りえき》 ⇔ **162 損失《そんしつ》**

161 利益《りえき》

得。ためになること。

収入から費用を引いた残り。もうけ。

「利益を追求する」。

同 利潤《りじゅん》＝売上額から費用を引いた残額。

162 損失《そんしつ》

財産や利益を失うこと。

「多大な損失となる」。

関 損害《そんがい》＝損なわれ、傷つくこと。不利益。

第1章 第2章 第3章 第4章 第5章 終章

確認問題

1 次の傍線部の対義語を答えよ。

短期的な**利益**→P22を追求した「改革*」（*制度などを改めること）がたちまち長期的不利益を顕在化させるようになったのが今日である。

（内山節「怯えの時代」）

2 次の空欄に入る語を後から選び、その対義語を答えよ。

① もし死がなかったら、生きていく間に蓄積される遺伝子の傷（異常）が子孫に延々と□していき（遺伝的重荷）、その遺伝子プールを共有する種が絶滅してしまう危険性がでてくる。

（田沼靖一「科学の進歩により変わる生命、変わる生命観」）

ア 消去　イ 進化　ウ 再生　エ 絶滅　オ 蓄積

② 私は時代に対して完全に関心を□してしまった。

（林達夫「歴史の暮方」）

ア 共感　イ 弾劾　ウ 喪失　エ 忘却

［西南学院大］

3 次の空欄に入る語を後から選べ。

大都市近郊の住民のサラリーマン化、それによる大都市近郊の郊外ベッドタウン化は、郊外の空間を生産や流通から切り離された、都市へ通勤する人びとによる純粋な A のための空間にしてしまう。

開発によって大都市近郊がベッドタウン化してゆく時、地域の環境空間は農場や地場産業のような地域で行われる生産活動の支えを失って、歴史的・伝統的な社会的文脈や構造から遊離*（*他とつながりがないこと）する。その土地における B ・流通活動から切り離され、そこで純粋に消費生活を送るサラリーマン世帯にとって、大都市近郊の空間は、「市場」としての差異以外には同一の、均質→P98的な広がりとして現れてくる。

（若林幹夫「イメージのなかの生活」）

ア 市場　イ 物件　ウ 消費　エ 情報　オ 生産

［学習院女子大］

解答　1 損失　2 ①オ・消耗　②ウ・獲得　3 A ウ　B オ

頻出ペア⑮ 経済②

163 名目《めいもく》 ⇔ 164 実質《じっしつ》

163 名目《めいもく》

実体を表していない表向きの名前。表向きの理由。口実。

「名目だけの役員」。

関 名目的《めいもくてき》＝名目であるさま。表面的。

164 実質《じっしつ》

実際の物事に備わっている内容・性質。

「実質の成長率」。

関 実質的《じっしつてき》＝実際の内容が整っているさま。

関 形式的《けいしきてき》＝→P.48

165 促進《そくしん》 ⇔ 166 抑制《よくせい》

165 促進《そくしん》

物事が早く進むよう、うながすこと。

「促」は、うながす。「販売を促進する」。

166 抑制《よくせい》

進行する物事をおさえとめること。

「抑」は、おさえる。「物価上昇を抑制する」。

関 抑圧《よくあつ》＝行動や考えをおさえつけること。

167 固定《こてい》 ⇔ 168 流動《りゅうどう》

167 固定《こてい》

一つの所から動かないこと。変化しないこと。

「視線を固定する」。

関 固定観念《こていかんねん》＝こり固まった考え。

168 流動《りゅうどう》

一箇所にとどまらず、流れ動くこと。移り変わること。

「人口の流動」。

関 流動的《りゅうどうてき》＝成り行きがはっきりしないさま。

169 自発《じはつ》 ⇔ 170 強制《きょうせい》

169 自発《じはつ》

自分から進んですること。自然に起こること。

「自ら発する」の意。「自発的に学習する」。

170 強制《きょうせい》

力でおさえつけ、無理に行わせること。

「強」は、しいる。「強制処分」「強制経済」。

確認問題

1 **次の傍線部について、(1)意味を後から選び、(2)対義語を答えよ。**

［芸術家の提示するものが］**共同体**→P162のなかで**名目的**にせよ容認*《よいとして認めること》されることは、共有されている**規範**→P112や**価値**→P112が、**絶対**→P10のものでないことを容認することでもある。　（村上陽一郎「安全学」）

ア 客観的　イ 芸術的　ウ 実体的
エ 社会的　オ 表面的

2 **次の空欄に入る語を後のア・イから一つずつ選べ。**

①a 戦後日本の憲法には、「戦争の放棄」という項目がある。それは、他国からの□ではなく、日本人の自発的な選択として保持されてきた。　（加藤典洋「敗戦後論」）

b **自己**→P146の□的な行為によって自己がその中にいる社会を善くしてゆくことが人間の**義務**→P64であるといわねばならぬであろう。　（三木清「哲学入門」）

ア 強制　イ 自発

②a 鷗外は細君*《人の妻》のヒステリイ療法として小説を細君に書かせたり、自作の発表をすら□したりした。　（伊藤整「小説の認識」）

b 形成のダイナミズム*《活力》が作動している限り、**形式**→P48は中身と有効に相互□する。　（下條信輔「ラッピング・ペーパー カルチャー」）

ア 促進　イ 抑制

③a 言葉とは、つねに□的で、つかみどころのないしろものなのだ。そのような言葉を相手にしなければならなかったところにこそ、近代ジャーナリズムは他の産業と違った困難をかかえることになったともいえよう。　（玉木明「ニュース報道の言語論」）

b 生物の、とりわけ人間の実行する**コミュニケーション**→P138において、認識枠組みは完全に□されたものではありえない。ある枠組みから別の枠組みへと、時々刻々に変更されていく。　（長谷川一「アトラクションの日常」）

ア 流動　イ 固定

解答　**1**(1)オ　(2)実質的　**2**①aア　bイ　②aイ　bア　③aア　bイ

文章で語彙力チェック②（第1章 論理対義語編）

問題 次の評論を読んで、後の問に答えよ。

多くの場合、人々が生まれて最初に過ごす社会集団は家族である。環境の影響を受けて何らかの資質を(a)獲得し、適応していくAプロセスを社会化とよぶ。一般的に、人々が最初に社会化を行う場が家族である。それゆえ家族は、社会学的に基礎集団として注目されてきた。

私たちがイメージする家族も、社会史や歴史人口学に基づけば、近代の装いを纏《まと》っていることが理解できる。社会学者の渡辺秀樹の整理に基づけば、子どもが社会化を行う家族は、以下のような変化を遂げてきたことになる。

まず前近代社会は、ある種の伝統文化のもとで統合されている。その社会は、比較的狭い地域や親族集団で形成されているが、それは個別の狭い（カップルとその子で構成される）核家族のみで構成される社会ではないことを意味する。つまり、①前近代社会の生きる場は、閉鎖的な核家族で完結せず、コミュニティ内部の人々の相互扶助によって維持される。したがって、親が単独で子どもに対する権威を行使できず、地域や親戚の年長者にもその権威が分散し、またそうした複数の年長者によって子どもは(b)拘束、保護される。

しかし近代に入り、特定の(c)目的に沿った組織集団が次々と生まれる。B産業革命による技術(d)革新や科学の進歩もあり、大量(e)生産による資本の(f)蓄積のために、効率的な組織運営や官僚制化が進む。都市部では、近代化された目的合理的組織で働く人々が増え、その人々を中心に職住分離と分業化が進む。この過程で定着するのが、性別役割分業である。ここにおいて、親（特に母親）が子育ての主たる役割を担うようになる。

こうなると家族は、地域社会や親族集団から切り離され、独自の空間を保つようになる。家族のプライバシーの成立だ。したがって家族にとって、自分たちを取り巻く社会は無関係ではないものの、社会の規範（ルール）は、親というフィルターを通して子どもに伝えられる。親は子どもの社会化を独占的に担い、対照的に地域や親族がもっていた社会化の機能は減退する。つまり子どもの成長にとって、家族の役割はより大きくなる。

近代以降の社会では、②建前として、「自由」という価値観が重んじられている。したがって、プライベートとしての家族の選択の自由が保障されるようになるが、その代わり、生じた結果は自らの責任に帰せられる。これが進むと、プライバシーがあることで、家族の中で起こっていることを周囲の人間は認識できないし、また家族としての選択の自由が保障されている以上、他の家族に他者が口を挟むのは困難になる。

（中澤渉「日本の公教育」）

問一 語句 傍線部(a)〜(f)の対義語を次の中から選べ。

ア 手段　イ 消費　ウ 消耗　エ 喪失

オ 解放　カ 保守

問二 語句 傍線部Aを言い換えた二字熟語を本文から抜き出せ。

問三 読解 傍線部①と対照的な内容を述べている箇所を、第五段落以降から四十五字以内で抜き出し、最初と最後の三文字を答えよ。

問四 語句 傍線部Bの内容に合致しないものを次から選べ。

ア 十八世紀末の英国で発生

イ 産業の機械化・工業化

ウ 商品（モノ）の大量生産

エ 手仕事と個性の重視

問五 i 読解 傍線部②とあるが、これはどういうことか。その内容として最も適当なものを次から選べ。

ア 周知の事実として、自由の価値が認められているということ。

イ 疑う余地もなく、自由の価値が認められているということ。

ウ 表向きでは一応、自由の価値が認められているということ。

エ 前提条件として、自由の価値が認められているということ。

ii 語句 傍線部②にある「建前」の対義語を次から選べ。

ア 事前　イ 本音　ウ 真相　エ 隠蔽

◆重要語フィードバック（問題文にある重要語を再確認！）

獲得（➡P.68）　プロセス（➡P.134）　伝統（➡P.110）　核家族（➡P.176）

閉鎖（➡P.56）　維持（➡P.130）　拘束（➡P.64）　目的（➡P.42）

産業革命（➡P.168）　革新（➡P.66）　生産（➡P.68）　蓄積（➡P.68）

過程（➡P.134）　建前（➡P.30）　価値観（➡P.112）　結果（➡P.36）

＊色字は既出語

解答　問一(a)エ　(b)オ　(c)ア　(d)カ　(e)イ　(f)ウ　問二過程　問三親は子〜退する（する。）　問四エ　問五 i ウ　ii イ

解説　問三「核家族で完結」し「コミュニティ内部の…相互扶助」で「維持」されないに言及する箇所を探す。

コラム① 評論を読んで知性を磨こう①

第1章にちなんだテーマの書籍を紹介しています。丸ごと一冊読むのは簡単ではありませんが、学んだ単語力を生かして読んでみましょう。

偶然と必然

『偶然とは何か』竹内啓（岩波新書）

個々の現象の背後には、ロゴスと呼ばれる一定の論理秩序があり、それを超えた神の自由意志が「偶然」である。

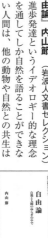

『それは私がしたことなのか』古田徹也（新曜社）

自由意志は存在せず、全ての人間の行動は予め決まっているという決定論は、独断論であり、今後も自由意志の存在は信じられ続けるだろう。

音声と文字

『漢字世界の地平』齋藤希史（新潮選書）

音声言語の作用を受けて言語化した文字言語は、一般の記号とは異なる。

理性と感性

『倫理とは何か』永井均（ちくま学芸文庫）

ルソーは、人間の完全な自由意志に基づく理性的な合意による新たな社会契約を探求し、不平等な状態を解決しようと考えた。

「科学と感性」中村桂子（「世界思想　三九号」所収）

理性的であることが重視される科学の中での、感性の位置づけについて述べる。

精神と身体

『小説家の休暇』三島由紀夫（新潮文庫）

俳優は、精神と肉体との内面外面が裏返しになった人間であり、露骨な可視的精神である。

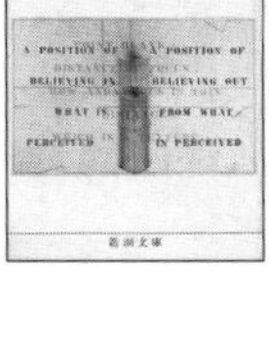

分析と総合

『「分ける」こと「わかる」こと』坂本賢三（講談社学術文庫）

「わかる」ためには「解く」つまり分節化して考える方法が基本姿勢である。

『茶碗の曲線』中谷宇吉郎（青空文庫）

茶碗の形を分析して調べることはできるが、その部分の中には全体の基礎になるものが存在しない。このような問題は今日の科学の苦手とするところである。

自然と人間

『自由論』内山節（岩波人文書セレクション）

進歩発達というイデオロギー的な理念を通してしか自然を語ることができない人間は、他の動物や自然との共生は容易ではない。

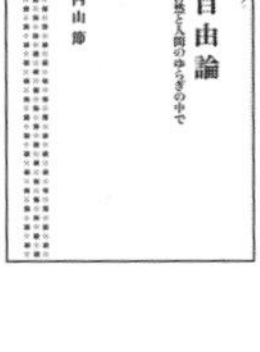

『旅学的な文体』赤坂憲雄（五柳叢書）

自然破壊と自然保護という単純な対置ではなく、両者をうまく折り合わせ自然への畏敬の念を忘れない技術と世界観を持たねばならない。

第2章

論理必修語編

● 重要①～⑱
● 頻出①～⑫

第２章では、第１章で学んだ対義語以外の、論理的文章を読む際に必ず押さえておきたい語を学習します。覚えやすいように、ネットワーキングで「心理・行為・状況」と「理論・概念」の２グループに大きく分け、さらにそれぞれをテーマ別に分類しています。

第2章 論理必修語ネットワーキング①

第2章重要①〜⑱を、**1** 心理・行為・状況①、**2** 理論・概念①の2グループに分類しています。各グループで学ぶテーマ・語句がどのようなものか、全体像を押さえられます。また、読みや意味の確認にも使えます。

1 心理・行為・状況①

■重要①認識・関心・判断

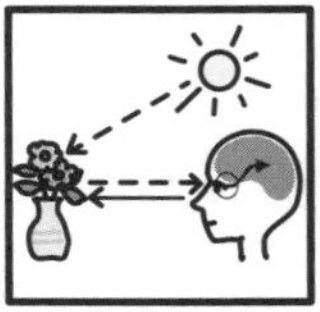

① □意図 □斟酌 □洞察
□幻想 □想像 □諦念

■重要②③④動作・行為

② □示唆 □表白 □標榜
□誇張 □喝破 □寓意
③ □享受 □甘受 □反芻
□吐露 □韜晦 □匿名
④ □帰属 □依拠 □座視
□鳥瞰 □遡行 □彷徨

■重要⑤⑥⑦作用・関係

⑤ □薫陶 □陶冶 □涵養
□鼓舞 □擁護 □代償
⑥ □詮索 □弾劾 □猶予
□排他 □翻弄 □蹂躙
⑦ □欺瞞 □改竄 □捏造
□踏襲 □包括 □敷衍

■重要⑧⑨⑩⑪⑫状態・状況・様相

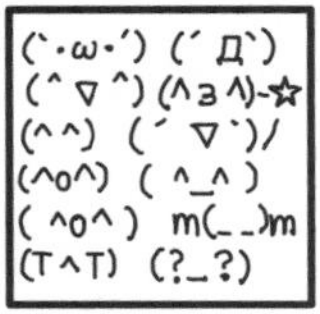

⑧ □矛盾 □齟齬 □理不尽
□旧弊 □跋扈 □裏腹
⑨ □葛藤 □焦燥 □腐心
□恍惚 □依然 □稀有
⑩ □形骸 □堕落 □姑息
□杜撰 □等閑 □短絡
⑪ □物理的 □均質 □重層
□漠然 □端的 □便宜
⑫ □究極 □収斂 □凌駕
□横溢 □遍在 □蔓延

2 理論・概念①

重要⑬概念（理工）

⑬
□ 位相 □ 磁場 □ 包摂
□ 属性 □ 双方向 □ 生理的

重要⑭概念（芸術）

⑭
□ 極致 □ 幽玄 □ 審美
□ 形象 □ 輪郭 □ 可塑性

重要⑮概念（哲学）

⑮
□ 当為 □ 所与 □ 両義
□ 範疇 □ 認識論 □ 存在論

重要⑯概念（宗教）

⑯
□ 恩寵 □ 権化 □ 無常
□ 宿命 □ 敬虔 □ 森羅万象

重要⑰概念（民俗）

⑰
□ 言霊 □ 呪術 □ 伝統
□ 紐帯 □ 桎梏 □ 風土

重要⑱概念（社会）

⑱
□ 規範 □ 価値 □ 等価
□ 典型 □ 語彙 □ 夭折

第2章

論理必修語編 重要①

認識・関心・判断

171 意図《いと》

何かをしようとすること。何かをしようと考えている事柄。

「図」は、はかる。「相手の意図をくむ」。

関 意図的《いとてき》=目的や意識がはっきりしているさま。

関 思惑《おもわく》=思うところ。考え。「思惑」は当て字。

関 目論見《もくろみ》=くわだて。計画。「目論見」は当て字。

172 斟酌《しんしゃく》

事情を察して手加減すること。控え目にすること。

「斟」も「酌」も、くむ。「相手の気持ちを十分に斟酌する」。

関 酌量《しゃくりょう》=事情をくみとって手加減すること。「情状を酌量する」。

関 忖度《そんたく》=相手の心中をおしはかること。

173 洞察《どうさつ》

物事を観察して、その本質や奥底まで見抜くこと。

「洞」は、突き通す・見通す。「人心を洞察する」。

関 透徹《とうてつ》=はっきりと筋道が通っていること。

174 幻想《げんそう》

現実にはない物事をあるように心に思い描くこと。

単なる空想ではなく、「思い込み」の意でも使われる。「現代日本の中流幻想」。

関 幻影《げんえい》=まぼろし。

関 イリュージョン［illusion 英］=幻影。幻想。錯覚（↓P.118）。

175 想像《そうぞう》

実際には経験していない事柄をおしはかること。

「像」は、思い描くイメージ。「想像を絶するような未来社会の到来」。

関 空想《くうそう》=現実離れした事を考えること。また、その内容。

176 諦念《ていねん》

道理をさとった心。あきらめの心。

「諦」は、あきらめる。仏教の「悟り」は執着を捨てることから出発する。それはすべてを「諦める」ということでもある。「諦念の境地になる」。

関 諦観《ていかん》=本質を見通すこと。あきらめること。

確認問題

1 次の語の意味を後から選べ。

① 洞察

ア 観察して、その行動を詳しく記録すること
イ 観察して、その本質に至る過程を捉えること
ウ 観察して、その本質や奥底まで見抜くこと
エ 観察して、その心理の過程を捉えること

② 斟酌

ア 事情や心情をくみとること
イ 相手の非を容認すること
ウ 物事の裏側を暴露すること
エ わかりやすく説明すること

2 次の空欄に入る語を後から選べ（①は同じ語が入る）。

① 多くの幻滅ゆえに、簡単には□を信じることのないその［明治生まれの波乱の］世代があえて確信犯*（宗教や政治上の信念でなされる犯罪のさま）的に有り金を賭けて日本に根づかせようとした「□」、それが「戦後民主主義」だとぼくは思っています。

（内田樹「疲れすぎて眠れぬ夜のために」）

ア 幻想　イ 分析　ウ 傲慢　エ 模倣

② 午後二時台のワイドショーなるものは、新聞のテレビ番組欄に出る題名を記すだに恥ずかしくなるようなものだが、それを長時間見る人間の心事にいたってはわたしの□を絶するのである。

（中野孝次「現代人の作法」）

ア 空想　イ 想像　ウ 具像
エ 観念　オ 捨象

［獨協大］

③ 毎年八月六日と九日に広島と長崎でそれぞれに行われる原爆投下日の記念行事と、それに引き続いて行われる八月十五日の敗戦記念日のセレモニー*（儀式や式典）は、□にか結果的にか、人々の戦争体験の記憶をもっぱら太平洋戦争へと誘導している。

（溝口雄三「日中間に知の共同空間を創るため」）

ア 意図的　イ 英雄的　ウ 基本的
エ 国民的　オ 象徴的

［東北福祉大］

3 「ゆとりある心で自己を見とどけている」の表すところと最も近い意味の語を、後から選べ。

ア 疎遠　イ 信頼　ウ 情熱
エ 諦観　オ 無明

［青山学院大］

解答　**1**①ウ　②ア　**2**①ア　②イ　③ア　**3**エ

177
示唆《しさ》
それとなくほのめかすこと。

「唆」は、そそのかす・ほのめかす。「示唆に富んだ発言」。

関 暗示《あんじ》＝それとなく感づかせること。

関 教唆《きょうさ》＝教えそそのかすこと。

関 扇動《せんどう》・煽動《せんどう》＝あおりたて、そそのかすこと。

178
表白《ひょうはく》
言葉や文字にして、述べ表すこと。

「白」は、申す。「内なる声を表白する」。

関 敬白《けいはく》＝つつしんで申し上げること。

179
標榜《ひょうぼう》
主義・主張などを公然と掲げること。

「榜」は、立て札。「標」は、しるす。中国で、善行をなした者がいると、その内容を立て札に掲げて多くの人々に示したことから。

関 旗幟鮮明《きしせんめい》＝立場や主張がはっきりしているさま。「旗幟」は、旗じるし。

180
誇張《こちょう》
大げさに表現すること。

「誇」は、大げさに言う。「滑稽さを誇張する」。

関 白髪三千丈《はくはつさんぜんじょう》＝心配のあまり白髪が伸びて三千丈にも達したという誇張表現。

181
喝破《かっぱ》
物事の本質を見抜くこと。誤りを排して、真実を説くこと。

「喝」は、禅宗で、師が修行者を叱咤激励《しったげきれい》するときに発する音。言葉や文字では表現できない心の働きを示す。「論理の矛盾を喝破する」。

関 看破《かんぱ》＝見破ること。

182
寓意《ぐうい》
ある意味を別の物事にたとえて表すこと。

「アレゴリー」とも。美術や文学で使われる技法の一つ。ずる賢さを狐で表すなどの例がある。

関 諷喩《ふうゆ》＝たとえなどで本当に言いたいことをほのめかすこと。

関 寓話《ぐうわ》＝教訓や風刺のこめられたたとえ話。

確認問題

1 **「大げさに表現すること」の意味の語を後から選べ。**

ア　矛盾　イ　姑息《こそく》　ウ　誇張　エ　冗談

2 **「表白」の用例として適切なものを後から選べ。**

ア　思い立って表白の旅に出る
イ　汚れた布を表白する
ウ　思い切って心の内を表白する
エ　恐怖のために顔が表白になる

3 **次の傍線部の意味を後から選べ。**

① 議会は国民の代表であることを**標榜**しながら、各党派は私利私欲をほしいままにし、政権以外に国民の利益を眼中におかなかった。

（岸田国士「恐怖なき生活について」）

ア　掲げ示すこと　イ　目標にすること
ウ　彷徨《ほうこう》すること　エ　基準にすること

② ジジェク*によれば、これは「王様は裸だ」とあの**寓話**における民衆たちと同じなのである。

*スロベニアの哲学者

（山竹伸二『認められたい』の正体」）

ア　動物を主人公にした子供向け童話
イ　古くから伝えられたおとぎ話
ウ　ほとんどの国民が知っている歴史物語
エ　教訓や風刺を含んだたとえ話
オ　民衆の間に伝承されてきた昔話

〔白百合女子大〕

③ フランスの哲学者デリダは皇居を首都の中心に位置する「無の空間」と**喝破**した…

（池内了「物理学と神」）

ア　力で押さえ込むこと
イ　正しい方向に導くこと
ウ　物事の本質を見抜くこと
エ　確かな根拠で論じること

4 **次の傍線部の意味を簡潔に答えよ。**

名付けに際して、神が関与することや、僧侶が名付けを行ったりすることは、名付けが霊的な意味をもつものであることを**示唆**している。

（植野弘子「名前と変化」）

〔首都大学東京〕

解答　**1**ウ　**2**ウ　**3**①ア　②エ　③ウ　**4**それとなくほのめかすこと

183 享受《きょうじゅ》

自分のものとして受け入れること。味わい楽しむこと。

「享」も「受」も、うける。「自然の恵みを享受する」。「享」は人名用漢字で別字。

関 享楽《きょうらく》＝趣味や娯楽を個人として十分に楽しむこと。

184 甘受《かんじゅ》

やむを得ないとして、受け入れること。

「現在の境遇を甘受する」。

関 甘《あま》んじる＝不平不満をいわずに受け入れる。

関 唯唯諾諾《いいだくだく》＝主体性をもたず、相手の言いなりに行動するさま。

185 反芻《はんすう》

繰り返し考え、よく味わうこと。

「芻」は、牛や馬のエサになる刈草。牛などが一度飲みこんだ食物を再び口に戻してかむことから。「恩師の言葉を反芻する」。

186 吐露《とろ》

意見や気持ちを隠さずに述べること。

「吐」は、はく。「露」は、あらわす。「真情を吐露する」。

関 告白《こくはく》＝心の中の秘密を打ち明けること。

関 述懐《じゅっかい》＝感想や考えていることを述べること。

187 韜晦《とうかい》

自分の才能や本心などを隠すこと。行方をくらますこと。

「韜」は、弓や剣を入れた袋。「晦」は、くらい・くらます。転じて、包み隠す。「自己を韜晦する性癖」。

関 能有《のうあ》る鷹《たか》は爪《つめ》を隠《かく》す＝実力がある者は必要がある時以外はそれを示さない。

188 匿名《とくめい》

自分の名前や素性を隠すこと。本名以外を名乗ること。

名を匿《かく》す意。インターネット社会の特徴の一つ。通常、ネット上では架空のネームが使われるが、実名を隠すことで自分の発言や情報に対する責任感が薄れ、他人を誹謗《ひぼう》中傷したり、虚偽の情報を流したりすることにもつながる。

確認問題

1 次の語の用例として適切なものを後から選べ。

① 吐露

ア 親友に真実を吐露する
イ 気分が悪くて食物を吐露する
ウ 自分自身の醜悪を吐露する
エ 激しい運動で吐露する

② 匿名

ア 匿名の初舞台に出演する
イ 匿名で知事の選挙に出る
ウ 迷惑な匿名の電話に困る
エ 新入社員を会議で匿名する

③ 韜晦

ア 彼には自分を韜晦する癖がある
イ 韜晦よく花をテーブルに配置してください
ウ この文章の解釈は極めて韜晦である
エ どうか、韜晦の心でもってお許しください

［西南学院大］

2 次の傍線部の意味を後から選べ。

① 少女たちは家族との別離と身体の劣化を、運命として**甘受**せねばならない。

（久間十義「萌え」）

ア 安心して受け入れること
イ やむを得ないとして、受け入れること
ウ 徹底的に受け入れないこと
エ 敬愛しつつ受け入れること

② 古典を解しようと思うならば、直ちにその**享受**へと向かうべきである。

（西郷信綱「古典をどう読むか」）

ア 深く理解すること
イ 自分のものとして受け入れること
ウ 自ら直接に受け取ること
エ 喜びをもって受け入れること
オ 理解することによって楽しむこと

③ いちど内に含んで**反芻する**という時間の＊澱《おり》がない。

＊沈んでたまったかす

（鷲田清一「『ぐずぐず』の理由」）

ア 反対の立場を含みおく
イ 内省して悔悟心を覚える
ウ 反応してよく吸収する
エ 繰り返し考え味わう
オ すう勢にあえて反する

［中央大］

解答　**1**①ア　②ウ　③ア　**2**①イ　②イ　③エ

重要④ 動作・行為③

189 帰属《きぞく》

つき従うこと。所属すること。

「属」は、つき従う。ある人や機関につき従うことで、一定の役割を担うこと。「自分が帰属する社会」。

190 依拠《いきょ》

よりどころとすること。

「依」も「拠」も、よる。「哲学書に依拠している」。

関 立脚《りっきゃく》＝立場やよりどころを定めること。

関 根拠《こんきょ》＝行動や主張などのもととなる理由。

191 座視《ざし》

見ているだけで何もしないこと。

座って視《み》る意。「成り行きを座視している」。

関 拱手傍観《きょうしゅぼうかん》＝何もせず成り行きを見ていること。「拱手」は両手を胸の前で組み合わせてする礼。「こうしゅ」とも。

192 鳥瞰《ちょうかん》

高いところから広い範囲を見下ろすこと。

鳥が瞰《み》る意。鳥瞰は空中のある一点から、俯瞰は高い山や建物などのある一点から見るという違いがある。

関 俯瞰《ふかん》＝高いところから見下ろすこと。俯《うつむ》いて瞰《み》る意。

193 遡行《そこう》

さかのぼること。

「遡」は、さかのぼる。「溯行」とも。「渓流を遡行する」。

関 遡上《そじょう》・溯上＝さかのぼること。

関 遡及《そきゅう》・溯及＝過去にさかのぼって効力を及ぼすこと。

194 彷徨《ほうこう》

あてもなくさまようこと。

「彷」も「徨」も、さまよう。「異境を彷徨する」。

関 放浪《ほうろう》・流浪《るろう》＝あちこちさまようこと。

関 漂泊《ひょうはく》＝流れただようこと。あてもなくさまようこと。「漂泊の旅」。

確認問題

1 「彷徨」の用例として適切なものを後から選べ。

ア ようやく目的地に彷徨する

イ アフリカの密林を彷徨する

ウ はるかな地平線を彷徨する

エ 大河の源流を彷徨する

2 次の傍線部の読みを記し、空欄に漢字一字を入れて類義語を答えよ。

ただひとりの神は、人間界を見降ろし、**俯瞰**するものだから。

（前田英樹「小津安二郎の知覚」）

［愛知県立大］

「□瞰」

3 次の傍線部の意味を後から選べ。

中央市街地の空洞化、アナーキー*な郊外という文化破壊を**座視する**一因となったといわざるをえない。

*無政府・無秩序な状態であること

（中村良夫「都市をつくる風景」）

ア 傍観する　イ 標榜《ひょうぼう》する　ウ 凝視する

エ 一瞥《いちべつ》する　オ 俯瞰する

［成蹊大］

4 次の空欄に入る語を後から選べ。

① 偶有的*な出来事は、□的に、それを必然→P36として帰結する宿命→P108を構成します。

*ある性質を偶然そなえているさま

（大澤真幸「『正義』を考える」）

ア 追及　イ 遡及　ウ 言及　エ 企及

② それは家族はもちろん、イエの相似態*としての会社や役所、つまり自分の□であり、そして、明治憲法下では、天皇を家長*とする国家という大きなイエの物語があった。

*互いに似ているさま　*一家の主人

（中村良夫「都市をつくる風景」）

ア 地縁血縁　イ 固有財産　ウ 帰属集団

エ 同胞意識《どうほういしき》　オ 人身御供《ひとみごくう》

［成蹊大］

③ 歴史の研究は文書史料に□して行うものだというのは一般的な常識であるが、柳田はその常識に挑戦した。

（福田アジオ「柳田国男の民俗学」）

ア 通暁　イ 従属　ウ 信頼

エ 依拠　オ 相応

［名古屋外国語大］

解答　**1**イ　**2**ふかん・鳥　**3**ア　**4**①イ　②ウ　③エ

重要⑤ 作用・関係①

195 薫陶《くんとう》

優れた人格によって人に影響を与え、教育すること。

陶器を焼く前に香を焚《た》いて、その香りを土に染み込ませることから。「恩師から薫陶を受ける」。

関 **感化《かんか》＝→P.274**

関 **教化《きょうか》＝人を善に教え導くこと。**

196 陶冶《とうや》

素質や才能を引き出し、きたえて育てること。

もとは、陶器を作ったり、金属を鋳たりすること。転じて、人をつくり育てること。「人格を陶冶する」。

197 涵養《かんよう》

無理をしないように、ゆっくりと養い育てること。

「涵」は、水でひたす。「弟子たちを涵養する」。

関 **育成《いくせい》＝育ててあげること。**

198 鼓舞《こぶ》

元気になるように励まし奮い立たせること。

もとは、鼓《つづみ》を打ち鳴らして人を舞わせる意。「元気のない友人を鼓舞する」。

関 **叱咤《しった》＝大声でしかったり、励ましたりすること。**
「後輩を叱咤する」。

199 擁護《ようご》

危害からかばい守ること。

「擁」は、かかえる。「護」は、まもる。「市民を災害から擁護する」。

関 **養護《ようご》＝保護し育てること。**

対 **蹂躙《じゅうりん》＝→P.88**

200 代償《だいしょう》

他人に代わって埋め合わせをすること。与えた損害の代価を払うこと。

「償」は、つぐなう。ある行為のひきかえに失うものの意でも使われる。「罪の代償は大きい」。

関 **代価《だいか》＝あることを行うために払う犠牲・損害。**

確認問題

1 「擁護」の対義語を後から選べ。

ア 軽視　イ 蹂躙　ウ 尊重　エ 庇護《ひご》
オ 公正　〔東海大〕

2 「陶冶」の用例として適切なものを後から選べ。

ア 全国の観光地を陶冶する
イ 戦国時代を陶冶する武将
ウ 人格を陶冶する方針
エ 地震予知を陶冶する部署

3 次の傍線部の意味を後から選べ。

① 教育現場における近年の大きなテーマの一つは、「コミュニケーション力」→P138や「人間力」の涵養だろう。
〔土井隆義「友だち地獄」〕

ア 迅速に解体すること
イ 常識に配慮すること
ウ 知識や見識をゆっくりと身につけること
エ すぐに慣れ親しむこと
オ 巧みに相対化すること　〔広島修道大〕

② 寒気はむしろ張り合う相手、自分を鼓舞する契機→P136だ。
〔池澤夏樹「ヘルシンキ」〕

ア こぶしを振ること　イ 驚かせること
ウ 滅入《めい》らせること　エ 脅かすこと
オ 躍らせること　カ はげますこと　〔法政大〕

4 次の空欄に入る語を後から選べ。

① 近代人は自由と自律→P62の□として、孤立と孤独を甘受→P82せざるをえない。アトム*的個人の立場に立つ以上、孤絶的孤独は宿命→P108的必然→P36なのである。

*これ以上分けられないさま

〔岡田勝明「自己を生きる力――読書と哲学」〕

ア 条件　イ 根拠　ウ 代償　エ 成果
オ 口実　〔佛教大〕

② 少年時代の桂〔小五郎〕は、この叔父から親しく□を受け、幕末日本で最初の本格的な世界地理の書物であった箕作《みつくり》省吾編の『世界地誌』をテキストとして示され、国家の独立達成の大切さを教えられた…
〔中西輝政「日本人として知っておきたい近代史」〕

ア 薫陶　イ 喝采　ウ 非難　エ 被害

解答　1イ　2ウ　3①ウ　②カ　4①ウ　②ア

重要⑥ 作用・関係②

201
詮索《せんさく》
細かい点まで調べ求めること。

詮索も穿鑿も細かい点まで調べるという点では同じだが、穿鑿の方は小さな事までとやかく言うという点で批判的なニュアンスがある。「事件の概要を詮索する」。

関 穿鑿《せんさく》＝細かい点までほじくり調べること。

202
弾劾《だんがい》
罪や不正をあばき、責任を追及すること。

「劾」は、罪を調べる。「裁判で弾劾する」。

関 糾弾《きゅうだん》＝罪や責任を追及し、非難すること。

関 剔抉《てっけつ》＝悪事をあばくこと。

関 摘発《てきはつ》＝悪事などをあばいて公にすること。

203
猶予《ゆうよ》
実行の期日を先に延ばすこと。

関 モラトリアム［moratorium 英］＝→ P.176

関 モラトリアム人間＝いつまでも大人社会に同化しない、できない青年。

204
排他《はいた》
仲間以外のものをしりぞけること。

「排」は、おしのける。

関 排他的《はいたてき》＝他者をしりぞけるさま。「排他的な雰囲気」。

関 排斥《はいせき》＝しりぞけること。

関 排除《はいじょ》＝取り除くこと。

205
翻弄《ほんろう》
思いどおりにもてあそぶこと。

「弄」は、もてあそぶ。「人心を翻弄する」。

関 弄《もてあそ》ぶ＝手にもって遊ぶ。思いのままに扱う。

関 愚弄《ぐろう》・嘲弄《ちょうろう》＝馬鹿にしてからかうこと。

206
蹂躙《じゅうりん》
踏みつけて、つぶすこと。

「蹂」は、踏みつける。「躙」は、つぶす。「人権を蹂躙する」。

関 踏《ふ》み躙《にじ》る＝踏みつけてつぶす。他人の気持ちを傷つける。

確認問題

1 **「弾劾」の用例として適切なものを後から選べ。**

ア　ギターを弾劾する　　イ　大統領を弾劾する
ウ　情報を弾劾する　　エ　時刻を弾劾する

2 **次の傍線部は「穿鑿」の他に、同じ意味を表す別の漢字があるが、それを後から選べ。**

語り手の**せんさく**はそれとして、この作品のそこを流れているものは、製塩をなりわい*《生活を営むための仕事》とするもののもつ、塩に対する**呪術**→P110信仰であり、塩が限りなく増殖*《増えること》してくれることを願う、量における願望であったと思う。（岩崎武夫「続さんせう太夫考」）

ア　詮索　　イ　潜索　　ウ　浅策　　エ　施削
オ　宣柵　　［東海大］

3 **次の傍線部の意味を後から選べ。**

① 私たちは、きわめて**脆弱**《ぜいじゃく》→P128で不安定な「私」のままに、バブル後の世界、「失われた一〇年」に続くグローバルな自由主義経済という世界規模の荒波に**翻弄**された。（深澤徳『思想としての『無印良品』』）

ア　もてあそぶこと　　イ　訳し分けること
ウ　ひるがえすこと　　エ　罠《わな》にかけること
［学習院大］

② 彼らが「やりがいのある仕事」という言葉で指し示しているのは、その労苦がもたらす利得を優先的・**排他的**に受益*《利益を受けること》するのは他ならぬ「私ひとり」であるような仕事のことだからである。（内田樹「昭和のエートス」）

ア　他者と共存するさま
イ　他者を思いやるさま
ウ　他者を敬うさま
エ　他者を退けるさま

③ **韻文**→P184は言葉の論理性を超越して、しばしば無視して、ときには**蹂躙**して生まれてくる。（長谷川櫂「俳句的生活」）

ア　ふみならすこと　　イ　ふみかためること
ウ　ふみにじること　　エ　ふみしめること

4 **次の空欄に入る語を後から選べ。**

戦時下にも、戦闘地域以外には「□としての平和」がある。実際、B29の無差別爆撃が始まる一九四四年末までの内地は欠乏と不自由が徐々に募っていっただけであった。（中井久夫「戦争と平和についての観察」）

ア　逃避　　イ　敗者　　ウ　猶予　　エ　銃後

解答　**1**イ　**2**ア　**3**①ア　②エ　③ウ　**4**ウ

重要⑦ 作用・関係③

207
欺瞞《ぎまん》
人の目をごまかし、だますこと。

「欺」は、あざむく。「瞞」は、目をおおって見えなくする。「社会の欺瞞に憤る」。

関 瞞着《まんちゃく》＝ごまかすこと。

208
改竄《かいざん》
自分の有利になるように、文字などをわざと書きかえること。

「竄」は、文字をかえる。「書類を改竄する」。

関 剽窃《ひょうせつ》＝人の文章などを盗み、自分のもののように発表すること。

209
捏造《ねつぞう》
ありもしないことをあるように言ったり作り上げたりすること。

「でつぞう」とも。「捏」は、でっちあげる。「証拠を捏造する」。

210
踏襲《とうしゅう》
それまでのやり方や方針をそのまま受けつぐこと。

「襲」は、おそう・あとを受けつぐ。「前任者の方針を踏襲する」。

関 世襲《せしゅう》＝財産・身分・地位などを親子代々受け継ぐこと。

211
包括《ほうかつ》
全体を一つにひっくるめること。

「包」は、つつむ。「括」は、くくる。「諸問題を包括する」。

関 総括《そうかつ》＝個々のものを全体としてまとめること。

関 一括《いっかつ》＝ひとまとめにすること。

212
敷衍《ふえん》
分かりにくい所を易しく言い換えたり、詳しく説明したりすること。

「敷延」「布衍」とも。「衍」は、ひろげる。もとは、押し広げること。「敷衍して説明を加える」。

第1章 第2章 第3章 第4章 第5章 終章

確認問題

1 「改竄」と意味の近いものを後から選べ。

ア 糊塗《こと》　イ 窮鼠《きゅうそ》　ウ 改善　エ 改訂
オ 捏造

2 「欺瞞」の意味と合わないものを後からすべて選べ。

ア だます　イ あざむく
ウ ごまかす　エ 大事にする
オ のさばる

3 「捏造」の用例として適切なものを後から選べ。

ア 新作を捏造する過程をたどる
イ ようやく会心の作を捏造する
ウ 歴史的な証拠を捏造する
エ 自信作を捏造する日を送る

4 次の傍線部の意味を後から選べ。

① 『愚管抄《ぐかんしょう》』は、未来予知の能力に長《た》けていたとされる聖徳太子の夢告《むこく》*に導かれて書かれた。つまりは自らの筆の先に聖徳太子の霊魂を宿らせることと、「未来記」の叙述方法を**踏襲する**こと。

（深沢徹「往きて、還る。」）

*夢告：夢の中で神仏がするお告げ

ア おぎなう　イ 変更する
ウ 受け継ぐ　エ 付きしたがう

② 「建築とはシェルター*である」という定義を**敷衍**していけば、われわれは再び「すべては建築である」という袋小路*におちいってしまう。

（隈研吾「新・建築入門」）

*シェルター：避難壕・避難所・防空壕
*袋小路：行きづまり状態

ア 繰り返すこと　イ 押し広げること
ウ 反転させること　エ 限定すること
オ 調べつくすこと

5 次の空欄に入る語を後から選べ。

しかし「人類全体」といった□な観念（→P146）に対してまで意味や目的（→P42）を求めるに至って、そこに一つの転倒が起きたのである。

（小浜逸郎「なぜ人を殺してはいけないのか　新しい倫理学のために」）

ア 一般的　イ 相対的　ウ 固定的
エ 包括的　オ 本質的

［東京経済大］

解答　1オ　2エ・オ　3ウ　4①ウ　②イ　5エ

213 矛盾《むじゅん》

二つの物事が食い違っていて、つじつまが合わないこと。撞着《どうちゃく》。

関 ジレンマ [dilemma 英]=↓P.148

関 二律背反《にりつはいはん》=矛盾する二つの命題が同等の妥当性で主張されること。アンチノミー。

214 齟齬《そご》

かみ合わないこと。食い違うこと。

「齟」は、上下の歯を強く合わせること。「齬」は、上下の歯がかみ合わないこと。つまり、かんでも上下の歯がかみ合わないことから。「齟齬を来《きた》す」。

215 理不尽《りふじん》

道理に合わないこと。筋道の通らないこと。

もとは、十分に意を尽くさないの意で、手紙の最後に記す言葉。「理不尽な対応」。

関 不合理《ふごうり》=道理に合わないこと。

関 不条理《ふじょうり》=↓P.232

216 旧弊《きゅうへい》

古くからの悪い習慣や制度。

古い考えや習慣にとらわれているさま。「旧弊を打破する考え方」。

関 因習《いんしゅう》・因襲《いんしゅう》=昔からの習慣。「因習に縛られる」。

217 跋扈《ばっこ》

勢力を広げてのさばること。

「跋」は、ふみにじる。「扈」は、ひろがる。「妖怪が跋扈する」。

同 跳梁《ちょうりょう》=のさばって、はびこること。

関 横行《おうこう》=気ままに歩き回ること。悪事が盛んに行われること。

218 裏腹《うらはら》

一つのものの裏と表。正反対。あべこべ。

人体の表（正面）にある「腹」の裏側の意。「心と裏腹な挨拶」。

確認問題

1 「跋扈」の読みを答え、同義語として適切なものを後から選べ。

ア 飛躍　イ 暴力　ウ 開放　エ 跳梁　［明治大］

2 次の傍線部の意味を後から選べ。

① **旧弊**に閉じこもった日本を変えるためには欧米諸国の政治制度→P162やその基礎にある価値観→P112を学ぶ必要があるという自覚→P118が、近代日本の知識人を支えていた。（藤原帰一「日本語への引きこもり」）

ア 従来の貨幣制度
イ 旧来のやり方を悪いとすること
ウ 新旧のうち新しい方を取ること
エ 古いが、よい考え方を守るさま
オ 弊害の多い昔からの習慣　［九州産業大］

② 自分とは何だろうか。この問いに向かうきっかけとしては色々考えられるが、いずれの場合にも共通して、自分と世界との間には一種の**齟齬**が意識されている。（池上哲司「傍らにあること」）

ア 裏腹　イ 不自由　ウ 不可能
エ でこぼこ　オ 食い違い　［椙山女学園大］

③ 彼［ヨブ］は神ヤハヴェに**理不尽さ**を訴えても、べつに悪魔を罵《ののし》ったりはしていない。（池内紀「悪魔の話」）

*悪口を言った

ア 困難に苦しむこと　イ 理解に苦しむこと
ウ 筋道の通らないこと　エ 不幸が長く続くこと　［摂南大］

④ この同伴的、同調的意識が、それとは**うらはら**であるはずの個人主義→P166の社会的ささえとなっている。（多田道太郎「しぐさの日本文化」）

ア 表裏一体　イ うらがわ
ウ あべこべ　エ まぜこぜ　［明治大］

3 次の空欄に入る語を後から選べ。

腰の据わった回遊魚と言うべき□をはらんだ資質は、ふたたび彼を海へと送り込む。（堀江敏幸の文）

ア 夢想　イ 限界　ウ 犠牲　エ 矛盾
オ 湿度　［京都女子大］

解答　**1**ばっこ・エ　**2**①オ　②オ　③ウ　④ウ　**3**エ

219 葛藤《かっとう》

対立する感情がもつれ合って争い、いずれかで迷い苦しむこと。

「葛」は、くず。「藤」は、ふじ。葛や藤のからまり合いになぞらえたことから。「心の葛藤で苦しむ」。

220 焦燥《しょうそう》

あせっていらいらすること。

「焦躁」とも。「焦」は、こがす・あせる。「将来のことで焦燥を覚える」。

関 **焦眉《しょうび》の急《きゅう》＝差し迫った危難や急務。**「福祉政策が焦眉の急だ」。

221 腐心《ふしん》

心を痛め、悩ますこと。

「腐」は、くさる・心を悩ます。「進学問題で腐心する」。

222 恍惚《こうこつ》

うっとりするさま。ぼんやりするさま。

「名画を見て恍惚とする」。

関 **陶然《とうぜん》＝**→P.214

223 依然《いぜん》

もとのままであるさま。

「依然として治らない病気」。

関 **旧態依然《きゅうたいいぜん》＝昔のままで少しも進歩がないさま。**

224 稀有《けう》

まれにあること。非常に珍しいこと。

「希有」とも。

関 **未曽有《みぞう》＝いまだかつてないこと。**

関 **前代未聞《ぜんだいみもん》＝今まで一度も聞いたことがないこと。**

関 **空前絶後《くうぜんぜつご》＝今までになく、今後もないような珍しいこと。**

確認問題

1　**次の傍線部の意味を後から選べ。**

①　人間の欲望は必ずしも統一的な方向性を持っているわけではなく、複数の欲望に分裂し、絶えず**葛藤**を引き起こす。

（山竹伸二『本当の自分』の現象学」）

ア　精神で類似のものがからみ合っていること
イ　頭脳で種々雑多なものが混じり合うこと
ウ　心の中で異なるものがたがいに争うこと
エ　肉体で複数の要素が精神を刺激すること

②　建築設計を学ぶ者は、できるかぎり空間を劇的に作り上げる形態操作に**腐心する**ようになる。

（松山巖「手の孤独、手の力」）

ア　熱中する　　**イ**　専門化し上達する
ウ　飽きて嫌になる　　**エ**　心を痛め、悩ます

③　近代日本の**焦燥**はあらゆることを処理し決着しようとしてきた。

（福田恆存「一匹と九十九匹と」）

ア　誤って騒ぎ立てること
イ　あせりいらだつこと
ウ　うわすべりすること
エ　熱狂して夢中になること

［日本大］

④　天井にぶらさがって、ほとんどもう**恍惚**境にひたっていると、…

（多田道太郎「遊びと日本人」）

ア　けたたましいさま　　**イ**　心がうつろなさま
ウ　しょんぼりするさま　　**エ**　うっとりするさま

2　**次の空欄に入る語を後から選べ。**

暴力あるいは強制→P70の下で取引すら成り立たない場合があることを思えば、取引が可能なだけでもよしとすべきかもしれない。しかし、それでは［　　］ひとがひとに対等に向き合う場とはなりえない。

（池上哲司「傍らにあること」）

ア　言うまでもなく　　**イ**　依然として
ウ　いずれにしても　　**エ**　あくまで

［神戸女学院大］

3　**次の傍線部の意味を簡潔に答えよ。**

その句のなかに、ついぞ見たことのない景色がくっきりと、しかも蕪村の**稀有**な「視覚言語」ともいえる表現によって、正確かつ豊かに描かれている…

（三宮麻由子「心にシーンが増えていく」）

［愛媛大］

解答　**1**①ウ　②エ　③イ　④エ　**2**イ　**3**まれにあること（非常に珍しいこと）

(`･ω･´) (´Д`)
(＾▽＾) (^з^)-☆
(^^) (´▽`)/
(^o^) (^_^)
(^o^) m(_ _)m
(T^T) (?_?)

225 形骸《けいがい》

内容のない形だけのもの。

「骸」は、むくろ・命を失った体。「今や形骸となった規則」。

関 形骸化《けいがいか》＝内容のない形だけのものになること。

226 堕落《だらく》

生活がくずれ、品行が悪くなること。

「堕」は、悪い状態におちいる。「堕落した生活」。

関 身《み》を持《も》ち崩《くず》す＝日ごろの品行が悪く、生活がだらしなくなる。

関 堕《だ》する＝よくない状態におちいる。

227 姑息《こそく》

一時の間に合わせに行っていること。その場のがれ。

しばらくの間、息をつくの意。「姑」は、しばらく・一時。「姑息な手段を用いる」。

同 一時凌《いちじしの》ぎ＝その場だけの間に合わせ。

228 杜撰《ずさん》

いい加減で手ぬかりが多いこと。著作などに誤りが多いこと。

宋の杜黙《ともく》の詩は多くが詩の規則に合わなかった。そこで人々がいい加減なものを杜撰（杜黙が作ったもの）というようになったという故事から。「杜撰な管理」。

229 等閑《とうかん》

物事をいい加減にすること。おろそか。

「なおざり」とも。「御座成り」（↓P.232）との違いは、御座成りはいい加減だが一応はやる。なおざりはいい加減にして放っておく。

関 等閑《とうかん》に付《ふ》する＝いい加減に放っておく。

関 等閑視《とうかんし》する＝いい加減に放っておく。

230 短絡《たんらく》

筋道をたどらず、簡略なやり方で性急に結論を出すこと。

「絡」は、つながる・つなぐ。「短絡な議論」。

関 短兵急《たんぺいきゅう》＝だしぬけであるさま。「短兵」は短い武器で刀剣の類。ここから刀剣を手にして敵に迫り急に襲いかかる意となった。

確認問題

1 「□な管理体制の責任が問われる」の空欄に入る語を後から選べ。

ア 矛盾 イ 白眉 ウ 墨守 エ 杜撰

2 次の傍線部の意味を後から選べ。

① **等閑に付された**ところはやがて風化*がおこるであろう。（外山滋比古「日本語の論理」）

*次第に記憶がうすれること

ア 均等に取り扱われた
イ 徐々に忘れられた
ウ ほどほどに注意を向けられた
エ いい加減に放っておかれた

② 山本は常朝*のそれ「『葉隠《はがくれ》』」は「言葉」だけであって、全体としては**姑息な**処世術が書かれているばかりの「老人のたわ言」であって、「『葉隠』を決して評価してはならない」と書いている…（小谷野敦「なぜ悪人を殺してはいけないのか」）

*佐賀藩士山本常朝（『葉隠』成立に関わる）

ア その場のがれの イ こまごまとした
ウ 卑劣な エ お調子者の ［神奈川大］

③ やはり、それはどんなかたちかで、われわれの存在を脅かし、これを**なおざりにする**ものは、いつかきっと手痛い目にあうという事実を否定する→P32わけにいかぬ。（岸田国士「恐怖なき生活について」）

ア 緊張させる イ 疎《おろそ》かにする
ウ あざ笑う エ 非難する

3 次の空欄に入る語を後から選べ。

① 数限りなくある禁止「条項」の□の実例から唯一つだけ駐車禁止の問題を取上げて見よう。（鈴木孝夫「山かけ法の論理」）

ア 円滑化 イ 形骸化 ウ 効率化
エ 特殊化 オ 膠着《こうちゃく》化 ［大東文化大］

② 茶道の形式化→P48や□を言うのは易しいし、つまらぬことだ。（小林秀雄「信楽大壺」）

ア 楕落 イ 墜落 ウ 惰落
エ 堕落 オ 駄落 ［青山学院大］

③ 登場する人物の像と、作者の人間像がどんなに似ているように思われるときも、□して結びつけることができないこと。（吉本隆明「詩学叙説」）

ア 短絡 イ 短縮 ウ 脈絡 エ 甘楽

解答 **1**エ **2**①エ ②ア ③イ **3**①イ ②エ ③ア

重要⑪ 状態・状況・様相④

231 物理的《ぶつりてき》

重さ・時間・空間など、数量にかえられる面からとらえるさま。

精神的・心理的なものと比較されて用いられる。「物理的には可能である」。

232 均質《きんしつ》

性質・状態が同じでむらがないこと。

「均」は、ひとしい・同じ。近代以降、時間は時計ではかることができる物理的・均質的な時間となり、空間も物理的・均質的に測定可能なものと考えられるようになった。均質は、近代の特徴の一つ。

233 重層《じゅうそう》

いくつもの層になって重なり合うこと。

関 重層的決定《じゅうそうてきけってい》＝複数の要因が関係して決定されるということ。

関 表層《ひょうそう》＝↓P.54

234 漠然《ばくぜん》

ぼんやりとして、はっきりしないさま。

「漠」は、とりとめがない。「漠然とした不安」。

関 茫漠《ぼうばく》＝広くてとりとめのないさま。「茫漠とした荒野」。

235 端的《たんてき》

わかりやすく、はっきりしているさま。てっとりばやいさま。

「端」は、真っ直ぐで偏らないこと。「的」は、明らか・はっきり。「端的に言うと」。

関 単刀直入《たんとうちょくにゅう》＝前置きなく、直接に要点をつくこと。

関 率直《そっちょく》＝飾りけがなく、ありのままであるさま。

236 便宜《べんぎ》

都合がいいこと。適当な対応や処置。

「宜」は、「よろしく～べし」（～するのがよい）の意の再読文字。

関 便宜的《べんぎてき》＝間に合わせに処置するさま。

関 便宜《べんぎ》を図《はか》る＝特別な対応や処置をする。「就職の便宜を図る」。

確認問題

1 **傍線部の説明で適切なものを後から選べ。**

「世間」はいきおい、**漠善**とした、あいまいなものとならざるをえないであろう。→P50

（井上忠司『「世間体」の構造』）

ア 「漠」・「善」のどちらも正しい
イ 「漠」は正しく、「善」は誤り
ウ 「善」は正しく、「漠」は誤り
エ 「漠」・「善」どちらも誤り

［松山大］

2 **次の傍線部の意味を後から選べ。**

① 春夏秋冬を区切るのは**便宜**のためにすぎぬ。

（唐木順三「中世の文学」）

ア 内容が充実していること
イ 交通網がととのっていること
ウ 都合がいいこと
エ 具体的でわかりやすいこと

② **端的**にいえば、感情や気分をイコール自分と捉えてしまうため、感情が落ち込むだけで自分の存在自体が落ち込むように**錯覚**してしまうのである。→P18

（齋藤孝「日本人の心はなぜ強かったのか」）

ア 生命にかかわるさま
イ わかりやすく、はっきりしているさま
ウ 極端で、受け入れられないさま
エ はしばしまで具体的であるさま

3 **次の空欄に入る語を後から選べ。**

① 福沢諭吉の肖像が印刷された紙切れは、□には吹けば飛ぶような実在です。

（岩井克人「経済学の宇宙」）

ア 物理的　イ 道徳的　ウ 非認知的　エ 合理的

② まことに、歴史はさまざまな□な時間を含み、それら相互の絡み合いから成り立っている。

（中村雄二郎「哲学の現在」）

ア 理論的　イ 言語的　ウ 重層的　エ 空間的　オ 論理的

③ ここ［盛り場］で生まれる風俗がマスメディア→P196によって増幅*され、日本の都市文化の□を促している…（色川大吉『昭和史　世相篇』の構想）

*振幅を増大して送り出すこと

ア 均質化　イ 多様化　ウ 拡散化　エ 求心化　オ 二元化

［立教大］

解答　**1**イ　**2**①ウ　②イ　**3**①ア　②ウ　③ア

第2章

論理必修語編

重要⑫ 状態・状況・様相⑤

(`・ω・´) (´Д`)
(^ ▽ ^) (^з^)-☆
(^ ^) (´ ▽`)/
(^o^) (^_^)
(^o^) m(_ _)m
(T^T) (?_?)

237 究極《きゅうきょく》

物事の最後にいきつくところ。

「窮極」とも。「究」も「極」も、きわめる。「究極の日本料理を作る」。

関 とどのつまり＝結局のところ。魚のボラは成長するにつれ名前が変わり、最後にトドとなることから。

238 収斂《しゅうれん》

おさめること。散在しているものをとりまとめること。縮むこと。

「収」も「斂」も、おさめる。「物事を収斂する」。

関 収束《しゅうそく》＝おさまること。

239 凌駕《りょうが》

他をおさえて上に出ること。

「凌」は、しのぐ。「他を凌駕する作品」。

関 凌《しの》ぐ＝苦難に耐えて、乗り越える。

関 一頭地《いっとうち》を抜《ぬ》く＝他の人々より一段とすぐれているさま。「一頭」は、頭一つ。

240 横溢《おういつ》

みちあふれるほど盛んなこと。

「溢」は、あふれる。「活力が横溢する」。

関 意気軒昂《いきけんこう》＝元気盛んなさま。

関 意気衝天《いきしょうてん》＝天をつくほど元気盛んなさま。

241 遍在《へんざい》

どこにでも広く行き渡ってあること。

「遍」は、あまねく・広く。「全国に遍在する伝説」。

関 津津浦浦《つつうらうら》＝全国いたるところ。

関 偏在《へんざい》＝かたよって存在すること。

242 蔓延《まんえん》

よくないものがはびこり広がること。

植物の蔓《つる》が延びる意。「インフルエンザが蔓延する」。

関 はびこる＝草が一面に生える。悪い事が広がる。

関 のさばる＝勝手に伸び広がる。

確認問題

1

① **次の傍線部の意味を後から選べ。**

*至善の神ですら**遍在**するのに、人間が空間的に拡がっていけないわけがない。

*最高の善

（養老孟司「ヒトの見方」）

ア 限られた場所にしかないこと
イ 勢力を拡げてのさばること
ウ どこにでも広く行き渡ってあること
エ 拡がって散り散りになること

② 「何が正しいか、悪いかなんてわからない」という気分が、とくに八〇年代以降**蔓延**した。

（齋藤孝「子どもたちはなぜキレるのか」）

ア 残った　イ ひろがった
ウ 上にのびていった　エ 否定できなくなった
オ 許しがたくなった

［獨協大］

2

次の空欄に入る語を後から選べ。

① 言葉は文脈に応じて無数の意味を持つ。それゆえ、言葉の意味は□には決定不可能であり、その用法も規定不可能である。

（苫野一徳『「自由」はいかに可能か』）

ア 断定的　イ 消極的　ウ 表面的
エ 究極的

② 例えば、「白牡丹《はくぼたん》いずくの紅のうつりたる」（虚子）。このような体言止めは、意識の焦点*を、一挙に対象に□させる。

*人々の注意や関心の集まるところ

（岩城見一「俳句の感性論」）

ア 収斂　イ 明浄　ウ 緩慢　エ 可視
オ 聴覚　カ 印象　キ 飛翔　ク 推敲

［東北福祉大］

③ ［国民が備えるべき一般教養の形成に寄与→P124する文化事業としての］「綜合《そうごう》雑誌」は、広く受け入れられ、創刊年の各号は平均して十万部と、有力新聞各紙をはるかに□する売り上げだったという。

（佐藤守弘「伝統の地政学」）

ア 望見　イ 俯瞰《ふかん》　ウ 駆逐　エ 慶賀
オ 凌駕

［同志社大］

3

次の傍線部の読みを答え、意味を簡潔に述べよ。

美を差配*する現場に精通→P120する人々に培われてくる感覚は、常にクライアント*の思惑→P78を超えて過度に成熟する。この過度なる感覚の成熟や**横溢**をこそ文化と呼ぶべきかもしれない。

*とりあつかうこと
*得意先・顧客

（原研哉「日本のデザイン」）

［福岡女子大］

解答　1①ウ　②イ　2①エ　②ア　③オ　3おういつ・みちあふれるほど盛んなこと

論理必修語編 重要⑬

概念①理工

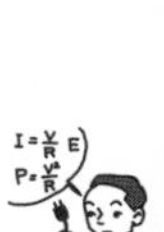

243

位相《いそう》

変化するものがとる、ある局面での姿。

「トポロジー」とも。物理・化学で、周期運動におけるある瞬間の位置・運動状態。語学で、男女・地域・職業などの相違から生まれる言葉の違い。

244

磁場《じば》

ある力がはたらく特定の領域。

物理学で、磁力が作用する範囲。「旅という磁場を想定する」。

同 磁界《じかい》

245

包摂《ほうせつ》

ある概念をより大きな概念の範囲に包みこむこと。

論理学で、主に概念（→P.138）の広さについて論じるときに用いる語。一つにまとめることの意もある。「動物は生物に包摂される」。

246

属性《ぞくせい》

その物が本来もっている性質や特徴。

哲学では、それ固有の性質をさすが、場合によっては、一時的に付与される性質についてもいわれる。コンピュータ分野では「ファイル属性」などと使われる。

関 本質《ほんしつ》＝→P.14

247

双方向《そうほうこう》

二つの方向。情報の送り手と受け手が自由に情報の交換を行うこと。

インターネット社会の特徴の一つ。従来のメディアは、送り手が一方的に情報を発信するだけだったが、ネット社会では受け手も送り手に返信できることになり、情報交換が即座にできるようになった。

248

生理的《せいりてき》

身体の組織などに関するさま。感覚や肉体に関係するさま。

「生理的な嫌悪」。

関 生理《せいり》＝生物体が生きていく上での諸現象や原理。

関 生理現象《せいりげんしょう》＝自然に起こる反射的な現象。排尿など。

確認問題

1 「位相」の意味を後から選べ。

ア 立脚地を確立して、動じないさま
イ 自分と他者とを比較して、差異を見出すこと
ウ 相手の位置を確認すること
エ 変化するものがとる、ある局面での姿

2 次の傍線部の意味を後から選べ。

近代とは、さまざまな包摂と排除→P88が繰り返されてきた時代であり、グローバリゼーションは、その延長上にあります。

（伊豫谷登士翁「グローバリゼーションとは何か」）

ア 一定の範囲に囲い入れること
イ 特定の場所に限定すること
ウ 優しく包むように入れること
エ 発見されないように隠すこと

3 次の空欄に入る語を後から選べ。

① 第一国立銀行は、明治三十年ごろに解体されるまで、文明開化の神話→P182的な象徴→P156として、その周辺に強力な□をつくりだすことになった。

（前田愛「塔の思想」）

ア 境界　イ 磁場　ウ 要害　エ 地盤　オ 前線

［昭和女子大］

② 対象を認識する場合、私たちはふつうその対象の本質→P14・□を分析→P18的に把握し、それに内在する一般的な認識に達しようとする。

（辻邦生「外国文学の愉しみ」）

ア 理性　イ 情緒性　ウ 属性　エ 知性　オ 個性

［北海学園大］

③ 最初は一方通行でも、被災者のそばに寄り添えば何を求められるかがわかるし、それに応えて被災者から感謝され、逆に励まされる。ボランティアは□だと実感するものだ。

（西井泰之「震災ボランティア」）

ア 経済的　イ 原風景　ウ 自己満足　エ 双方向　オ 他律的

［東北福祉大］

④ すくなくとも友好関係を維持→P130するためには「顔と顔」、いや□に向き合うことが必要なのである。

（加藤秀俊「社会学　わたしと世間」）

ア 社会的　イ 肉感的　ウ 心理的　エ 精神的　オ 生理的

［青山学院大］

解答　**1**エ　**2**ア　**3**①イ　②ウ　③エ　④オ

重要⑭ 概念②芸術

249 極致《きょくち》

到達することのできる最高の状態。きわみ。

「極」も「致」も、きわまる・きわめる。「美の極致」。同音異義語の「極地」は、最果ての地。

関 絶頂《ぜっちょう》＝物事の頂点。山の頂上。

250 幽玄《ゆうげん》

奥深く、趣や余情があること。

「幽」は、かすか。「玄」は、奥深い。藤原俊成《ふじわらのとしなり》が唱えた古典文学の理念の一つ。世阿弥《ぜあみ》の能や、藤原定家《ふじわらのさだいえ》の「有心《うしん》」（深い心があること）につながっていく。「幽玄の美を味わう」。

251 審美《しんび》

美の本質を明らかにすること。

西洋では、秩序のある調和のとれたものに「美」を見出すが、日本では、調和のあるものや完璧なものへの疑問が固有の美意識を生み出した。

関 美学《びがく》＝美についての学問。美意識。

関 美意識《びいしき》＝美を感じとる心の働き。

252 形象《けいしょう》

外に現れたものの姿。具体的な形で表したもの。

「形」も「象」も、かたち。「形象を工夫する」。

関 形象化《けいしょうか》＝自分の考えや感情を具体的に形で表すこと。創作行為。

253 輪郭《りんかく》

物の周囲を形づくる線。

「輪廓」とも。「輪」は、まわり。「郭」は、物の外枠。「課題の輪郭がはっきりする」。

関 大筋《おおすじ》＝だいたいの筋。だいたいの考え。

関 概要《がいよう》＝物事の大まかな内容。

関 アウトライン＝輪郭。物事のあらまし。

254 可塑性《かそせい》

固体に力を加えて変形させたとき、力を取り去っても戻らない性質。

同 塑性《そせい》

関 可塑的《かそてき》＝思うように物の形がつくれるさま。「可塑的な人間の存在」。

第1章
第2章
第3章
第4章
第5章
終章

確認問題

1　「極致」の用例として適切なものを後から選べ。

ア　探索艇を用意して極致に向かう
イ　極致な表現方法を模索する
ウ　極致的な雨に降られる
エ　美の極致を味わう

2　「幽玄」に関連が深い事柄を後から選べ。

ア　俳句　イ　川柳　ウ　能　エ　歌舞伎

3　次の傍線部の意味を後から選べ。

脳は驚くほど可塑性に富む。（鈴木光太郎「ヒトの心はどう進化したのか」）

ア　極端に変化しやすく、決して元に戻らない性質
イ　固定化し、残存しやすい性質
ウ　固体に力を加えて変形させたとき、力を取り去っても戻らない性質
エ　周囲からの影響を受けやすい性質

4　次の空欄に入る語を後から選べ。

①　「私」とは遥《はる》かな歴史の集積の上に露呈し、個性という名辞*で呼ばれた一つの□をもつ存在にすぎないということである。（饗庭孝男「想像力の考古学」）

*概念を言語で表したもの

→P130

ア　現実　イ　再生　ウ　対策　エ　輪郭

②　ただひたすらに自己の内面世界の探求と内部生命の□化にはげんだ高村光太郎のような存在もあったのである。（色川大吉「明治の文化」）

ア　情緒　イ　根本　ウ　情熱　エ　形象
オ　実在　〔西南学院大〕

③　［廃墟と工場は］どちらも近代産業を担う施設としてつくられ、美とは無縁の存在であったが、その盛時が過ぎ去った後、新たに美的対象として□されるようになった点では似ている。（松浦雄介「きたないはきれい」）

ア　遺産化　イ　再使用　ウ　審美化
エ　有機的　オ　環境的　カ　人工的
キ　再稼働　ク　自然化　〔三重大〕

解答　1エ　2ウ　3ウ　4①エ　②エ　③ウ

255

当為《とうい》

当然そうあるべきこと。
当然なすべきこと。

ドイツ語の「ゾルレン」[Sollen]の訳語。人間の理想的（→P.30）・必然的（→P.36）なあり方をいう。「法の当為」。

256

所与《しょよ》

他から与えられていること。
与えられたもの・条件。

「与件」とも。人間の生や運命など、人間の力では動かせないもの。「所与として考える」。

257

両義《りょうぎ》

二つの意味。

ある言葉や概念（→P.138）に、対立する二つの意味や解釈（→P.120）が含まれていることを示す場合に使われる。

関 **両義性《りょうぎせい》＝二つのものが矛盾する二つの意味をもつこと。**「言葉のもつ両義性」。

258

範疇《はんちゅう》

分類の枠の一つ一つ。

ドイツ語の「カテゴリー」[Kategorie]の訳語。「部門」や「ジャンル」の意味でも使われる。「労働の範疇は社会で異なる」。

259

認識論《にんしきろん》

人間の認識がどのように行われるかを考える学問。

「認識」は、物事について知り、その本質や意味などを理解すること。カントが唱えるまで、人間の認識能力を検討する学問はなかった。カントは、世界を見ている人間の認識能力の問題として哲学を研究した。

260

存在論《そんざいろん》

人間や事物があるということはどういうことなのかを問う学問。

例えば、日常の中で本が「ある」ということは当然のことと思われている。存在論では、その本がそこ（本棚など）に「ある」ということ自体を取り上げて、それがどういうことなのかを問う。カントは認識論から存在論を構想した。

第1章 第2章 第3章 第4章 第5章 終章

確認問題

1 次の語の意味を後から選べ。

① 存在論

ア 存在の有無にかかわらず本質を追究する学問
イ 現象を記号論的に分類し研究する学問
ウ 人間や事物があることとそのものを問う学問
エ 人間の不可避的な問題について検討する学問

② 認識論

ア 観念と認識との相違を追究する学問
イ 人間の認識がどう行われるかを考える学問
ウ 常識を疑うことで真理を認識する学問
エ 感情と理性との関係について考察する学問

③ 両義

ア 義務と権利　　イ 対立と矛盾
ウ 二つの教義　　エ 二つの意味

2 次の傍線部の意味を後から選べ。

① 純精神的な崇高性*（気高い性質）もごく自然に美的**範疇***として「崇高」に転化する。（竹内敏雄「塔と橋」）

ア 美の創造のもととなる形式の一つ
イ 共通の性質の中に存在する要素の一つ
ウ 分類の枠の一つ一つ
エ 必然的な思考方法の一つ

② 簡単な命題*（判断の内容を言語・記号などで表したもの）をもって示しうるごとき形はとり得ぬが、そこに必ず**当為**は含蓄→P120されている。（桑原武夫「日本現代小説の弱点」）

ア 前提とすること
イ さしあたりすること
ウ まさになすべきこと
エ 借用すること
［共立女子大］

③ 国家やネーション*（国家・国民）を**所与とする**従来の社会科学→P190の枠組みを組み替える試みでもあるのです。（伊豫谷登士翁「グローバリゼーションとは何か」）

ア 与えられた条件とする
イ 基本的な原則とする
ウ 研究を進める条件とする
エ 研究の出発点とする
オ 異議なく受け取られる条件とする
［獨協大］

解答　1①ウ　②イ　③エ　2①ウ　②ウ　③ア

重要⑯

概念④宗教

261 恩寵《おんちょう》

神や君主などからの恵みやいつくしみ。

キリスト教で、人類への神の愛のこと。「神の恩寵を受ける」。

関 **恩恵《おんけい》＝恵み。いつくしみ。**

関 **寵児《ちょうじ》＝世間からもてはやされる人。**

関 **加護《かご》＝神や仏が助け守ること。**

262 権化《ごんげ》

ある性質が具体的な形をとったものや人。

「権現」とも。もとは、神仏が人間の姿を借りて現れること。「悪の権化」。

関 **化身《けしん》＝神仏が姿を変えて現れること。**

263 無常《むじょう》

すべてのものは常に変化してとどまることがないこと。

もとは仏教用語で、人の世のはかないことや死の意。『平家物語』や『方丈記』の冒頭が無常観を示した文学の代表。「人生の無常を感じる」。

関 **無常観《むじょうかん》＝一切は無常だとする考え方。**

264 宿命《しゅくめい》

生前から決まっている運命。

「宿命のライバル」。

関 **宿運《しゅくうん》＝避けられない運命。**

関 **命数《めいすう》が尽《つ》きる＝死を迎える。**「命数」は寿命の意。

265 敬虔《けいけん》

敬いつつしむさま。

「敬」は、うやまう。「虔」は、つつしむ。特に神仏に仕える場合に用いる。「敬虔な信者」。

266 森羅万象《しんらばんしょう》

宇宙間に存在するすべてのもの。

「森羅」は、無数に並び連なること。「万象」は、さまざまな有形の物。「森羅万象に感謝する」。

確認問題

1 次の語の用例として適切なものを後から選べ。

① 恩寵
ア 神の恩寵を受ける
イ 時間の恩寵を記憶する
ウ 鳥の恩寵を新しく作る
エ 義理の恩寵をありがたく思う

② 権化
ア 神社の権化に参詣する
イ 自然の権化の脅威にふるえる
ウ 苦悩の権化ばかりの人生
エ 悪の権化として名を残す

③ 敬虔
ア 敬虔な間柄を保ち続ける
イ 敬虔な信者として日々を過ごす
ウ 敬虔な人生を心がけて暮らす
エ 敬虔な理想を抱いて進学する

2 次の空欄に入る語を後から選べ。

① 日常生活の実用品であるために避けられなかった破損を目にするたびに、屏風《びょうぶ》というもののの□を見る思いがした。（大岡信「幻の世俗画」）

ア 価値　イ 宿命　ウ 主題　エ 情緒　オ 背景　〔青山学院大〕

② 『方丈記』冒頭のこの一節は、多くの日本人の脳裏の底に刻まれている名高い文章である。そして作者鴨長明は川の流れを見つめて人の世の□を悟ったというように考えられてきた。（立川昭二「日本人の死生観」）

ア 無残　イ 無死　ウ 無用　エ 無常

③ 日本語には、音の数がきわめてすくない。英語には四千近い音があるといわれるのに、日本語では百五十に達しない。この百数十の音で、□、すなわち宇宙に存在する一切のものを表現しなければならないから、同音異義語が多くなるのは当たり前だろう。（井上ひさし「私のことば史抄」）

ア 虚心坦懐　イ 泰然自若　ウ 深山幽谷　エ 森羅万象　オ 諸行無常　〔弘前大〕

解答　1①ア　②エ　③イ　2①イ　②エ　③エ

第2章 論理必修語編

重要⑰

概念⑤民俗

267 言霊《ことだま》

言葉に宿っていると信じられる神秘的な力。

関 言霊信仰《ことだましんこう》＝ある言葉を発するとその言葉どおりになるという考え方。言霊思想。

関 言霊《ことだま》の幸《さきは》う国《くに》＝言葉の不思議な力が幸福をもたらす国。「幸う」は幸いをもたらす。

268 呪術《じゅじゅつ》

神秘的な力で、望んでいる超自然現象を起こそうとする行為や信仰。

「呪」は、のろう・まじない。

関 まじない＝神秘的な力で災いを除いたり、逆に起こしたりする術。

関 アニミズム＝→P.182

関 呪縛《じゅばく》＝人の心の自由をうばうこと。

269 伝統《でんとう》

昔から受け継いできた信仰や風習、制度や思想、学問や芸術などの精神のあり方。

「伝統校」。

関 因習《いんしゅう》・因襲《いんしゅう》＝→P.92

関 旧弊《きゅうへい》＝→P.92

270 紐帯《ちゅうたい》

二つの物事を結びつける大切なもの。

「紐」は、ひも。「帯」は、おび。地縁や血縁など、社会を構成する条件。「強い紐帯でまとまる」。

271 桎梏《しっこく》

自由をさまたげるもの。

「桎」は、足かせ。「梏」は、手かせ。「社会の桎梏から抜け出す」。

関 束縛《そくばく》＝制限を加えて行動の自由を奪うこと。

272 風土《ふうど》

土地の地勢や気候。

人間の精神や思想にとっての文化的環境のこと。哲学者の和辻哲郎《わつじてつろう》が唱えた概念（→P.138）。それぞれの社会には固有の風土があり、そこに生きる人々は風土の影響を受けざるを得ない。

関 原風景《げんふうけい》＝人間形成に影響を与えた土地がら。

確認問題

1 **次の空欄に入る語を後から選べ。**

① おたがいをつなぐ一切の□から切り離された赤裸《何も隠さないさま》*の個人と、その群れを一つの秩序→P28に統合しようとする政治権力とのあいだは、まったく断絶→P46しており、両者は永遠に対立し続けることになる。（苅部直「ヒューマニティーズ　政治学」）

ア　団塊《だんかい》　イ　結託　ウ　糾合《きゅうごう》　エ　連座
オ　紐帯　［成蹊大］

② 日本人が欧米中心主義の□から脱して、自分自身に立ち帰って自由にものを考え、世界を公平な目で見た上で、自己本来の立場に立って行動することが出来るようになるにはどうしたら良いのだろうか。（鈴木孝夫「新・武器としてのことば」）

ア　語弊　イ　悪徳　ウ　呪縛　エ　窮状　［明治大］

③ ただ、大学が開かれた知の創造→P24の場に変容し始めたとはいえ、□な学問を中心に発展してきた大学のそうした内発的→P54な革新→P66には、制約がつきまとっていた。（天野郁夫「大学の誕生（上）」）

ア　実用的　イ　基本的　ウ　国際的
エ　伝統的　オ　本格的　［釧路公立大］

2 **「言霊の幸う国」の意味を後から選べ。**

ア　言葉の霊の霊妙な働きにより、幸福を生じる国
イ　神が人々の共存のために言葉の霊力を与えた国
ウ　言葉の霊力が人の世を未来へと導いてきた国
エ　言葉が神々にささげられ幸福を生じてきた国

3 **次の傍線部の意味を後から選べ。**

① 我々はただに過去を背負うのみならずまた風土をも背負うのである。（和辻哲郎「風土」）

ア　脈々と受け継がれる土地
イ　しきたりにとらわれた地域
ウ　前人のやり方を踏襲する地方
エ　土地の地勢や気候

② ［外国に出張しているときに届けられる日本の「世間」→P162からの要請は］忘れていたかつての桎梏が再び押し寄せてくる予感を与えるのである。（阿部謹也「『教養』とは何か」）

ア　悪い癖や生活習慣　イ　自由を妨げるもの
ウ　檻《おり》や牢獄《ろうごく》　エ　密接な関係

解答　1①オ　②ウ　③エ　2ア　3①エ　②イ

273 規範《きはん》

行為や判断や評価などのもととなる規則や手本。

「軌範」とも。単なる「決まり」ではなく、個人の道徳や社会の倫理を含んだ上位の価値基準。規範は絶対的・不変なものではなく、社会や時代によって変動する。「道徳的な規範」。

274 価値《かち》

値打ち。

関 価値判断《かちはんだん》＝美醜や是非などの判断。日常の行動を規制するが、社会や時代により変わる。

関 価値観《かちかん》＝何にどんな値打ちを認めるかという、人それぞれの考え方。

275 等価《とうか》

価値・価格が等しいこと。

価値の多様化が進んでいる中、等価は重要語。例えば、文学や古典芸能といったカルチャーとマンガ・アニメといったサブカルチャーは、いまや上位と下位という区別なく文化という領域の中で等価として扱われる。

276 典型《てんけい》

同類のものの中で最もその特徴を表しているもの。

関 典型的《てんけいてき》＝典型であるさま。「典型的な近代小説」。

関 類型《るいけい》＝似たものの間で共通する型。

関 類型的《るいけいてき》＝平凡で個性がないさま。「類型的な手法」。

277 語彙《ごい》

ある範囲で使われる単語の集まり。

英語のボキャブラリー［vocabulary］の訳語。「彙」は、あつめる。「豊富な語彙」。

関 語意《ごい》＝言葉の意味。

278 夭折《ようせつ》

若くして死ぬこと。

「夭逝《ようせい》」とも。「夭」は、若い。「夭折した画家」。

関 逝去《せいきょ》＝他人の死の敬称。

確認問題

1 「規範」の用例として適切なものを後から選べ。

ア 社会の規範　イ 剣道の規範
ウ 鉄道の規範　エ 建築の規範

2 次の傍線部の意味を後から選べ。

① 現代語の語彙の中で名詞（代名詞・数詞を含む）のしめる割合は、実に全体の七八・四パーセントに達していて、…（阪倉篤義「日本語の語源」）

ア 単語の数　イ 単語の量
ウ 単語の集合　エ 単語の種類

② 二百年近く以前のドイツの詩人ノヴァーリスが――この人は二十代で夭折したが――書きのこした本に『断章』がある。（大岡信「詩・ことば・人間」）

ア 挫折すること　イ 自殺すること
ウ 行方不明になること　エ 早死すること

3 次の空欄に入る語を後から選べ。

① 能力主義、効率性の追求、利便性の追求という市場競争原理の中心的な□を一度は疑ってみなければならない、ということだ。（佐伯啓思「なぜ環境破壊は食い止められないか?」）
→P168

ア 認識　イ 混沌《こんとん》　ウ 誤解　エ 価値

② ［人間の身体には］身体じゅういたるところがそれぞれに価値づけされているのに対し、マネキンのボディにはそういう価値づけがなされていず、すべての場所が□である。（鷲田清一「ひとはなぜ服を着るのか」）
→P112

ア 相似　イ 一体　ウ 画一　エ 等価　〔京都産業大〕

③ 台風や地震などの天災は□的ではあるが、自然から人間に対して厳しい試練が課せられることも多い。（鬼頭秀一「自然保護を問いなおす」）

ア 基本　イ 典型　ウ 近代　エ 人工
オ 逆説　〔東京経済大〕

④ ［若者は］人生のあらゆる□がすでに出そろっているところに生まれてきて、これからの道のりが、その終焉《しゅうえん》の姿までほとんど「見えちゃって」いて、…（鷲田清一「老いの空白」）
→P136

ア 類型　イ 目的　ウ 頂点　エ 始点　〔早稲田大〕

解答　1 ア　2 ①ウ　②エ　3 ①エ　②エ　③イ　④ア

問題　次の評論を読んで、後の問に答えよ。

モーツァルトのオペラはおとぎ話のような他愛もないストーリーが不自然な音楽にのって延々と続くばかりで、わたしはいっこうに楽しむことができないというひとがいれば、オペラ好きなひとや音楽の専門家はあきれ果てたという顔をしてさげすむように、ときには哀れむように「きみはモーツァルトのオペラを正しく聴くべきであり、それによって正しく評価して、正しく楽しむべきである」というかもしれない。パンク・ロックやある種のカルト映画やホラー・スプラッター映画、また安価なスヴニー*ルやセンチメンタルなメロドラマなどはしばしば悪趣味とかキッチュ*といわれるが、それは「ひととしてそんな低俗なものを好むべきではない」という美的な非難にとどまらず、人格や品位をもうたがう倫理的な非難をひびかせる。（中略）

「モーツァルトはよき趣味であり、ひとはそれを正しく聴くべきだ」とか「『悪魔のはらわた*』は悪趣味で、見るべきではない」というとき、それは、自分が［A］する共同体がさしあたって(a)是認している「よき趣味」つまりは美的な「正しさの規範」にしたがって、その共同体のメンバー個々人の趣味の良し悪しを判定し、ひととしてあるべき「よき趣味」と恥ずべき「悪趣味」とを美的当為として表明するふるまいである。信念や感情にかんする当為が批評のルールであるとすれば、趣味にかんする美的規範や美的当為もまた批評のルールといわれてよい。じっさいにも、趣味とはなによりも批評の問題である。そして美的な批評のルールも、行為のルールを含意する。共同体が是認する美的当為は、共同体のメンバーに対する美的教育や、ときにはさまざまなかたちでの美的検閲といった行為をともなうだろう。だが一方で、「趣味については議論できない」というふるくから知られた格言もあり、それが意味するのは美的経験や美的趣味の不随意性*という事態である。そして①美的当為とこの格言のあいだのアポリアこそ、ヒューム*の「人間的本性に共通の心情」やカントの「共通感覚」といった三人称的で(b)普遍的な美的規範と、それに完全に回収されえない一人称的で個人的な趣味のあいだの［B］と(c)緊張である。

美的当為のアポリアの［C］的なケースは、あるひとが一般的にモーツァルトのオペラをたかく評価する判断があることを十分に承知していながらも、自分としてはこれに趣味がもてず、どうあってもこれを楽しむことができないというばあいである。正しさの基準や合理性にしたがう信念の義務論からすれば、このようなケースは一般的にアクラシア＊や意志の弱さと呼ばれるような事態につうじるものである。

（西村清和「感情の哲学―分析哲学と現象学」）

［語注］＊スヴニール…土産物。＊キッチュ…通俗的な創作物。＊『悪魔のはらわた』…1981年公開のスプラッター映画。＊不随意…意志によって動かすことができないこと。＊ヒューム…イギリスの哲学者・歴史家。＊アクラシア…してはいけないと知っていることを欲望のためにしてしまう傾向。

問一 語句 傍線部(a)～(c)の対義語を漢字二字で記せ。

問二 語句 空欄 A に「つき従うこと」、空欄 B に「対立する感情がもつれ合って争い、いずれかで迷い苦しむこと」、空欄 C に「同類のものの中で最もその特徴を表しているもの」の意味の二字熟語が入る。それを記せ。

問三 i 語句 傍線部①について、「当為」と「アポリア」の意味を次からそれぞれ選べ。

ア 利益と損失の板挟み　イ 当然そうあるべきこと
ウ 必要で不可欠なこと　エ 解きがたい矛盾や難問

ii 読解 傍線部①の例として最も適当なものを後のア～エから選べ。

ア 共同体のメンバーにもさまざまな事情があるのに、それを押し切るのは無理がある。
イ 趣味と実益とを両立させようと試みることはするのだが、実現はなかなか難しい。
ウ 批評のルールがあるために、自分の意見をはっきりと表明することが困難だ。
エ モーツァルトのオペラがたかく評価されるにも関わらず、楽しむことができない。

問四 読解 本文の内容と合致するものを次から選べ。

ア 美的経験や美的趣味は個人も共同体も関係なく、いつの時代にもどこの地域でも必要なものである。
イ 美的経験や美的趣味は個人的問題だが、ほとんどの場合は共同体の批評のルールに従うことが多い。
ウ 美的経験や美的趣味は個人的問題であり、共同体の批評のルールに従うか否かは思い通りにいかない。
エ 美的経験や美的趣味は時代や文化を超えた普遍的な価値があるものである。

◆重要語フィードバック（問題文にある重要語を再確認！）

帰属（⬇P.84）　是認（⬇P.64）　規範（⬇P.112）　共同体（⬇P.162）
当為（⬇P.106）　アポリア（⬇P.146）　普遍（⬇P.26）　葛藤（⬇P.94）
緊張（⬇P.52）　典型（⬇P.112）
＊色字は既出語

解答 問一(a)否認 (b)特殊 (c)弛緩 問二A帰属 B葛藤 C典型 問三ｉ当為イ アポリアエ ⅱエ 問四ウ

解説 問三ⅱ「美的当為とこの格言のあいだのアポリア」の「例」に注意し、それを本文から探す。

第2章 論理必修語ネットワーキング②

第2章頻出①～⑫を、3心理・行為・状況②、4理論・概念②の2グループに分類しています。各グループで学ぶテーマ・語句がどのようなものか、全体像を押さえられます。また、読みや意味の確認にも使えます。

3 心理・行為・状況②

■頻出①知覚・感覚・認知

①
- □ 自覚
- □ 触覚
- □ 錯覚
- □ 情緒
- □ 機微
- □ 圧倒
- □ 可視
- □ 既視感

■頻出②認識・関心・判断

②
- □ 解釈
- □ 知悉
- □ 含蓄
- □ 自負
- □ 誤謬
- □ 反故
- □ 卓越
- □ 所以

■頻出③動作・行為

③
- □ 成就
- □ 克服
- □ 臨場
- □ 肉薄
- □ 払拭
- □ 割愛
- □ 拘泥
- □ 吹聴

■頻出④⑤作用・関係

④
- □ 貢献
- □ 醸成
- □ 喚起
- □ 伝播
- □ 制御
- □ 駆使
- □ 憧憬
- □ 揶揄

⑤
- □ 匹敵
- □ 対峙
- □ 拮抗
- □ 相克
- □ 乖離
- □ 確執
- □ 緩衝
- □ 介入

4 理論・概念②

頻出⑥⑦状態・状況・様相

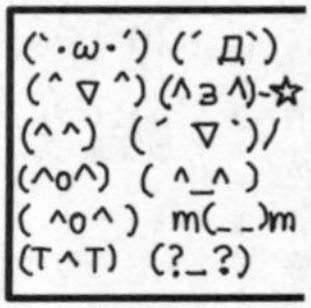

⑥
- □真摯　□強靱
- □脆弱　□矮小
- □過剰　□過酷
- □自明　□如実

⑦
- □暗黙　□維持
- □錯綜　□露呈
- □累積　□瓦解
- □枯渇　□破綻

頻出⑧手段・方法

⑧
- □意匠　□定石
- □私淑　□借景
- □常套　□席巻
- □相殺　□陥穽

頻出⑨⑩開始・変化・推移

⑨
- □萌芽　□嚆矢
- □兆候　□由来
- □趨勢　□過程
- □脈絡　□末期

⑩
- □契機　□不断
- □連綿　□伏線
- □名残　□終焉
- □一過性　□不可逆

頻出⑪⑫カタカナ語

⑪
- □コミュニケーション　□リテラシー
- □メカニズム　□バイアス
- □ファシズム　□コンセプト
- □ロジック　□アナロジー

⑫
- □エピソード　□リアリティ
- □グロテスク　□ドラスティック
- □コントラスト　□バリエーション
- □アイロニー　□シニカル

論理必修語編 頻出①

知覚・感覚・認知

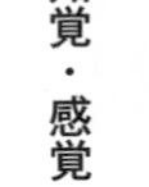

279 自覚《じかく》

自分の立場や価値を知り、わきまえること。自分で感じとること。

「覚」は、さとる。「症状を自覚する」。

関 自覚的《じかくてき》＝みずから深く認識して物事を行うさま。

280 触覚《しょっかく》

ものが皮膚に触れたときに起こる感覚。

「触」は、ふれる。「触覚が鋭い」。

関 五感《ごかん》＝視覚・聴覚・嗅覚・味覚・触覚の五種の感覚。「五官」とも。

281 錯覚《さっかく》

思い違い。勘違い。

見たり聞いたりしたときに実際と違って感じること。「錯覚に陥る」。

関 錯誤《さくご》＝思い違えること。取り違えること。

282 情緒《じょうしょ》

事に触れて起こる一時的な感情。ある感情を起こさせる雰囲気。

「じょうちょ」とも。「下町の情緒」。

関 情緒的《じょうちょてき》＝感情が豊かであるさま。情緒を起こさせるさま。

283 機微《きび》

表に現れず、容易には察することができない微妙なおもむき。

「機」は、細かで見えにくい事柄。「人情の機微にふれる」。

関 ニュアンス[nuance フ]＝言葉などの微妙な意味合い。色彩・音色などの微妙な差異。

284 圧倒《あっとう》

際立った力で相手を負かすこと。

「圧」は、おさえつける。「敵を圧倒する」。

関 圧倒的《あっとうてき》＝勢いや力の強さが他とは比べものにならないさま。「圧倒的な勝利」。

285 可視《かし》

目に見えること。

「可」は、～できる。

関 可視的《かしてき》＝目に見えるさま。

関 可視化《かしか》＝目に見えるようにすること。

286 既視感《きしかん》

初めての体験なのに既に経験したように感じること。

フランス語の「デジャ・ビュ（ブ）」[déjà vu] の訳語。既《すで》に視《み》たような感じの意。

確認問題

1 次の意味の語を後から選べ。

① 思い違い
② 自分の立場や価値を知り、わきまえること

ア 錯乱　イ 錯覚　ウ 確認　エ 自覚

2 「機微」の用例として適切なものを後から選べ。

ア 人情の機微にふれる
イ 設計図の機微を構想する
ウ 健康増進の機微を提案する
エ 成績向上の機微を計画する

3 次の空欄に入る語を後から選べ。

① 「かなし」「あはれ」「さみし」という□的な言葉を盛り込み、風景にこころの色彩をほどこすことに長けている。
（井坂洋子「二つの像——原詩生活12」）

ア 想像　イ 追想　ウ 散文　エ 情緒　［実践女子大］

② 印刷された本と電子の本との差異→P154は、まず□にある。
（港千尋「新編　第三の眼」）

ア 視覚　イ 聴覚　ウ 触覚　エ 運動　オ 身体　［関東学院大］

③ 「ガラスの箱」としての日本社会の□を進めるとともに、日本を再構築していくために、どのような多文化共生の理念→P146や視点が求められるでしょうか。
（松尾知明「多文化共生と教育」）

ア 実体化　イ 再現化　ウ 可視化　エ 空洞化　［愛知教育大］

④ 「あれ？　これは以前、流言やデマの事例で似たようなことがあったような」という□を抱きやすくしておくことは、［流言やデマに感染しにくくするのに］有効なのではないかと考えています。
（荻上チキ「検証　東日本大震災の流言・デマ」）

ア 恐怖感　イ 親近感　ウ 優越感　エ 既視感　［日本大］

⑤ 精密な地図のなかった時代のことを考えると、この峠道の取り方は□な自然の力の中に置かれた人間の取り得る唯一の道であることがわかる。
（古井由吉「山に彷徨《さまよ》う心」）

ア 感覚的　イ 具象的　ウ 理念的　エ 圧倒的　オ 機械的　［共立女子大］

解答　1①イ　②エ　2ア　3①エ　②ウ　③ウ　④エ　⑤エ

第2章

論理必修語編 頻出②

認識・関心・判断

287 解釈《かいしゃく》

物事や行為などを判断し、理解すること。意味や内容を理解し、説明すること。

「解」は、解き明かす。「釈」は、わかりにくい事柄などを解きほぐして述べる。「古典の解釈」。

288 知悉《ちしつ》

知り尽くすこと。

「悉」は、ことごとく。「知悉している領域」。

関 通暁《つうぎょう》＝くわしく知っていること。精通。

関 精通《せいつう》＝細かな所までよく知っていること。

289 含蓄《がんちく》

意味が深く、味わいがあること。

「含」は、ふくむ。「蓄」は、たくわえる。「含蓄のある言葉」。

関 意味深長《いみしんちょう》＝表面上の意味のほかに特別な意味が含まれていること。

290 自負《じふ》

自分の才能に自信をもち、誇ること。

「負」は、頼みとする。「自負の心をもつ」。

同 矜持《きょうじ》＝自負。プライド。「矜」は、ほこる。「矜恃」とも。

関 自恃《じじ》＝自分自身を頼りにすること。自ら恃《たの》む意。

291 誤謬《ごびゅう》

あやまり。まちがい。

「誤」も「謬」も、あやまり。「同じ誤謬をおかす」。

関 無謬《むびゅう》＝あやまりがないこと。

292 反故《ほご》

駄目なもの。役に立たない物事。

「反古」「ほうご・ほぐ・ほうぐ・ほんぐ」とも。もとは、使って不要になった紙。

関 約束《やくそく》を反故《ほご》にする＝約束を破る。

293 卓越《たくえつ》

抜きん出ていること。

「卓越した才能」。

関 超越《ちょうえつ》＝普通の程度をはるかに越えること。

関 優越《ゆうえつ》＝優れ勝ること

294 所以《ゆえん》

理由。わけ。いわれ。

「ゆゑになり」の転「ゆゑんなり」から生じた語。「友人を推薦する所以」。

確認問題

1 **「自負」と関連が薄い語を次の中から選べ。**

ア 自恃 **イ** 自前 **ウ** 矜持 **エ** 誇り

2 **「約束を破る」という意味になるように、次の空欄に二字熟語を記せ。**

約束を□にする。

3 **次の傍線部の意味を後から選べ。**

① この笑いがなかなか**含蓄**に富んでいて、繰り返されてもあきない。（佐藤忠男「みんなの寅さん」）

ア 即答する鋭さがあること
イ 意味が深く、味わいがあること
ウ 情況に応じた機知にあふれること
エ 緊張の緩和具合が絶妙であること

② 人間存在のメカニズム→P138を全体的に**知悉**していなければならぬ。（丸山真男「現代政治の思想と行動」）

ア 予知 **イ** 察知 **ウ** 精通 **エ** 認識 **オ** 感知 ［立正大］

③ フェルメールの絵が心を引きつける所以→P120は、その**卓越**した技術もさることながら、見る人のそのときどきの感情や思考や記憶→P52に即して「どうにでもとれる」あいまいさにあるという。

（松本武彦「美の考古学 古代人は何に魅せられてきたか」）

ア 極めて微細であること
イ はるかに優れていること
ウ 非常に大胆であること
エ 基礎がしっかりしていること ［聖心女子大］

4 **次の空欄に入る語を後から選べ。**

① われわれはたしかに、この老女の本性がはじめから鬼であったという□などは肯定→P32しないだろう。（馬場あき子「おんなの鬼」）

ア 実感 **イ** 欲望 **ウ** 予想 **エ** 解釈

② 原理を一つでも見落とせば、□におちいる。だから、すべての原理を見てとるためには、よく澄んだ眼をもたなければならない。（佐々木毅「学ぶとはどういうことか」）

ア 推理 **イ** 誤謬 **ウ** 平凡 **エ** 飛躍

③ まず患者自身、あるいはその家族、あるいはその友人に手術の必要な□を説明し、その同意を得なくてはならぬ。（和辻哲郎「倫理学（一）」）

ア 屈託 **イ** 害悪 **ウ** 条理 **エ** 所以

解答 **1**イ **2**反故（反古） **3**①イ ②ウ ③イ **4**①エ ②イ ③エ

頻出③

動作・行為

295 成就《じょうじゅ》

願いがかなうこと。
物事をなしとげること。

「就」は、しとげる。「大願を成就する」。
関 達成《たっせい》＝目的の物事をなしとげること。
関 完遂《かんすい》＝完全になしとげること。

296 克服《こくふく》

努力して困難にうちかつこと。

「克」は、がんばって打ち勝つ。「悪条件を克服する」。
関 超克《ちょうこく》＝困難を乗り越え、うちかつこと。

297 臨場《りんじょう》

その場にのぞむこと。

「臨」は、のぞむ。「現場に臨場する」。
関 臨場感《りんじょうかん》＝その場にいるような感じ。
関 臨床《りんしょう》＝医者が病人を実際に診察・治療すること。

298 肉薄《にくはく》

身をもって敵に迫ること。
近くまで激しく迫ること。

「肉迫」とも。「肉」は、生身のからだ。「薄」は、せまる。
「論敵に肉薄する」。

299 払拭《ふっしょく》

すっかり取り除き、消し去ること。

「払」は、はらう。「拭」は、ぬぐう。「疑念を払拭する」。
関 一掃《いっそう》＝残らず取り除くこと。

300 割愛《かつあい》

惜しみながら削ること。
やむをえず省略すること。

もとは、愛が割《さ》かれる。転じて、愛着を断ち切る、惜しみながらも省略するの意となった。「講演内容を一部割愛する」。

301 拘泥《こうでい》

こだわること。少しばかりのことを気にして心がとらわれること。

「拘」は、一つのことにかかずらう。「泥」は、こだわる。
「材料に拘泥する」。
関 頓着《とんちゃく》＝深く気にかけてこだわること。

302 吹聴《ふいちょう》

言いふらすこと。言い広めること。

「すいちょう」は誤り。もとの用字は、「風聴」。
関 喧伝《けんでん》＝盛んに言いふらして世間に知らせること。

確認問題

1 「成就」の意味を後から選べ。

ア　成功し褒められること
イ　成し遂げること
ウ　成せば成ること
エ　希望通りに就職すること

2 ①「臨場」、②「割愛」の用例として適切なものを後から選べ。

①ア　遠くから臨場する　イ　大自然を臨場する
ウ　臨場感のある舞台　エ　入試に臨場する

②ア　講話を割愛する　イ　値段を割愛する
ウ　土地を割愛する　エ　役割を割愛する

3 次の傍線部の意味を後から選べ。

①　政治部記者はその牙城*に巣くう一握りの政治家に**肉薄**するしかない。（中馬清福「新聞は生き残れるか」）

*大きな組織の本拠

ア　刀先が敵兵に触れるほど攻め近づくこと
イ　我が身を挺《てい》して敵陣のすぐ近くまで迫ること
ウ　相手が欲しがるものを携え敵陣に近づくこと
エ　相手の守りの手薄なところを選び攻め込むこと

②　ひとつのことに**拘泥**せず、場面に応じて自分を巧みに切り替えたり、…（土井隆義「友だち地獄」）

ア　こだわること　イ　一喜一憂すること
ウ　抵抗すること　エ　悩むこと

③　近代社会は一日にして封建主義を**払拭**したわけではない。（瀬沼茂樹「日本文学における自我の問題」）

ア　破棄してしまうこと　イ　反逆しぬくこと
ウ　一掃してしまうこと　エ　否定し去ること
［日本大］

4 次の空欄に入る語を後から選べ。

①　ちょっと変ったことをすると、会う人ごとに□する癖が私にある。（多田道太郎「ことわざの風景」）

ア　宣告　イ　吹聴　ウ　認知　エ　通達

②　自らの老いを否定→P32することも、□ことも、肯定→P32することもできないとき、老いはわれわれを圧倒→P118する。（池上哲司「傍らにあること」）

ア　打破する　イ　認識する　ウ　克服する
［神戸学院大］

解答　**1**イ　**2**①ウ　②ア　**3**①イ　②ア　③ウ　**4**①イ　②ウ

第2章

論理必修語編　頻出④

303 **貢献《こうけん》**
力を尽くして、社会や物事の役に立つこと。

「貢」は、力をささげる。「社会に貢献する」。

関 寄与《きよ》＝そのことのために尽くすこと。「科学の発展に寄与する」。

304 **醸成《じょうせい》**
雰囲気や気運・気分を作り出すこと。
もとは、発酵させて酒などを作ること。
関 醸《かも》す＝ある雰囲気や状態を作り出す。
関 物議《ぶつぎ》を醸《かも》す＝世間にやかましい論議を巻き起こす。

305 **喚起《かんき》**
注意や自覚をよびおこすこと。

穏やかな静止状態にあるものを活発な状態にすること。

「喚」は、よぶ。「起」は、おこす。「注意を喚起する」。

306 **伝《でん》播《ぱ》**
伝わり広まること。波動が広がること。

「播」は、（種などを）まく。「仏教の伝播」。

作用・関係①

307 **制御《せいぎょ》**
思うように動かすこと。目的どおり動くように調整すること。
「コントロール」とも。「欲望を制御する」。
関 御《ぎょ》する＝馬を操る。人を思いどおりに使いこなす。

308 **駆《く》使《し》**
思いどおりに使いこなすこと。

もとは、こき使う意。「技術を駆使する」。

関 自家薬籠中《じかやくろうちゅう》の物《もの》＝自分の思いのままに使える人や物。

309 **憧憬《しょうけい》**
あこがれること。あこがれ。

「どうけい」は慣用読み。「憧」も「憬」も、あこがれる。

「理想の生活を憧憬する」。

310 **揶揄《やゆ》**
からかうこと。

冷やかしや冗談で人を困らせること。「揶」も「揄」も、からかう。「友人を揶揄する」。

確認問題

1 **次の意味の語を後から選べ。**

① ある物事のために力を尽くすこと
② 呼び起こすこと
③ 広く伝わること

ア 伝播　イ 喚起　ウ 貢献　エ 交渉

2 **「自家薬籠中のもの」の意味を後から選べ。**

ア 自分の思いのままに扱いこなせるもの
イ 自分が困った時に使おうと取っておくもの
ウ 自分の家にだけ利益をもたらそうとするもの
エ いざとなった時の切り札にしようとするもの

3 **次の傍線部の意味を後から選べ。**

① 前者の価値を全否定→P32しながら、後者がもつ文化価値を**憧憬する**→P112というわかりやすい構造になっている。
（松田素二「グローバル化時代の人文学」）

ア きっぱりと拒む
イ 逆さまに転倒する
ウ あこがれの気持ちを持つ
エ 昔の暮らしをなつかしむ

［摂南大］

② ファッションはあらゆる根拠→P84付けを暗に**揶揄する**…
（河野哲也「境界の現象学」）

ア あざける　イ 無視する　ウ いたぶる
エ 非難する　オ からかう

［白百合女子大］

③ 〈国民〉として闘うこの強力な軍隊の出現は、やがて同盟国側にも〈国民〉意識の**醸成**を促すことになり、…
（西谷修「戦争論」）

ア 気運を作り出すこと
イ 十分に使いこなすこと
ウ お互いに譲り合うこと
エ 物事を成し遂げること

4 **次の空欄に入る語を後から選べ。**

① 自然を自分の都合のよいように□し、支配する技と力を獲得→P68することができること、…
（村上陽一郎「科学・哲学・信仰」）

ア 制御　イ 利用　ウ 賛美　エ 擁護
オ 歪曲《わいきょく》　カ 断罪

［同志社女子大］

② 実は、私が目にした屏風《びょうぶ》は、現代のテクノロジーを□して作り上げられた高精細複製作品。
（黒崎政男「哲学者クロサキの哲学する骨董」）

ア 動員　イ 駆使　ウ 参照　エ 掌握

［摂南大］

解答　**1**①ウ　②イ　③ア　**2**ア　**3**①ウ　②オ　③ア　**4**①ア　②イ

論理必修語編 頻出⑤

作用・関係②

311 匹敵《ひってき》

対等であること。

関 比肩《ひけん》＝優劣のないこと。
関 肩《かた》を並《なら》べる＝同程度の力や勢いをもつ。対等な地位に立つ。「欧米列強に肩を並べる」。

312 対峙《たいじ》

向かい合って立つこと。にらみ合っていること。

もとは、山や海峡の両岸などが向いあっているさま。「峙」は、そびえ立つ。「強敵と対峙する」。
関 群雄割拠《ぐんゆうかっきょ》＝多くの実力者が互いに対抗し合うこと。

313 拮抗《きっこう》

同じくらいの力の者が互いに張り合うこと。

「拮」は、ひきしめる。「抗」は、はりあう。「勢力が拮抗する」。
関 双璧《そうへき》＝優劣のない二つのもの。

314 相克《そうこく》

対立するものが相手に勝とうと争うこと。

「相剋」とも。「克」は、うちかつ。「不安と期待が相克する」。

315 乖離《かいり》

互いにそむき離れること。

「乖」は、そむく。「理想と現実との乖離」。
関 背反《はいはん》＝そむくこと。相容れないこと。
関 背馳《はいち》＝食い違うこと。

316 確執《かくしつ》

互いに意見を強く主張して譲らないこと。また、それによる不和。

「執」は、とりつく。「新たな確執が生まれる」。
関 軋轢《あつれき》＝仲が悪くなること。不和。車輪がきしる意。「近隣諸国との間に軋轢が生じる」。

317 緩衝《かんしょう》

対立するものの間で、その不和・衝突をやわらげること。

「緩」は、ゆるめる。「ゴム製の緩衝装置」。
関 緩衝地帯《かんしょうちたい》＝対立する国家間の衝突を防ぐための武装していない地帯。

318 介入《かいにゅう》

第三者が間に入りこむこと。

「介」は、間にはさまる。「部外者が介入する」。
関 容喙《ようかい》＝横から口出しをすること。差し出口。

確認問題

1 **次の意味の語を後から選べ。**

① そむき離れること
② 対等であること

ア 排除　イ 平衡　ウ 匹敵　エ 乖離

2 **「確執」の意味に最も近いものを後から選べ。**

ア 信頼　イ 親交　ウ 隔絶　エ 交流
オ 不和　〔青山学院大〕

3 **次の傍線部の意味を後から選べ。**

① 「とかや」という伝聞の**緩衝材**をしっかり置く言葉の差し回しにある。　（堀江敏幸の文）

ア 繊細な情緒を強調するもの
イ 衝撃を和らげるもの
ウ 物事の対立関係を激化させるもの
エ 物静かな落ち着きを示すもの
オ 衝撃からの回復を促すもの　〔京都女子大〕

② 環境に**対峙**する力をもつ人間においてこそ、…　（高橋和巳「人間にとって」）

ア 反抗すること　イ 向き合って立つこと
ウ 調和してゆくこと　エ 働きかけること
オ 打ち克《か》つこと　〔久留米大〕

③ 我が国においては何らかの問題を論ずる際に常に**建前**→P30と**本音**→P30の**相克**が見られるのである。　（阿部謹也の文）

ア 互いにいつくしむこと
イ 互いに協力すること
ウ 互いに勝とうとして争うこと
エ 互いに似ていること
オ 互いに同感であること　〔流通経済大〕

4 **次の空欄に入る語を後から選べ。**

① 子どもたちがインターネットを**駆使**→P124して形成する交友関係は、子ども自身の世界に閉じられていて、親と言えども［　］を許されず、**コミュニケーション**→P138の**断絶**→P46を嘆かざるを得ない状況を生じる…　（本田和子「異文化ではなく文化を先取る者」）

ア 依存　イ 介入　ウ 基盤　エ 抵抗

② 「『雨ニモマケズ』の」難解さはかれの作品に自然**感性**→P54と［　］して繰り返しあらわれる〈無償*〉という構造の難解さと気脈を通じている。　（柄谷行人「批評とポスト・モダン」）

*報酬のないこと

ア 拮抗　イ 許容　ウ 否定　エ 叙述
オ 還元　〔西南学院大〕

解答　**1**①エ　②ウ　**2**オ　**3**①イ　②イ　③ウ　**4**①イ　②ア

頻出⑥

状態・状況・様相①

319 真摯《しんし》

まじめでひたむきなさま。

「摯」は、まじめ。「真摯な姿勢」。

関 一本気《いっぽんぎ》＝純粋でひとすじに思いこむ性質であるさま。

320 強靱《きょうじん》

強くてしなやかなさま。

「靱」は、強くてしなやか。「強靱な肉体」。

関 不撓不屈《ふとうふくつ》＝困難にくじけないさま。

321 脆弱《ぜいじゃく》

もろくて弱いさま。

「脆」は、もろい。「脆弱な組織体制」。

関 砂上《さじょう》の楼閣《ろうかく》＝基礎がいい加減なため崩れやすいこと。実現不可能なたとえ。

322 矮小《わいしょう》

こぢんまりと小さいさま。

「矮」は、ひくい・みじかい。「矮小に見える集落」。

関 矮小化《わいしょうか》＝小さくすること。小さく見せること。

関 狭小《きょうしょう》＝せまく小さいさま。

323 過剰《かじょう》

多すぎるさま。

「剰」は、あまる。「過剰な期待」。

関 過多《かた》＝適量を超えて多いさま。「過多な情報」。

324 過酷《かこく》

度を越えてひどいさま。

「酷」は、ひどい・むごい。「過酷な仕打ち」。

関 苛酷《かこく》＝むごく厳しいさま。「苛酷な労働」。

325 自明《じめい》

証明するまでもなく明らかなこと。

「自」は、おのずから。「自明のこととして考える」。

関 自明《じめい》の理《り》＝証明の必要がない、はっきりした筋道。

326 如実《にょじつ》

実際のとおり。ありのままであること。

「実の如し」と訓読する。「人生経験を如実に語る」。

(´・ω・`) (´Д`)
(^▽^) (^з^)-☆
(^^) (´▽`)/
(^o^) (^_^)
(^o^) m(_ _)m
(T^T) (?_?)

確認問題

1 **「如実」の用例として適切なものを後から選べ。**

ア 如実に嘘を吐《つ》く　イ 如実に努力する
ウ 如実に物語る　エ 如実に飛躍する

2 **「矮小な」の意味を後から選べ。**

ア こぢんまりとした　イ 静かにまとまった
ウ 自由に解放された　エ 喧噪《けんそう》にとらわれた
オ 小さく閉塞された　〔立命館大〕

3 **次の傍線部の意味を後から選べ。**

① それがなぜそのように見えているか、**自明**のこととして受け取っている。
（港千尋「デッサンという旅」）

ア 確かでゆるぎないこと　イ ごく自然なこと
ウ そのままであること　エ 明らかなこと

② 綿布のように柔らかくて、その上極めて**強靱な**一種の紙…
（浜野保樹「中心のない迷路」）

ア どんな力にも負けないこと
イ しなやかで強いこと
ウ 打たれ強いこと
エ 再生力があること　〔亜細亜大〕

③ 論理的には、**脆弱**だが、体験的には、（略）エゴ*《自我・自己》を見出している。
（加藤周一「IN EGOISTO」）

ア やや弱体であること
イ もろく弱いこと
ウ あぶなくこわれやすいこと
エ ひよわであぶなっかしいこと　〔日本大〕

4 **次の空欄に入る語を後から選べ。**

① 映画を見ているのではなく、映画を聞いている。テレビの場合はこれがもっと顕著*《はっきり目立つさま》になる。放送というメディアの性格を差し引いても、ここでの言葉は□である。（小栗康平「時間をほどく」）

ア 不要　イ 条件　ウ 過剰　エ 肝要

② それが**過剰**→P128な思い入れであったことに気づいたとき、結局「物」は一個の「物」にすぎないという、□に復讐《ふくしゅう》されてしまうことになる。
（安藤宏「太宰治　弱さを演じるということ」）

ア 冷たい視線　イ 過酷な現実
ウ 冷めた意識　エ 厳しい世界
オ 当然の事実　〔中央大〕

5 **次の傍線部の意味を簡潔に答えよ。**

異性に接することも禁じられていた故に、内部に**真摯**なロマンが育った。
（高橋和巳「わが青春」）〔立正大〕

解答　**1**ウ　**2**ア　**3**①エ　②イ　③イ　**4**①ウ　②イ　**5**まじめでひたむきなさま

(`･ω･´) (´Д`)
(^▽^) (^з^)-☆
(^^) (´▽`)/
(^o^) (^_^)
(^o^) m(_ _)m
(T^T) (?_?)

327

暗黙《あんもく》

意思を外に出さないこと。何も言わないこと。

「暗黙の了解」。

関 暗黙知《あんもくち》＝はっきりと言葉で表すことが難しい直観的・身体的・技術的な知識。顔の認知や自転車の運転など。

328

維持《いじ》

持ちこたえること。同じ状態を保ち続けること。

今までと同じように一定の水準を保ち続けること。「維」は、つなぐ。「現状を維持する」。

329

錯綜《さくそう》

複雑に入り組むこと。

「錯」は、入り交じる。「状況が錯綜する」。

関 錯雑《さくざつ》＝まとまりがなく、入り交じっていること。

関 交錯《こうさく》＝入り交じって混乱状態になること。

330

露呈《ろてい》

隠れていたものがあらわになること。

「露」も「呈」も、あらわれる。「欠陥が露呈する」。

関 露見《ろけん》＝隠していたものが表に現れること。ばれること。

331

累積《るいせき》

次々と積もり重なること。

「累」は、かさなる。「累積赤字」。

関 累加《るいか》＝かさねて加えること。

関 蓄積《ちくせき》＝↓P.68

332

瓦解《がかい》

一部の崩れから全体が崩れ壊れること。

瓦（かわら）がばらばらになるの意。「幕府の瓦解」。

関 崩壊《ほうかい》＝建物や組織が崩れ壊れること。

333

枯渇《こかつ》

水分がなくなり、渇ききること。尽き果てること。

「涸渇」とも。「渇」は、かわく。「資金が枯渇する」。

関 蕩尽《とうじん》＝全財産を使い果たすこと。

334

破綻《はたん》

駄目になること。行き詰まること。完全に立ち行かなくなること。

「綻」は、ほころびる。「財政が破綻する」。

関 破局《はきょく》＝行き詰まって関係などが壊れてしまうこと。

関 カタストロフィー［catastrophe 英］＝悲劇的な結末。

確認問題

1 **次の意味の語を後から選べ。**

① 状態をそのまま保ち続けること
② 積み重なること
③ 行き詰まること

ア 積載　イ 累積　ウ 破綻　エ 維持

2 **次の傍線部の意味を後から選べ。**

① 写真の記録性が子ども世界と遭遇したとき、**はからずも露呈**→P216してしまったのは、「子ども」なるものに寄せられるこの両義→P106的な二筋のまなざしであった。（本田和子「子どもが忌避される時代」）

ア 真実を打ち明けること
イ ほころびが目立つこと
ウ 横から口をはさむこと
エ 隠れていたものがあらわになること

② 東西対立の冷戦構造を**瓦解させること**になったのは「イメージ存在としての」彼女らであり、…（管啓次郎「コヨーテ読書」）

ア すっきりと整理すること
イ ばらばらに崩すこと
ウ とつぜん停止させること
エ あとかたもなく消し去ること

〔成城大〕

3 **次の空欄に入る語を後から選べ。**

① 環境問題は、汚染による生態系の劣悪化、生物種の減少、資源の□、廃棄物の累積→P130などの形であらわれている。（河野哲也「意識は実在しない」）

ア 稀少《きしょう》　イ 荒廃　ウ 発掘　エ 枯渇

② 探偵小説は、その性質上、犯人の「内面」が直截描かれる機会が少ないために、個別の「罪」の問題はどうしてもステレオタイプ→P272（紋切り型）化されて取り扱われることになる。「人はみな誰もが罪を負っている」という共通の、そして□が先行する。（原仁司「前衛としての『探偵小説』」）

ア 不可解な謎
イ 慈悲の眼差《まなざ》し
ウ 混乱した真実
エ 先入観の否定
オ 暗黙の了解

〔青山学院大〕

4 **次の傍線部の意味を簡潔に答えよ。**

そのようにして、より複雑な通路の**錯綜**する大きな巣穴ができあがる。（小野正嗣「ヒューマニティーズ 文学」）

〔愛知県立大〕

解答 **1**①エ ②イ ③ウ **2**①エ ②イ **3**①エ ②オ **4**複雑に入り組むこと

335 **意匠《いしょう》**

芸術上の工夫や考案。

「デザイン」とも。

関 趣向《しゅこう》＝趣が出るように工夫すること。

336 **定石《じょうせき》**

ある局面において最善とされる、決まったやり方。

囲碁で、決まった打ち方。「定石どおり」。

関 定番《ていばん》＝常に一定した売れ行きの商品。「定番の商品」。

337 **私淑《ししゅく》**

直接教えは受けないが、先生としてその人を敬い学ぶこと。

「淑」は、よいと思う、慕う。「ゲーテに私淑する学者」。

関 師事《しじ》＝先生としてその人の教えを直接受けること。「大学で師事する教授」。

338 **借景《しゃっけい》**

自然の景色を庭の背景として取り入れること。

景を借りるの意。本物の山や林を背景にすることで奥行きのあるスケールの大きな景観を作る日本独特の庭園技法。京都の修学院離宮など。

手段・方法

339 **常套《じょうとう》**

やり方がありふれていること。

「套」は、ありきたり。「やり方が常套だ」。

関 常套句《じょうとうく》＝決まり文句。

関 常套手段《じょうとうしゅだん》＝いつも決まって使うやり方。

340 **席巻《せっけん》**

非常な勢いで領土を攻め取ること。広い領域で猛威をふるうこと。

「席捲」とも。席《むしろ》を捲《ま》く意。「大陸を席巻する野望」。

関 蔓延《まんえん》＝→P.100

341 **相殺《そうさい》**

長所・短所が差し引かれてなくなること。プラス・マイナス・ゼロ。

「そうさつ」ではない。

関 帳消《ちょうけ》し＝互いに差し引いて損得をなくすこと。

関 棒引《ぼうび》き＝線を引いて消すこと。帳消し。

342 **陥穽《かんせい》**

人をおとしいれるための計略。落とし穴。

関 蹉跌《さてつ》＝つまずくこと。行き詰まること。

関 挫折《ざせつ》＝途中でくじけてだめになること。

関 頓挫《とんざ》＝急にくじけること。急に行き詰まること。

確認問題

1 次の意味の語を後から選べ。

① 長所・短所が差し引かれてなくなること

② 自然の景色を庭の背景として取り入れること

ア 相殺　イ 相互　ウ 借用　エ 借景

2 次の傍線部の意味を後から選べ。

① なにしろ日本と未成熟を結びつけるのは**常套句**中の常套句なのです。（東浩紀編による文）

ア とてもありふれた決まりきった言い方

イ 親しみが持て全く憎めない言い方

ウ 無難で決して失敗しない言い方

エ まったく非の打ちどころのない言い方

② デザインはラテン語の「計画、設計する」から派生し、「**意匠**」「計画」を意味する。（神原正明「デザインの思想」）

ア 自分の考え・思いを表明する技術

イ 品物などの形・色・模様などのさまざまな工夫

ウ 儀式などのために定型化された衣装

エ 手先・道具を使って物をこしらえる作業

オ 自分の意図を上手に伝える道具　〔関西学院大〕

③ しばしばかつての大きな屋敷に見られた和風建築の**定石**であるし、…（鈴木博之「都市のかなしみ」）

ア 日本的な特徴　イ 決まったやり方

ウ 基礎となる石　エ ヴァリエーション

オ 流通する素材　〔成蹊大〕

④ いまや時の人となった感もあるサンデル*だが、私にとっては二十年近く前から**私淑**してきた大切な思想家だ。（宮崎哲弥「サンデルの問い」）

*アメリカの政治哲学者

ア 非凡な才能を持つ人物に憧れ続けること

イ 公にではなく私的に弟子入りすること

ウ その人を心の中で師と仰ぎ範となすこと

エ 自ら進んである人物に仕えること

3 次の空欄に入る語を後から選べ。

大都市の店頭に並ぶのならまだしも、居留地にある土産物屋にまで、外国製の工芸品が陳列され、市場を□する勢いである。（鎌田遵「ネイティブ・アメリカン」）

ア 凌駕《りょうが》　イ 倍増　ウ 席巻　エ 肉薄

オ 破竹　〔関西学院大〕

4 次の傍線部の意味を簡潔に答えよ。

そもそもシーニュを「記号」と訳すことに**陥穽**がある。（齋藤希史「漢字世界の地平」）〔一橋大〕

解答　1①ア　②エ　2①ア　②イ　③イ　④ウ　3ウ　4落とし穴

第2章

論理必修語編

頻出⑨ 開始・変化・推移①

343 **萌芽《ほうが》**

物事の始まり。きざし。

もとは、芽が出ること。「萌」は、草木の芽がまっすぐ出ること。「恋愛の萌芽」。

344 **嚆矢《こうし》**

物事の始め。

「嚆」は、かぶら矢。昔の中国で、開戦の合図にかぶら矢を射たことから。「物語文学の嚆矢」。

関 **濫觴《らんしょう》＝物事の始まり。起源。**

345 **兆候《ちょうこう》**

何かが起こりそうな前ぶれ。

「徴候」とも。「兆」も「候」も、きざし。「好景気の兆候が現れる」。

関 **前兆《ぜんちょう》＝前ぶれ。**

346 **由来《ゆらい》**

物事の起こり。いわれ。

物事がどのようにして伝わったかという経緯。

関 **由緒《ゆいしょ》＝物事の起こり。立派な歴史。**

関 **来歴《らいれき》＝由来。経歴。**「故事来歴」。

347 **趨勢《すうせい》**

事の成り行き。

社会などの全体の流れが、これから先どうなっていくかという様子のこと。「趨」は、おもむく。「時代の趨勢」。

348 **過程《かてい》**

物事の移り変わる途中の道筋。

「事件の過程をたどる」。

同 **プロセス**［process 英］

349 **脈絡《みゃくらく》**

つながり。筋道。

もとは、血管のように体の中をとおる筋。「脈絡のない話」。

同 **気脈《きみゃく》を通《つう》じる＝何も言わなくても意思の疎通が行われる。**

350 **末期《まつご》**

死に際。

「期」は、ひとくぎりの時間。「末期の言葉」。「まっき」と読むと終わりの時期の意。

関 **臨終《りんじゅう》・最期《さいご》＝命が終わるとき。**

確認問題

1 「物事の起こり」の意味の語を後から選べ。

ア 爾来《じらい》　イ 本来　ウ 古来　エ 由来

2 「趨勢」の意味を後から選べ。

ア 勢いをそぐこと
イ 勢力の強いこと
ウ 物事の移り進む勢いのこと
エ 意欲の盛んなこと ［帝塚山大］

3 「脈絡」の用例として適切なものを後から選べ。

ア 脈絡として山は続く　イ 脈絡のない話
ウ 完走後に脈絡を計る　エ 脈絡として働く

4 次の傍線部の意味を後から選べ。

① 期待や予想に反する出来事というのは、自分の過去の経験によって培われてきた知識が誤りであることの**兆候**である。
（熊田孝恒「マジックにだまされるのはなぜか」）

ア 前ぶれ　イ 天候　ウ 証拠　エ 数値

② 彼［川端］が到達した「**末期**の眼」には、もはや歴史がありえなかったからである。
（柄谷行人「歴史と他者――武田泰淳」）

ア 期限　イ 老後　ウ 決まり　エ 死に際

③ 『土佐日記』を**嚆矢**とすることからも明らかなように、江戸時代の知識人の意識では、紀行とはこのような伝統的な和文による**形式**→P48の文学である。
（板坂耀子「江戸の紀行文」）

ア 物事の例外　イ 物事の最初
ウ 物事の規範　エ 物事の手本
オ 物事の理想 ［東海大］

5 次の空欄に入る語を後から選べ。

① シャネルのプロデューサーが来日の際、原宿や渋谷を取材し、そこに集まる女の子たちのメイクから、次代のメイク戦略を企てたという、現代日本文化の□を感じさせる**象徴**→P156的な事実があり、…（久遠さら「なぜ今どきの男子は眉を整えるのか」）

ア 葛藤　イ 泡沫《ほうまつ》　ウ 試練　エ 萌芽
オ 落日 ［同志社大］

② ものそのものへはなかなかたどりつけない。現在のわれわれが〈見る〉のは、したがってものそのものへの□だということになる。
（太田省吾「動詞の陰翳」）

ア 抵抗　イ 同化　ウ 隷属　エ 到達
オ 過程 ［法政大］

解答　**1**エ　**2**ウ　**3**イ　**4**①ア　②エ　③イ　**5**①エ　②オ

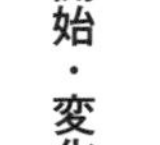

351 契機《けいき》

きっかけ。動機。

「契」は、うまく合う。「機」は、きっかけ。「商品の開発を契機に、設備を拡張する」。
関 転機《てんき》＝変わるきっかけ。変わり目。

352 不断《ふだん》

とだえず続くこと。
決断のにぶいこと。

「不断の努力」。
関 優柔不断《ゆうじゅうふだん》＝ためらってなかなか決心できないこと。
関 普段《ふだん》＝いつも。日常。

353 連綿《れんめん》

長く続いて絶えないさま。

「恋恋（れんれん）」（未練がましいさま）と音が似ているので注意。「連綿たる血統」。

354 伏線《ふくせん》

後のことに備えて、あらかじめそれとなく秘《ひそ》かに設けておくこと。

推理小説などで、後に述べる事件解決の準備として前もってほのめかしておくこと。「伏線を張る」。

355 名残《なごり》

過ぎ去った後に残る気分やしるし。
別れのときの心残りや面影。

「名残が惜しい」。
関 余韻《よいん》＝後まで残る風情や味わい。
関 余情《よじょう》＝後まで心に残る味わい。言外のおもむき。

356 終焉《しゅうえん》

命の終わり。
物事の終わり。

焉《ここ》に終わるの意。「終焉の地を決める」。

357 一過性《いっかせい》

短期間にすんでしまうこと。
一時的であること。

「一過性の症状」。
関 持続性《じぞくせい》＝ある状態を長く持ち続けること。「持続性のあるエネルギー政策」。

358 不可逆《ふかぎゃく》

逆もどりできないこと。

「不可」は、～できない。「不可逆反応」。

確認問題

1 「過ぎ去った後に残る気分やしるし」の意味の語を後から選べ。

ア 雰囲気　イ 追憶　ウ 静寂　エ 名残

2 「終焉」の用例として適切なものを後から選べ。

ア 定期試験の終焉　イ 人生の終焉
ウ 高層建築の終焉　エ 休憩の終焉　〔愛知大〕

3 次の傍線部の意味を後から選べ。

① 政治の本質的な**契機**→P14は人間の人間に対する統制を組織化することである。
（丸山真男「現代政治の思想と行動」）

ア 要素　イ きっかけ　ウ 活動
エ 局面　オ あり方　〔立正大〕

② 愛する人が死んだ時、心臓と呼吸が停止し、**不可逆的に**細胞が死滅し、筋肉の蛋白質《たんぱくしつ》は原子に分解され……などという説明は意味をなさない。
（小川洋子「フィクションの役割」）

ア 法則通りに　イ 激しい勢いで
ウ 不可能な形で　エ 順番とは逆に
オ 元に戻せない形で　〔愛知大〕

4 次の空欄に入る語を後から選べ。

① ［日本語が］内部から崩壊→P130していくおそれがないとは言えない。そうならないためにも、日本語への関心が一□性のものであってはならない。
（野口恵子「かなり気がかりな日本語」）

ア 元　イ 過　ウ 般　エ 年　オ 期

② いう方も聞く方もあまり日常的なことで、少しも意識していないけれども、こうした言葉ほどひとりの赤ちゃんの生命が□と祖先から受け継がれたものであることを語っている言葉はない。
（松谷みよ子「民話の世界」）

ア 堂々　イ 淡々
ウ 悠然　エ 連綿　〔国士舘大〕

③ テーマを生かす□があるのに、どの絵本も完全に無視しています。
（松居直「絵本とは何か」）

ア 伏先　イ 伏流　ウ 伏選　エ 伏線

5 次の傍線部の意味を簡潔に答えよ。

［生命体の存在も］新陳代謝*という生物学的様式で、刻一刻**不断**に生成変化を繰り返す。
（古東哲明「瞬間を生きる哲学」）
〔東京学芸大〕

*必要なものを体内に取り入れ、不必要なものを体外に出すこと

解答　1エ　2イ　3①イ　②オ　4①イ　②エ　③エ　5とだえず続くこと

頻出⑪ カタカナ語①社会

359 **コミュニケーション** [communication 英]
伝達。**通信。**
言葉などによる意思や思想の伝達のこと。
関 マス・コミュニケーション [mass communication 英]
=テレビや新聞などの大量伝達。「マスコミ」とも。

360 **リテラシー** [literacy 英]
読み書き能力。
ある分野の情報から必要な物を抜き出し活用する力。
関 メディア・リテラシー [media literacy 英] =↓P.196

361 **メカニズム** [mechanism 英]
しかけ。装置。**機構。**

機械に似た複雑な仕組みや組織。「大脳のメカニズムを解明する」。

362 **バイアス** [bias 英]
偏見。**偏向。**

「バイヤス」とも。「バイアスがかかった考え方」。

関 **色眼鏡《いろめがね》=かたよった見方。**

363 **ファシズム** [fascism 英]
独裁的な全体主義。
第一次世界大戦後、イタリアのムッソリーニ政権に始まり、ドイツなど各国に広まる。

364 **コンセプト** [concept 英]
概念。**発想。基本理念。**

作品や商品の基盤となる見方や考え方。「新商品のコンセプト」。

関 **概念《がいねん》=物事についてのおおよその考え。**

365 **ロジック** [logic 英]
論法。論理。**論理学。**

「独特のロジックを展開する」。

関 ロジカル [logical 英] =論理的であるさま。

366 **アナロジー** [analogy 英]
類似。類推。

似ている点をもとに、他のものを推しはかること。「従来の理論のアナロジーから、新現象を説明する」。

関 アナログ [analog 英] =↓P.46

確認問題

1 「伝達、通信」の意味の語を後から選べ。

ア コミュニケーション　イ コミュニティ
ウ コミュニカティブ　エ コミット

2 「読み書きの能力」の意味の語を後から選べ。

ア レトリック　イ リテラシー
ウ エスプリ　エ ノビリティー

3 「類推」の意味の語を後から選べ。

ア アナクロニズム　イ アイロニー
ウ アナロジー　エ アイデンティティ

4 次の傍線部の意味を後から選べ。

① 排除と差別は、犠牲者の生産のメカニズムから生まれる。（今村仁司「抗争する人間」）
→P88 →P68

ア 過程　イ 法則　ウ 論理　エ 機構
オ 技術　［佛教大］

② ＊ライアンのロジックにおける、現代的な監視の最初の論点は「流動性」である。（鈴木謙介「カーニヴァル化する社会」）
＊カナダの社会学者
→P70

ア 論理　イ 倫理　ウ 背理　エ 真理
オ 推理　［佛教大］

③ 自分の仮説を持って研究をするということは、その仮説が正しいことを示すのにバイアスがかかるということだ。（今井むつみ「学びとは何か―〈探究人〉になるために」）
→P190

ア 予測　イ 威圧　ウ 困難
エ 偏向　オ 推察　［名城大］

④ フランクルは、自身と彼の近親者との間を切り裂いたファシズムは、いつの時代でも姿を変えてよみがえってくることを肌身に感じていた。（若松英輔「生きる哲学」）

ア 共産主義　イ 軍国主義
ウ 全体主義　エ 無政府主義　［神奈川大］

5 「コンセプト」の用例として適切なものを後から選べ。

ア わたしたちのコンセプトは抜群なので、今度の試合にはきっと勝てると思う
イ 従業員全員のコンセプトを取らなければ、新しい事業の展開は困難である
ウ この計画のコンセプトには、数年かかる見込みだ
エ いくつかわかったことを、ひとつのコンセプトにまとめてみよう　［玉川大］

解答　**1** ア　**2** イ　**3** ウ　**4** ①エ　②ア　③エ　④ウ　**5** エ

頻出⑫ カタカナ語②芸術

367 エピソード [episode 英]
世間にあまり知られていない興味深い話。挿話。逸話。

小説や劇の中に挟み込まれる本筋からそれた話や、話題になっている人や物事に関する興味ある話のこと。「文豪に関するエピソード」。

368 リアリティ [reality 英]
現実感。現実性。真実味。

「リアリティを追求した映画」。

関 リアリズム [realism 英] ＝現実をありのままに受け入れようとする態度。

369 グロテスク [grotesque フ]
不気味で異様なさま。怪奇。奇怪。

もとは、古代ローマに始まった装飾模様。「グロテスクな彫像」。

370 ドラスティック [drastic 英]
思いきったさま。徹底的なさま。抜本的なさま。

「ドラマティック」（劇的な）とは異なるので注意。「ドラスティックな人事」。

371 コントラスト [contrast 英]
対照。対比。

映画・テレビ・写真などでは明暗の差のこと。「明と暗のコントラスト」。

372 バリエーション [variation 英]
変化。変動。多様性。

「ヴァリエーション」とも。「バリエーションを工夫する」。

373 アイロニー [irony 英]
皮肉。風刺。反語。
「イロニー」とも。「アイロニーを含んだ表現」。
関 皮肉《ひにく》＝遠回しの非難。当てこすり。
関 反語《はんご》＝表面の意味と真の意味を逆にした表現。

374 シニカル [cynical 英]
皮肉な。冷笑的。

「シニック」とも。「シニカルな態度」。

関 嘲笑《ちょうしょう》＝あざけり笑うこと。

確認問題

1 「エピソード」の意味を後から選べ。

ア 寓話　イ 説話　ウ 談話　エ 閑話
オ 逸話　〔東京理科大〕

2 次の傍線部の意味を後から選べ。

① コントラストがより明確化され、そこに境界線が作り出される。（福岡伸一「世界は分けてもわからない」）

ア 対照　イ 対象　ウ 対称　エ 対症　〔明治大〕

② ややグロテスクなユーモアなどからも十分感じとることができる。（辻邦生「外国文学の愉しみ」）

ア 軽妙な　イ 庶民的な　ウ 凡庸な
エ 奇怪な　オ 軟弱な　〔北海学園大〕

③ 近年、書店は驚くほど巨大化した。中小書店の廃業が相次ぎ、CVSの伸張、インターネット書店の台頭など、本を買う場所、本の買い方につい ても、ドラスティックな変化が見られる。（福嶋聡「紙の本は、滅びない」）

ア 徹底して激しい　イ 実質的で有益な
ウ 皮相的で浅薄な　エ 典型的で似たような
オ 劇的で感動を呼ぶような　〔東京経済大〕

3 「ヴァリエーション」の用例として適切なものを後から選べ。

ア 今回の件について、彼とぼくとのヴァリエーションは、それほど大きくはない
イ 対応の仕方のヴァリエーションを、もう少し増やしたいところです
ウ 学園祭のヴァリエーションを共有することで、クラスの団結が一挙に進んだ
エ ヴァリエーションの実現に向けて、努力することは大切である　〔玉川大〕

4 次の空欄に入る語を後から選べ。

百年を越えて、漱石の言ったことが□をもつのは今です。（佐藤泰正「これが漱石だ。」）

ア アイデンティティ　イ リアリティ
ウ パーソナリティ　エ クオリティ　〔日本女子大〕

5 「アイロニー」の意味を簡潔に答えよ。

6 「シニカル」の意味を簡潔に答えよ。　〔千葉大〕

解答　1オ　2①ア　②エ　③ア　3イ　4イ　5皮肉（風刺・反語）　6皮肉な（冷笑的）

文章で語彙力チェック④（第2章 論理必修語編）

問題 次の評論を読んで、後の問に答えよ。

十九世紀から二十世紀におよぶ文明の決定的な変化は、生活全般にわたる「＊アルス」の衰退であり、「＊テクノロジー」とそれを支える技術的な世界観の①支配であった。ひと言でいえば機械工業を富の生産の基本的なしかたと見なし、機械生産によって実現された効率主義を文明の理想と考える［　　］の浸透であった。

いうまでもなく、この効率主義を可能にしたのは人間の作業を機械で置き換えることであったが、その前提となるのは＊コリングウッドが技術の(a)本質として考えたように、作業の目的を作業の実行に先立って固定化することであった。機械生産の目的はまず設計図と仕様書の段階で明確に予定され、それに続く実施の過程を完全に支配するかたちで実現される。さらに機械は人間の(b)身体を作業から極力排除し、そのことによって身体が作業から受ける抵抗や反作用を感じられないものにする。その結果、工場生産では作業の過程で方法を変更したり、目的の内容を微調整する必要は原理的に排除される。いいかえれば作業の計画と実行、②目的と過程を不可逆的に＊峻別《しゅんべつ》して、後者が前者に影響することを極限まで防止するのが、機械生産の思想なのであった。

だがこの思想にはじつは一つの③暗黙の前提があったうえに、その暗黙の了解がまた機械生産の普及によって補強されてきたことを、見落としてはならない。それはほかでもなく人間には一回ごとの行動にあたって、目的をめざす不動の意思というものがありうるという自我観であった。けだし一つの生産計画を機械に命令し、その自動的な実現を進めさせるためには、過程を通じて変わらない一つの意思が貫いていることを前提にしなければなるまい。とかく人間自身にとって不如意な身体と違って、機械は人間の意志の忠実な奴隷であるが、それだけに奴隷の主人は④あたかも神のような、というより機械の性質そのもののような、揺るがない意志を持たなければならないのである。

この自我観は近代化を支える思想として、人間の自由や自立性を尊ぶ思想とあい伴って発展したが、精密に考えると必ずしもこの二つの思想は同じものではない。なぜなら、人間が自由であり他の制約を受けないということは、その自由な人間の意志がときに揺れを示し、微妙な滲《にじ》みを含むことを排除するものではないからである。

（山崎正和「社交する人間」）

［語注］＊アルス…技術。技巧。　＊テクノロジー…科学技術。

＊コリングウッド…イギリスの哲学者・歴史家。＊峻別…厳しく区別すること。

問一　語句　傍線部(a)(b)の対義語を漢字で記せ。

問二　語句　傍線部①と文脈上、最も近い意味の熟語を次から選べ。
ア　支援　イ　拡散　ウ　分配　エ　席巻《せっけん》

問三　語句　空欄□に入る「何にどんな値打ちを認めるかという、人それぞれの考え方」の意味の三文字熟語を漢字で記せ。

問四　読解　傍線部②とあるが、これはどういうことか。その内容として最も適当なものを次から選べ。
ア　目的が過程と次第に離れていくようにということ。
イ　目的が過程と次第に一体となるようにということ。
ウ　過程が目的に後もどりできないようにということ。
エ　過程が目的を理由なく巻き込むようにということ。

問五　読解　傍線部③とあるが、これを具体的に述べている箇所を、第三段落以降から四十五字以内で抜き出し、最初と最後の三文字を答えよ。

問六　語句　哲学用語として通常使用されている語を次から選べ。
ア　暗黙劇　イ　暗黙理
ウ　暗黙知　エ　暗黙意

問七　語句　傍線部④の意味を次から選べ。
ア　間違いなく神のような
イ　おそらく神のような
ウ　ちょうど神のような
エ　それなりに神のような

◆重要語フィードバック（問題文にある重要語を再確認！）

文明（➡P.150）　生産（➡P.68）　理想（➡P.30）　価値観（➡P.112）
前提（➡P.44）　本質（➡P.14）　目的（➡P.42）　固定（➡P.70）
過程（➡P.134）　身体（➡P.20）　排除（➡P.88）　抵抗（➡P.62）
結果（➡P.36）　不可逆（➡P.136）　暗黙（➡P.130）
あたかも（➡P.278）

＊色字は既出語

解答　問一(a)現象　(b)精神　問二エ　問三価値観　問四ウ　問五人間に〜自我観　問六ウ　問七ウ

解説　問五傍線部③のある文の次の文の指示語「それ」が指す内容を押さえる。

コラム②

評論を読んで知性を磨こう②

第3章で基本として押さえたいテーマの書籍を紹介しています。近現代における問題の諸相を具体的に論じたこれら評論を読んでみましょう。

産業革命と疎外

『わたしの哲学入門』木田元（講談社学術文庫）

イギリスから始まった産業革命は、近代自然科学の発達を基礎としているが、これは機械論的自然観が前提となっている。

『人はなぜ働かなくてはならないのか』小浜逸郎（新書y）

人間は本質的に社会的存在であるから、社会的人格としてのアイデンティティを承認されるために、労働は必須条件なのである。

国民国家

『文明としての教育』山崎正和（新潮新書）

狭義の「文化的伝統」に基づいて愛国心を育もうとするだけでなく、他国の文化も尊重しつつ愛国心を育てなければならない。

『国連システムを超えて』最上敏樹（21世紀問題群ブックス）

人や物の交流の阻害や国家間抗争を解決する国際機構は、断片化した民族国家を「つなげる」ことができる。

「社会は存在するか」杉田敦（『岩波講座　哲学〈10〉』所収）

似た人間が群れになる段階では、制度的な教育や文化的統一政策によって同質性を作り出す国家が大きな役割を果たしている場合が多い。

情報社会とメディアリテラシー

『街場のメディア論』内田樹（光文社新書）

現在のメディアは匿名性などのためにありふれた言葉しか無く、メディアの暴走がメディア自身の力を失わせている。

『書物の変』港千尋（せりか書房）

群衆を眺めてきた筆者は、この地球全体がポスト情報化社会に入りつつあり、このことが今日の群衆に新たな性格を与え始めていると感じている。

文学の価値

『読者はどこにいるのか』石原千秋（河出ブックス）

小説の価値を決めるのは、ヤウスの「期待の地平」という概念ではなく、読むという創造行為に巻き込まれる読者自身である。

宗教とコスモロジー

『地霊の復権』野本寛一（岩波書店）

長い間かかわってきた地霊や精霊を忘れ去ることは環境破壊や環境の荒廃につながると述べる。

『死者のゆくえ』佐藤弘夫（岩田書院）

縄文人による死の概念の発見から、カミの世界の誕生、他界観の発見までの経緯について述べる。

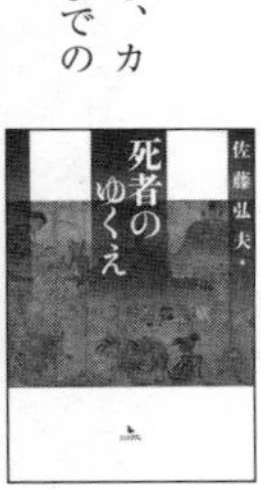

第3章

論理テーマ理解編

- 哲学・思想①
- 哲学・思想②
- 文化①
- 文化②
- 言語①
- 言語②
- 近代①
- 近代②
- 社会①
- 社会②
- 政治・経済①
- 政治・経済②
- 政治・経済③
- 心理①
- 心理②
- 教育・家族
- 身体
- 宗教
- 文学・芸術①
- 文学・芸術②
- 科学①
- 科学②
- 科学③
- 情報・メディア①
- 情報・メディア②
- 環境①
- 環境②
- 医療①
- 医療②

第３章では、大学入試頻出の論理テーマを学習します。入試で出題されるテーマはさまざまですが、まずはここにある29テーマの単語・論点を習得することが大切です。しっかり理解することで、入試レベルの論理的文章に対応することができます。

哲学・思想①

論点 他者に規定される自己

375

自己《じこ》❶ 他者《たしゃ》❷

❶自分自身。
❷ⓐ自己とは異なる存在。ⓑ自分の理解を超えた存在。

自己と他者とは対立的なものではなく、むしろ**〈他者によって自己が形成される〉**という論点は頻出（→P.147）。

376

近代的自我《きんだいてきじが》

他者とは異なる自己として認識される自分。

「**自我**」とも。身分の束縛から自由になった近代社会において、**自分自身の存在意義を自ら主体的に問い直そうとする人間の自己意識**を指す。

377

理念《りねん》❶ 概念《がいねん》❷ 観念《かんねん》❸

❶目指すべき理想。
❷一般性・客観性のある意味内容。
❸ある物事についての漠然としたイメージ。

❷と❸の違いが大切。❷が**〈あるものについて一般的に人々が抱く考え〉**であるのに対し、❸は**〈個々人の頭の中に浮かぶイメージ〉**。
関 **観念的《かんねんてき》＝頭で考えただけで現実味のないさま。**

378

パラドックス

[paradox 英]

ⓐ常識に反するように見えて、実は一面の真理を突いた表現。ⓑ矛盾する事態。

「**逆説**」とも。ⓐ例「急がば回れ」という格言が好例。ⓑ例「お金を稼げば稼ぐほど（金遣いが荒くなり）かえって貧乏になる」など。

379

アポリア

[aporia ギ]

解きがたい矛盾や難問。

もともとの意味は「ある問題について、異なる二つの合理的な見解に直面すること」だが、単に「**難問**」と押さえておけばよい。

自己と**他者**とは明確に区別されるべきものだと普通は考えられている。しかし**自己**と**他者**はそう簡単に区別できるものではない。**〈学校にいるときの自分〉〈家族と過ごすときの自分〉〈恋人といるときの自分〉**など、**他者**との関わりの中で**自己**のありようも自《おの》ずと変わってくるからだ。この意味で、私たちの**自己**は**他者**に規定されているといえる。

また、精神分析学者ラカンは、赤ちゃんは鏡に映る自分を**他者**と認識し、やがて**自己**の全体像を知るようになると考えた。ここでも**自己**の出発点は**他者**であると考えられている。

確認問題

1 空欄に「自己」「他者」のいずれかを入れよ。
「他者」とは［A］とは異なる存在として把握されるもので、通常両者は区別しうると考えられているが、実際は［B］によって「自己」が形成される面もある。

2 「他者」とは異なる存在としての自己意識を何というか答えよ。

3 空欄に「理念」「概念」「観念」のいずれかを入れよ。
a 内容が伴わない［　］的な議論。
b 恒久平和の［　］を掲げた憲法。
c 英語に「兄」「弟」という［　］はない。

4 「パラドックス」に相当するものを次からすべて選べ。
ア 修理したパソコンがまた故障した。
イ 「貼り紙禁止」と書かれた貼り紙。
ウ 負けるが勝ち。

5 「アポリア」の意味を次から選べ。
ア 世界観　イ 論理　ウ 難問

解答　**1** A自己　B他者　**2** 近代的自我（自我）　**3** a観念　b理念　c概念　**4** イ・ウ　**5** ウ

哲学・思想②

論点 行為と責任

380 **実存《じつぞん》**

ⓐ実際に存在すること。ⓑ主体的に生きる具体的・個別的な存在。

ⓑは近代以降の〈**画一化・均質化**〉された没個性的な人間像への反動として、主に**実存主義**という哲学で構想された人間観。

381 **弁証法《べんしょうほう》**

矛盾しあう事柄を統合することで、より高い次元の認識や結論に至ろうとする思考。

例 部活に熱中することと、勉強に専念することという矛盾を乗り越えて、部活で培った忍耐力によって勉強も頑張る。

382 **ニヒリズム** [nihilism] 英

真理や既成の価値観を否定し、あらゆるものを無意味なものとする思想。虚無主義。

哲学者ニーチェはこの世の虚無性を引き受け、前向きに生きることを求めた。それは単なる悲観主義《ペシミズム》ではない積極的ニヒリズムだ。

383 **ジレンマ** [dilemma] 英

相反する事柄の間で、どちらを選択しても不利益があるため、決めかねる状態。板挟み。

例 二匹のヤマアラシが寒さをしのごうと体を寄せ合う。近づくと互いの針でケガをする。一方で離れると寒くなる。

384 **決定論《けっていろん》**

あらゆる現象は、何らかの外的な原因によってあらかじめ決められているとする立場。

決定論に従えば、人間の自由な意志にみえる行動も外的原因に規定されていることになるので、「**自由意志**」を認める立場と対立する。

法律で犯罪者を裁くとき、その犯罪行為は犯罪者自身の「**自由意志**」で行われたことを前提としている。つまり、犯罪行為を行うか行わないかを〈**自由に選択できた**〉→P44からこそ、犯罪者の法的責任を問えるわけだ。

しかし、近年の研究では、犯罪的傾向は遺伝的な影響を受けやすいということが指摘されている。そうなると、犯罪行為は犯罪者の「**自由意志**」でなされたものではなく、〈**遺伝や環境という外的な要因**〉によって引き起こされたものだ〈**決定論**〉ということになり、果たして犯罪を法律で裁いてよいのか、という問題が生じる。

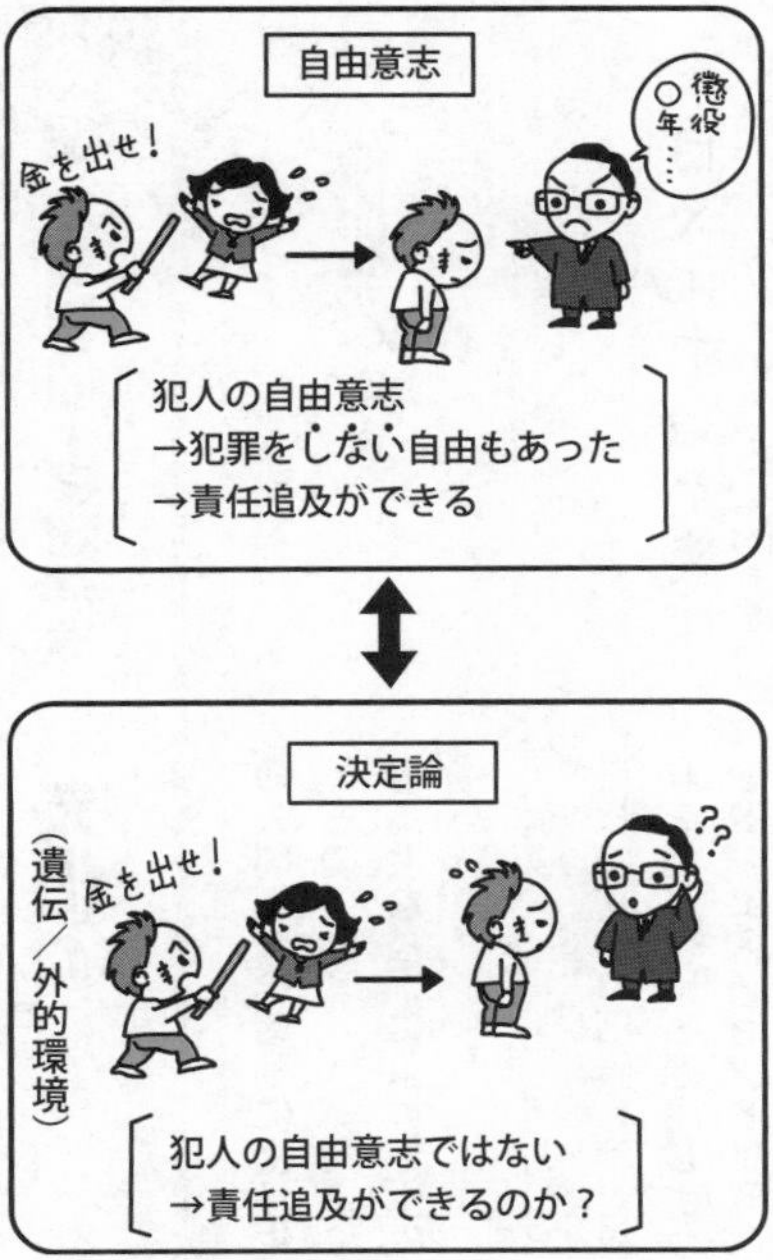
自由意志
金を出せ！
懲役〇年……
犯人の自由意志
→犯罪をしない自由もあった
→責任追及ができる
決定論
（遺伝／外的環境）
金を出せ！
??
犯人の自由意志ではない
→責任追及ができるのか？

確認問題

1 空欄に入る適切な語句を後から選べ。

近代以降の画一化された[A]的な人間像への反動から、[B]的に生きる具体的な人間観が[C]主義という哲学では求められた。

ア 主体　イ 実存　ウ 没個性

2 互いに矛盾し合う事柄を一段高い次元で統合する思考法を何というか答えよ。

3 「ニヒリズム」の説明として不適切なものを次から選べ。

ア 既成の秩序や価値を否定する。
イ この世の虚無性を認めた上で主体的に生きようとする。
ウ 物事を悪い方向にばかり考える。

4 空欄に適切なカタカナ語を入れよ。

お腹が空いて勉強に集中できないが、ダイエット中なので間食もできない、といった状態を[ ]という。

5 人間の「自由意志」を認める立場に対立する立場を何というか答えよ。

解答　**1** A＝ウ　B＝ア　C＝イ　**2**弁証法　**3**ウ　**4**ジレンマ　**5**決定論

文化①

論点 **異文化を見るまなざし**

385 **文化《ぶんか》❶ 文明《ぶんめい》❷**

❶人間の精神活動により生まれたもの。
❷高度な技術によって生み出されたもの。

❶は言語・芸術・習慣などの精神活動に関わるもので、〈**地域**〉に根ざしている。❷は高度な技術に関わるもので、空間をこえて広がるような〈**普遍性**〉をもつ。

386 **自文化中心主義《じぶんかちゅうしんしゅぎ》**

自らの文化の価値を絶対視し、それを他文化にも適用しようとする態度。エスノセントリズム。

「**自民族中心主義**」とも。自分たちの文化の価値を〈**絶対のもの**〉とする態度は評論で批判されることが多い。そのとき対案として提出されるのが「**文化相対主義**」だ。

387 **文化相対主義《ぶんかそうたいしゅぎ》**

どの文化も絶対的なものとせず、多様な文化を尊重すべきとする考え方。

自文化中心主義の対極的な立場として評価されることが多いが、互いの文化に〈**無関心**〉になりがちだと欠点を指摘する文章も多い。

388 **多文化主義《たぶんかしゅぎ》**

一国内・一地域内で複数の文化の対等な共存を評価する立場。

〈**一国一民族**〉を掲げる近代以降の「**国民国家**」(→P.160)体制の見直しの中で見出された概念。政策として多文化主義を掲げる国家もある。

389 **エスニシティ** [ethnicity 英]

同じ伝統・言語・文化を共有する人間同士が持つ仲間意識。

人々の〈**生活実感**〉として意識される仲間意識なので、人為的に作られた国家の枠組とは異質な概念である。

私たちは「**文化の眼鏡**」をかけて世界を見ている。そして、その眼鏡を取り外して客観視→P12することは難しいので、ともすると私たちは自分の文化的な価値観→P112を〈**絶対的なもの**〉と思い込んでしまいがちである。しかも、西洋近代に成立した国民国家→P160（日本は明治になってこの制度→P162を模倣→P24した）は、**文化の多様性**→P16を排除→P88する方向に働いたので、ますます〈**自文化の檻**《おり》〉の中から出ることは難しくなった。

こうした中、**文化人類学**という学問では、未開とされた地域でのフィールドワーク（野外調査）を行うことで、世界には多様な**文化**があることを明らかにし、それらと西洋文化との間に優劣はないとする考え（**文化相対主義**）を示してきた。

確認問題

1 次のア～エについて「文化」と関わりの深いものをA、「文明」と関わりの深いものをBと答えよ。

ア　精神的なもの
イ　普遍性がある
ウ　地域性がある
エ　物質や技術にかかわる

2 空欄に適切な語句を入れよ。

a　自分たちの文化を絶対視し、異文化の価値を認めようとしない態度を□主義という。

b　一国内、一地域内における多様な文化的背景を持つ複数の文化的集団について、これらの集団を対等に共存させようとする考え方は□と呼ばれる。

3 **2**aのような態度への反省として生まれてきた考え方を何というか答えよ。

4 「エスニシティ」を構成する要素の例として不適切なものを次から選べ。

ア　食文化　　イ　言語
ウ　個人の信条　　エ　伝統芸能

解答　**1**ア＝A　イ＝B　ウ＝A　エ＝B　**2**a自文化（自民族）中心　b多文化主義
3文化相対主義　**4**ウ

文化②

論点 文化を相対化する

390 **オリエンタリズム** [orientalism 英]

西洋の人々が東洋の人々を偏った見方で捉えようとする態度。

西洋人が東洋人に対して抱く、〈**後進性**〉〈**受動性**〉〈**官能性**〉〈**神秘性**〉などの侮蔑的感情や一方的な偏見に基づく憧れを指す。

391 **クレオール** [creole 英]

植民地支配により、複数の人種・民族が混合して形成された言語や文化。

クレオールは「**国民国家**」(→P.160)の枠組を超える発想として、現代の**グローバル化**の中で注目されつつある概念である。

392 **エートス** [ēthos ギ]

ある社会・文化の人々に共有されている精神性・気風。

「日本人のエートス」「○×高校のエートス」などのように、〈**特定の社会・集団**〉に共有される性質について言う言葉。

393 **コード** [code 英]

ある文化において、人々の行動や思考様式を決定する約束ごと。記号。

コードは文化によっても異なる。〈**地面に額をすりつける行為**〉は、日本なら〈**謝罪**〉を意味し、イスラムなら〈**祈り**〉を意味する。

394 **ハレ(晴れ)❶** **ケ(褻)❷**

❶晴れがましく、非日常的なさま。
❷日常的なさま。

民俗学者の柳《やなぎ》田《た》國男《くにお》によって見出された日本人の世界観。晴れは「晴れ着」「晴れ舞台」など現代語にもその痕跡をとどめる。

文学研究者サイードは、西洋人が東洋の文化・社会を〈異質なもの〉とみなし、さらにそれを〈劣ったもの〉とみなす態度が、西洋の文学や学問に見られると批判した。こうした態度が西洋の帝国主義的な植民地支配を正当化する基盤となった、とサイード→P160は喝破→P80した。

たとえば、かつての言語学では、世界の言語を、**孤立語**（中国語など）・**膠着語**《こうちゃくご》（日本語など）・**屈折語**（英語など）の三つに分類した上で、言語は**孤立語→膠着語→屈折語**の順に発展すると主張した。ここには明らかに西洋語を東洋語よりも優位な言語としてみなそうとする態度が現れている。

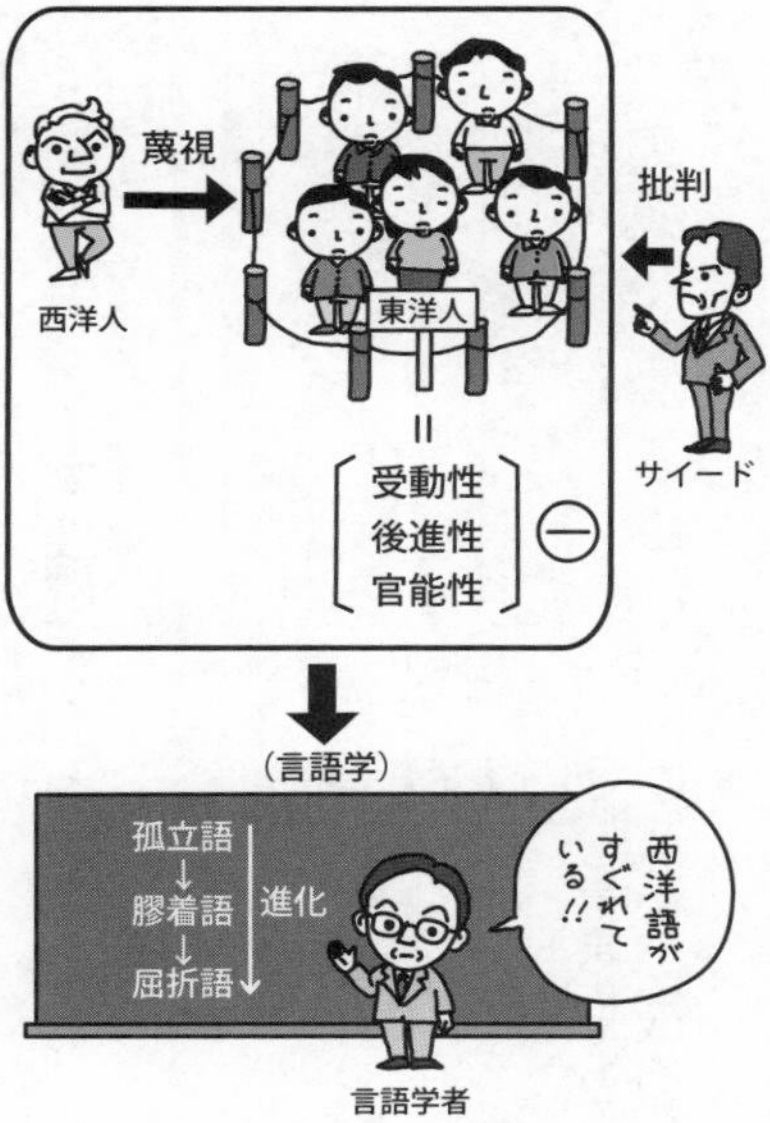

（こうした西洋優位の発想は他学問、文学において広くみられる）

確認問題

1　「オリエンタリズム」とはどのような態度か、簡潔に答えよ。

2　「クレオール」と最も関わりの深い語句を選べ。

ア　複数性　イ　国民国家
ウ　純粋性　エ　民主主義

3　「エートス」の使い方として不適切なものを次から選べ。

ア　我が校のエートスは「質実剛健」だ。
イ　和を尊ぶのが日本人のエートスだ。
ウ　和食を好むのが僕のエートスだ。

4　空欄に適切なカタカナ語を入れよ。

ある文化において人々の行動を規定する約束ごとを□といい、同じ□でも文化・社会によってその意味は異なることがある。

5　空欄に適切な語句を入れよ。

民俗学では、日本人にとって晴れがましいことは A というが、日常的なことは B という。

解答　**1**［例］西洋人が東洋人を一方的な見方で劣ったものとみなす態度。　**2**ア　**3**ウ
4コード　**5**Aハレ（晴れ）　Bケ（褻）

言語①

論点 言葉で世界を認識する

395 表《ひょう》象《しょう》

ⓐ心に浮かぶイメージ。ⓑ表すこと。表されたもの。シンボル。象徴。

ⓐ例 異文化を表象するときに偏見を働かせてはならない。ⓑ例 ピカソの絵が表象しているものは一体何だろうか。

396 恣《し》意《い》

ⓐ勝手気ままであること。ⓑ論理的必然性がないこと。

評論ではⓑの意味が重要。
参 言語《げんご》の恣意性《しいせい》＝言葉と意味の結びつきには論理的必然性がないこと。

397 分《ぶん》節《せつ》(化《か》)

連続した世界に言葉によって切れ目を入れて、世界を認識・理解しようとすること。

世界はもともと切れ目のない混沌《こんとん》とした連続世界。人間は言葉によって世界に切れ目を入れることで秩序づけて把握しようとする。

398 差《さ》異《い》

ある事物と比較したときの違い。

例「兄」という概念は「弟」と比較してはじめて意味を持ち、信号機の「赤」は他の「青・黄」との関係ではじめて意味を持つ。

399 体《たい》系《けい》

それぞれの部分が互いに関わり合いながら秩序だってまとまったもの。システム。

例「言語体系」という言葉があるように、言語も、文法・意味・発音規則などが互いに秩序づけられたまとまりである。

言語が存在しなければ、人間にとってこの世界は事物相互の区別のない混沌→P28としたものに映るだろう。私たちは、この混沌とした世界を言語によって**分節化**することで世界を秩序→P28だったものとして認識できるのである。いってみれば、〈**言語こそが全ての世界認識の基盤**〉なのだ。

ところで、世界の**分節**の仕方は言語によって異なると言われている。たとえば、日本語では区別されている「蝶」と「蛾」は、フランス語ではどちらもpapillonである。言語によってどのように区切りを入れるかは**恣意的**（たまたまその言語でそのように区切っているだけ）なのだ。

分節の仕方は言語によって異なる
→世界の見え方は言語によって変わる！？
（言語相対仮説）

確認問題

1 「表象」の意味は、右の語義でいえばⓐ・ⓑのどちらか答えよ。

ア　原爆ドームが表象する戦争の惨禍。

イ　名曲を聴いて我々が表象する寂寥感《せきりょうかん》。

2 空欄に適切な語句を入れよ。

a　〈イヌ〉という概念に日本語は「いぬ」、英語は「dog」という音を当てている。「さる」や「cat」と言わずにたまたまそう呼んでいる。このように言葉の意味の結びつきに論理的必然性がないことを言語の□性という。

b　ある事物の意味内容は単独では決まらない。赤信号の意味は黄色信号との□により「止まれ」の意味を持つ。

3 世界に言語で切れ目を入れ、秩序だてて理解することを何というか答えよ。

4 「体系」の使い方として適切なものを次から選べ。

ア　数学を体系的に学ぶ。

イ　口では伝えられない職人仕事は体系化された知だ。

解答　**1**ア＝ⓑ　イ＝ⓐ　**2**a恣意　b差異　**3**分節（化）　**4**ア（口で伝えられないということは、秩序だった知識ではないのでイは誤り）

言語②

論点 世界は「記号」に溢れている

400

記号《きごう》❶ 象徴《しょうちょう》❷

❶一定の意味内容を表すもの。
❷具体的なもので抽象的な意味内容を表すこと。

❶例信号機の青＝進め／赤＝止まれ。
❷例白鳩（白鳩という具体的な生物で〈平和〉という抽象的意味を表している）。

401

テクスト❶ [text 英]
コンテクスト❷ [context 英]

❶言葉で書かれたもの。
❷ⓐ文脈。ⓑある物事を取り巻く背景。

❷例漱石『こころ』のテクスト（❶）はどのようなコンテクスト（❷）で作られた小説だろうか。

402

標準語《ひょうじゅんご》❶ 共通語《きょうつうご》❷

❶国家が規範的に国民に使用させる言語。
❷ある地域に広く通用する言語。

❶は国家語・国語。❷は国家語を異にする人々の間でも通用する言語。かつてのラテン語などが好例。

403

国語《こくご》❶ 母国語《ぼこくご》❷ 母語《ぼご》❸

❶ある国家の公用語。
❷自分が属する国家の公用語。
❸幼児期に自然に習得した言葉。

例インドネシアの子供は親からジャワ語を習得するのでジャワ語が母語。だが、国語はインドネシア語なのでこちらが母国語。

404

レトリック [rhetoric 英]

修辞。文章を飾るための技巧。

倒置や**比喩**、**擬人法**、**対句**など、文の表現効果を高めるための工夫（巻末付録参照）。これらを研究・分類する学問を「**修辞学**」という。

「**記号**」には言語以外のものもある。信号機も記号だし、私たちが身につけている衣服でさえも記号だと言える。「**記号**」とは**〈一定の意味内容を表すもの〉**だからだ。たとえば、高級ブランド服は**〈裕福さ〉〈高いファッションセンス〉**を表す記号であり、スポーティーなジャージ姿は**〈活動的な自分〉〈若々しさ〉**を表す記号だ。

現代社会は「**消費社会**」(↓P.164 →P.122)だと言われるが、これは現代人がモノを商品の機能的価値としてではなく、何かの意味を表す「**記号**」として購入している状況を指している。

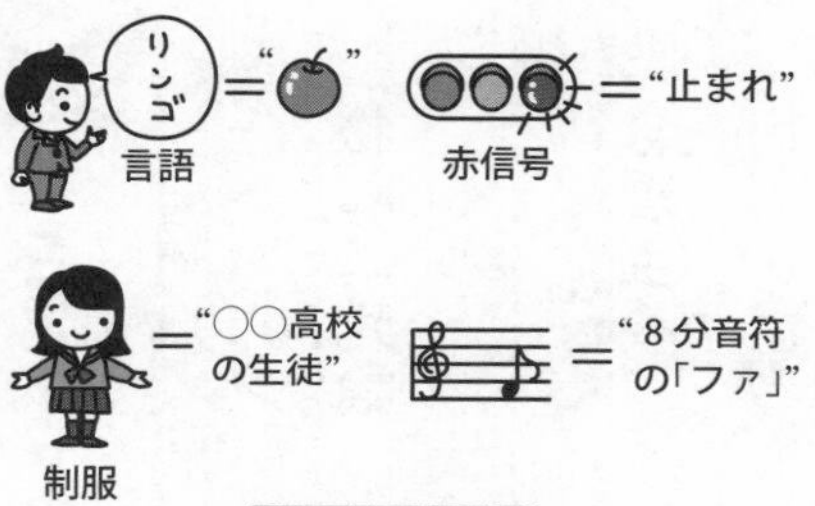

色々な「記号」

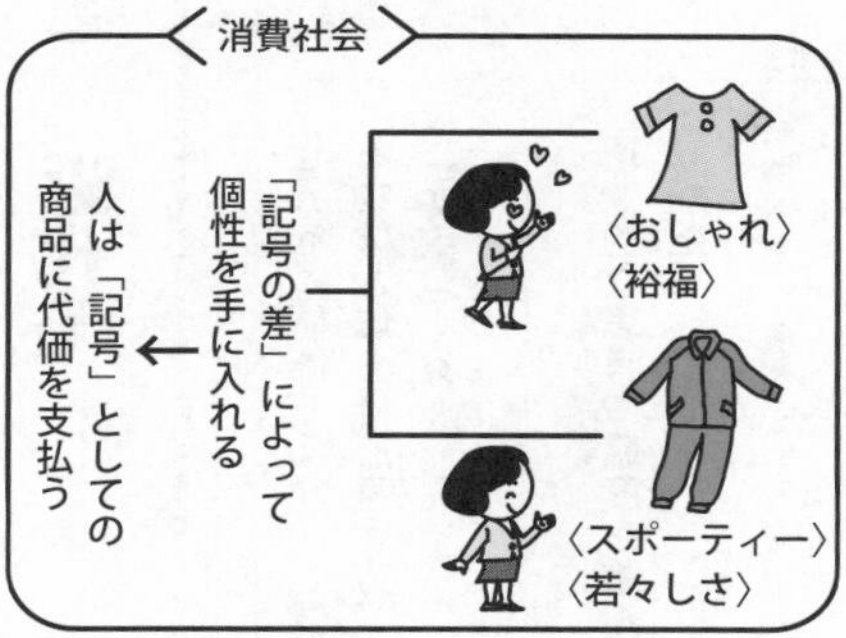

確認問題

1 「象徴」の例として適切なものを次から選べ。

ア 彼の汗はこれまでの努力の象徴だ。

イ 日本では「手招き」は相手を自分のもとに来させるための象徴だ。

ウ 車のウインカーは右折左折の象徴だ。

2 空欄に「テクスト」「コンテクスト」のどちらかを入れよ。

a 文学研究では原典の□を実際に読むことが大切だ。

b この評論は政治学の□がないとろくに読めない。

3 「標準語」とはどのようなものか、次から選べ。

a 国家が規範的に国民に使用させる言語

b ある地域で広く使用されている言語

4 「母国語」と「母語」の違いを簡潔に説明せよ。

5 「修辞」ではないものを次から選べ。

a 擬人法　b 隠喩　c 倒置　d 対句　e 音便

解答　**1**ア　**2**aテクスト　bコンテクスト　**3**a　**4**[例] 母国語は自分が属する国家の公用語だが、母語は幼児期に自然に習得した言葉。　**5**e

近代①

論点 理性の時代としての近代

405 **物心二元論《ぶっしんにげんろん》**

世界を、認識する精神と認識される物体とに分ける考え方。cf.心身二元論（→P.180）

近代になると、理性的精神をもつ人間が、物体である自然や身体を客観的に観察し、支配できるという〈**人間中心的な世界観**〉が生まれた。このことを批判的に論じた文章は頻出。

406 **合理主義《ごうりしゅぎ》**

理性的な思考や態度を重んじるありかた。

近代は理性をきわめて重視し、非合理なもの（宗教・芸術など）を価値のないものとして排除した。→**世俗化**

407 **進歩主義《しんぽしゅぎ》**

絶え間なく進歩していくことを、よいこととする近代的な価値観。

進歩を重視すると時間意識は〈**直線的**〉なものとなる。前近代社会における単調な毎日が繰り返される〈**循環的**〉な時間意識と対極的。

408 **世俗化《せぞくか》**

宗教的な価値観や束縛から解放されること。

同 **脱呪術化《だつじゅじゅつか》**
関 **世俗的《せぞくてき》＝世間一般に見られるさま。**

409 **啓蒙主義《けいもうしゅぎ》❶ ロマン主義《しゅぎ》❷**

❶人間の理性を信頼し、合理的であろうとする態度。
❷感性や情緒を重視する芸術的態度。

❶は前近代的な非合理性（迷信・宗教など）を打破しようとする態度。❷はその反動として生まれた、感性を重んじようとする態度。

哲学者デカルトは、世界を「精神」と「物体」とに分けて考えた。これは「**物心二元論**」と呼ばれ、**〈西洋近代の根本的な発想の基盤〉**となった。近代以降、人間は精神（理性→P54）を持つ唯一の存在とされ、物体（物質的存在）である自然→P20は**〈人間の支配の対象〉**だとされた。

人間の理性を重視するあり方は**合理主義**を生み出して、宗教や芸術などの非合理なものは人間生活の中心から排除→P88された（**世俗化**）。やがて**合理主義**は科学的精神を生み、科学の力で人間世界は絶えず進歩するものと考えられるようになった（**進歩主義**）。

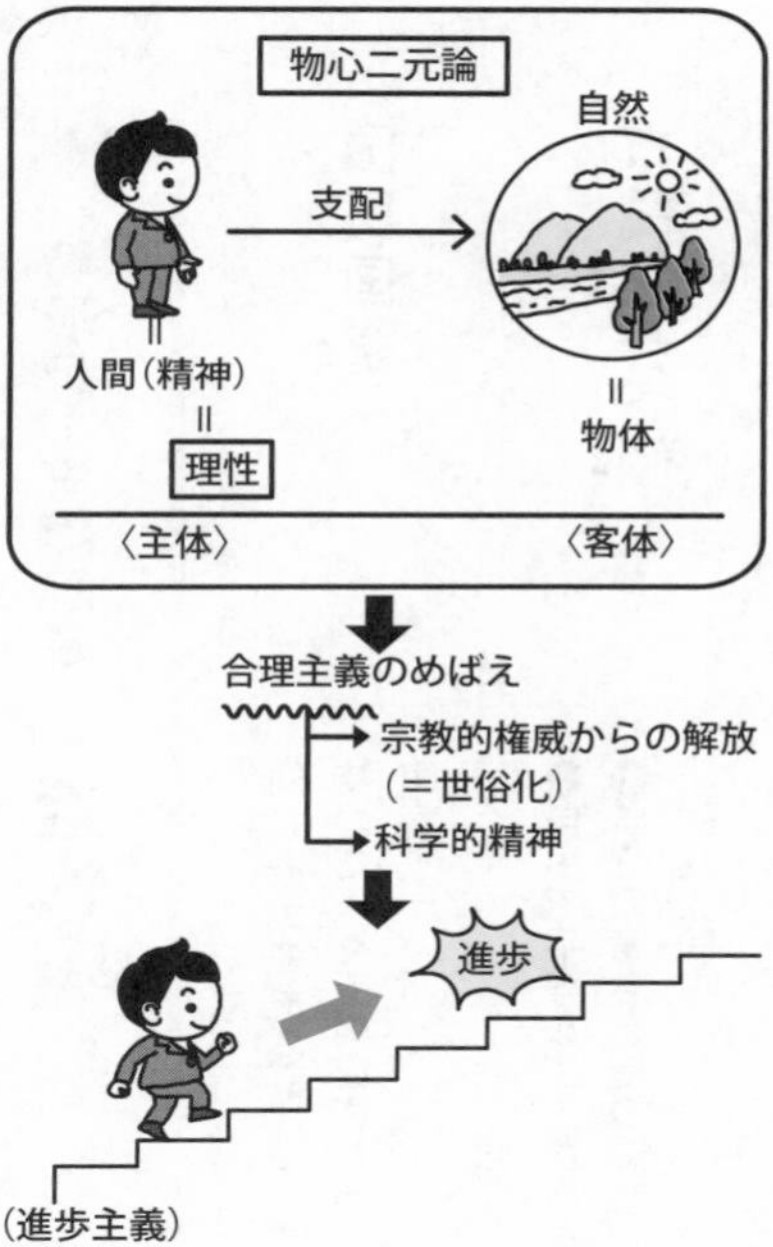

確認問題

1 「物心二元論」によって人間と自然の関係はどうなったか、簡潔に答えよ。

2 空欄に適切な語句を入れよ。
合理主義とは［　］的な思考や態度を重視することを指すが、この発想が近代での非合理なものへの軽視につながった。

3 「進歩主義」の説明として不適切なものを次から選べ。
ア 合理主義の精神と深い関わりがある。
イ 循環的な時間意識に基づいている。
ウ 物事は常によい方向に向かっていく。

4 「世俗化」の例として適切なものを次から選べ。
ア 美術作品が教会の中から美術館に移ったこと。
イ 選挙権が平民にまで拡大したこと。
ウ 低俗な考え方が流行すること。

5 「啓蒙《けいもう》主義」に対する反動として生まれた、人間の感性を重んじる芸術的態度を何というか答えよ。

解答　1［例］人間が自然を支配する関係。　2理性　3イ　4ア　5ロマン主義

論理テーマ理解編

近代②

論点 国家とは何か？

410 **国民国家《こくみんこっか》**

同じ国民であるという一体感を持った人々で構成される、近代の国家。

十八世紀頃、〈**中央集権的な体制**〉を目指した西洋の諸国家によって形成された国家観。

411 **市民社会《しみんしゃかい》❶ 個人《こじん》❷**

❶自由で平等な個人からなる社会。
❷自分の意志を持つ理性的・主体的な人間。

❶絶対的王権や宗教的権力を打倒しようとした**市民革命**によって成立した社会のあり方。近代の**民主主義社会**とほぼ同義と考えてよい。

412 **ナショナリズム** [nationalism 英]

国民国家を前提として、自分の所属する国を極端に重んじる態度。

同 **国家主義《こっかしゅぎ》**・**国民主義《こくみんしゅぎ》**・**国粋主義《こくすいしゅぎ》**・**民族主義《みんぞくしゅぎ》**

413 **帝国主義《ていこくしゅぎ》**

軍事力や経済力を背景に他国を侵略して領土を拡大しようとする国家のあり方。

十九世紀末の植民地獲得競争を行った諸国家を想像しよう。

同 **植民地主義《しょくみんちしゅぎ》**

414 **大《おお》きな物語《ものがたり》**

社会全体で共有された、それを追求すると幸福になれると信じられている価値観。

たとえば「科学の発展は人々の生活を豊かにする」という価値観。評論では〈**近代人が描いた物語の失敗**〉を指摘するものが多い。

近代以前では、一つの国家の構成員がもつ、その国家に対する帰属意識→P84は希薄→P50であり、自分の生まれた村や町といった小さな共同体→P162への帰属意識の方が強かった。

だが近代以降、国家同士の争いが多くなると、国家は自国内の人々をまとめ上げて国力を増進させなければ外敵に対処できなくなった。そこで近代国家は国民一人一人に国家への帰属意識を持たせようと、**〈国語の制定〉〈学校制度の整備〉〈国内文化の創出〉**などの施策を行った。こうして、同胞意識を持つ「国民」からなる「国家」、つまり「**国民国家**」が誕生したのである。

〈国民国家の成立〉

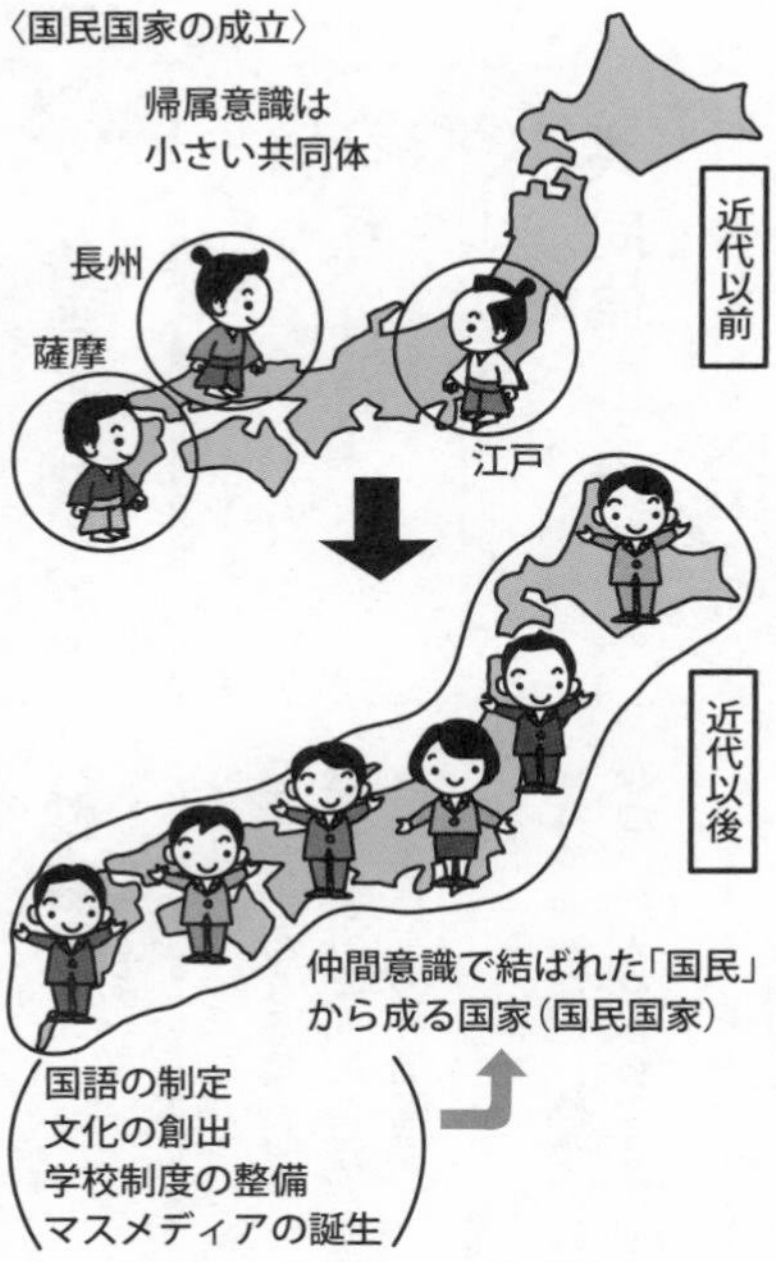

確認問題

1 「国民国家」の本質的要件を次から選べ。

ア　国語の制定。

イ　等質な国民であるという意識の醸成。

ウ　学校制度の整備。

2 空欄に適切な語句を入れよ。

a　市民革命によって理性的・主体的な□からなる市民社会が生まれた。

b　バブル崩壊以前の日本では、「いい大学を出ていい企業に就職し、マイホームを買って子どもにも恵まれ、定年まで同じ会社で勤め上げる」という□が信じられていた。

3 空欄に適切なカタカナ語を入れよ。

国民国家の成立以後、自国に対する帰属意識が極端に高まった結果、□が台頭することもあった。

4 強力な軍事力や経済力を背景に他国を侵略して領土拡大を目指す国家のあり方を何というか答えよ。

解答　**1** イ（これ以外は国民国家を作る手段であり、本質的な要件ではない）　**2** a個人　b大きな物語　**3** ナショナリズム　**4** 帝国主義

社会①

論点 市民社会を生きる

415 **社会《しゃかい》❶ 世間《せけん》❷**

❶個人からなる集合。
❷個人より集団の論理が支配的な日本特有の人間関係。

❶**市民社会**（↓P.160）とほぼ同義で使われる。
❷「本音と建前」「空気を読む」などに象徴される集団の論理が強い日本の人間関係。

416 **共同体《きょうどうたい》**

地縁や血縁など、感情的に強く結びついた人々からなる集団。

近代では〈**閉鎖的・抑圧的なもの**〉だとして批判されたが、現代では〈**社会的連帯の基盤**〉として再評価される向きもある。

417 **封建的《ほうけんてき》**

身分的な上下関係を重視するさま。

個人の自由を束縛するとして非難される。
関 **封建制《ほうけんせい》**＝領主が家臣に土地を与え、家臣は領主に軍役で奉仕する中世の政治制度。

418 **制度《せいど》**

ⓐ社会的に確立された仕組みや決まり。ⓑ人々が暗黙の了解として従っているもの。

ⓐ例裁判員制度、学校制度など。ⓑ例スカートは女性が履くもの、年上には敬語を使うなど。評論ではⓑの使い方が多い。

419 **セックス❶** [sex 英] **ジェンダー❷** [gender 英]

❶生物学的な性。
❷社会的・文化的に決められた男らしさや女らしさ。

❷例男は家の外で働くべき、女は家事ができて当然など。
関 **フェミニズム**＝女性の権利向上、脱男性中心社会を掲げる運動。

西洋近代では、かつて絶対的王権や宗教的権力によって抑圧されていた人々がそれらを打倒し、「市民社会」→P160を成立させた。この市民社会において、人々は〈**理性的・主体的**〉に行動することや、マスメディア→P196が流す情報を〈**合理的・批判的**〉に検討することが期待された。

だが、こうした能動的→P64で自律的→P62な市民はマスメディアの扇動に流される受動的→P64な「大衆」→P196が増えることでその存立基盤が喪《うしな》われつつある→P64（↓P.164「**大衆社会**」）。「市民社会」はあくまで人間の作った**制度**にすぎず、私たちの能動的な社会参加なしには維持→P130できないものであることを自覚→P118すべきだろう。

確認問題

1 「本音と建前」を使い分ける日本社会特有の人間関係を何というか答えよ。

2 「共同体」の説明として不適切なものを次から選べ。
ア 理性的な市民が作り上げるもの。
イ 社会的な連帯を生み出す基盤。
ウ 地縁血縁の結び付きで生まれるもの。

3 「封建的」の説明として適切なものを次から選べ。
ア 個人の意志が尊重されるさま。
イ 身分の上下が厳格であるさま。
ウ 本音でものが言えないさま。

4 「制度」の例として不適切なものを次から選べ。
ア 男は男らしく、女は女らしくあるべきだという考え方。
イ お金は人を不幸にするという価値観。
ウ 父親の言うことは絶対だというかつての親子関係。

5 「ジェンダー」の具体例を挙げよ。

解答 **1**世間 **2**ア **3**イ **4**イ（多くの人々に広く共有された暗黙の了解とはいえない）
5［例］男は家の外で働くべき。

社会②

論点 監視社会時代の到来

420 消《しょう》費《ひ》社会《しゃかい》

生理的欲求としてではなく、社会的な欲望を満たすための消費が広く行われる社会。

自動車を何台も買う人は、「便利な移動手段を買っている」のではなく、〈**センスの良さ**〉〈**裕福さ**〉を買っていると言える。

421 監《かん》視《し》社会《しゃかい》

現代の情報技術の進展や治安悪化などを背景に、人々の行動の監視が強化された社会。

携帯電話のGPS機能、サーチエンジンの検索履歴、指紋などの生体認証など、現代の技術革新は人々の監視を容易にしている。

422 リスク社会《しゃかい》

科学技術の高度化によって、リスク（危険）がかえって増大している社会。

例 原子力発電所の建設に伴う原発事故のリスク、インターネット技術の進展に伴う個人情報流出のリスクなど。

423 格《かく》差《さ》社会《しゃかい》

経済的収入や社会的地位などが階層化し、その差が埋めにくくなっている社会。

「貧困層が貧困層を生む」など、〈**格差が再生産・固定化されている**〉のが問題。格差をどう解消していくのかが課題となっている。

424 大《たい》衆《しゅう》社会《しゃかい》

自律的に判断・行動しない人間（大衆）が大多数を占める、現代に特徴的な社会。

主体性を持たない人間の集まりなので、他者に同調したりメディアに扇動されたりしやすい。

対 **市民社会《しみんしゃかい》**（→P.160）

「**監視**」というと街中に設置された防犯カメラを想起するだろう。しかし現代社会で問題となっている「**監視**」は、人間の身体を監視するだけではない。

たとえば、通販サイトで、自分の検索履歴から「おすすめ」→P20の商品が提案される。便利でありがたいことだと思うかもしれない。だが、これが私たちの〈**欲望**〉という心までもが監視の対象となりつつあることを示しているとしたらどうだろう。現代の**監視社会化**は、人間の身体を超えて人間の内面にまでその監視の目を向け始めているとしたら恐ろしいことではないだろうか。

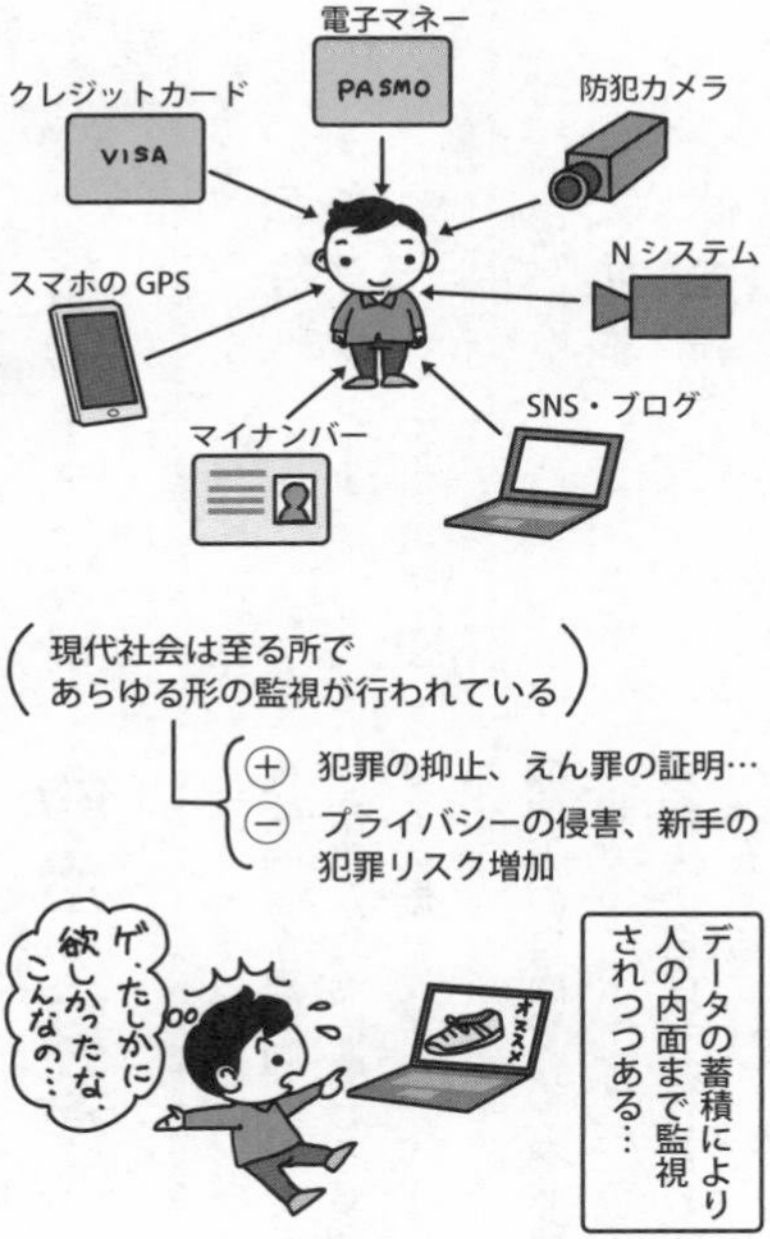
電子マネー
PASMO
クレジットカード
VISA
防犯カメラ
Nシステム
スマホのGPS
SNS・ブログ
マイナンバー
現代社会は至る所で
あらゆる形の監視が行われている
＋ 犯罪の抑止、えん罪の証明…
－ プライバシーの侵害、新手の犯罪リスク増加
データの蓄積により人の内面まで監視されつつある…
ゲ、たしかに欲しかったな、こんなの…
オススメ

確認問題

1 「消費社会」の説明として適切なものを次から選べ。
ア 消費者が安くて良い品を求める社会。
イ 人々がお金を無駄遣いする社会。
ウ 自分の社会的な欲望を満たそうと買い物する社会。

2 情報技術の進展と治安の悪化を背景に人々の行動が不断にチェックされる社会を何というか答えよ。

3 「リスク社会」とはどのような社会か、簡潔に答えよ。

4 「格差社会」の問題点として不適切なものを選べ。
ア 選挙で一票の重みに差が出ること。
イ 経済的・社会的な階層が固定化されてしまうこと。
ウ 格差が再生産されること。

5 メディアに扇動され、自律的・主体的な行動や判断ができない人間が大多数を占める社会を何というか答えよ。

解答 **1**ウ **2**監視社会 **3**［例］科学技術が高度になればなるほどかえって社会的な危険が増大する社会。 **4**ア（これはいわゆる「一票の格差」） **5**大衆社会

政治・経済①

論点 イデオロギーとは何か?

425 デモクラシー [democracy 英]

理性的・合理的判断のできる自由な市民が政治に関わる事柄を決定する体制。民主主義。

十八世紀のアメリカ独立戦争やフランス革命を契機として、絶対的権力による政治に代わるものとして広がった政治制度。

426 個《こ》人《じん》主《しゅ》義《ぎ》❶ 全《ぜん》体《たい》主《しゅ》義《ぎ》❷

❶個人の自由や独立を尊重する立場。
❷個人の自由や独立より国家の利益を図る立場。

❶は民主主義の重要な基盤。❷は、たとえば大戦中のイタリア・ドイツのファシズムや日本の軍国主義的な空気を想起しよう。

427 イデオロギー [Ideologie ド]

政治的・社会的な面で人々の思考や行動を規定している信念。

例資本主義、男性中心主義、西洋中心主義など。評論ではこうしたイデオロギーを〈**固定的な観念**〉だとして批判する文章が多い。

428 資《し》本《ほん》主《しゅ》義《ぎ》

生産手段の私有制に基づいて、利潤の追求を目的とする経済のあり方。

(1)生産手段（土地・設備・原材料など）の私有、(2)市場経済（自由な経済活動）、(3)利潤の追求、が特徴。

429 社《しゃ》会《かい》主《しゅ》義《ぎ》

社会全体が生産手段を共有し、国の管理経済による貧富のない社会を目指す考え方。

(1)生産手段の社会的共有、(2)国家による管理・計画経済、(3)貧富のない平等な社会の実現を追求、が特徴。

私たちは自分が素朴に抱く**イデオロギー**（信念）を絶対化→P10するあまり、対立した信念を持つ相手を排撃しようとしてしまうことがある。これが国家レベルともなると、かつての**東西冷戦**のような状態となるだろう。

ソ連の崩壊により国家レベルの**イデオロギー対立**は終焉《しゅうえん》→P136したと言われていたが、現在起こっている**欧米対イスラム**という構図もまた新たな**イデオロギー対立**と言えるかもしれない。これは**イデオロギー**というものが、それ自体としてではなく、対立関係において初めてその存在意義を持ちうるものであるということを示唆→P80してはいないだろうか。

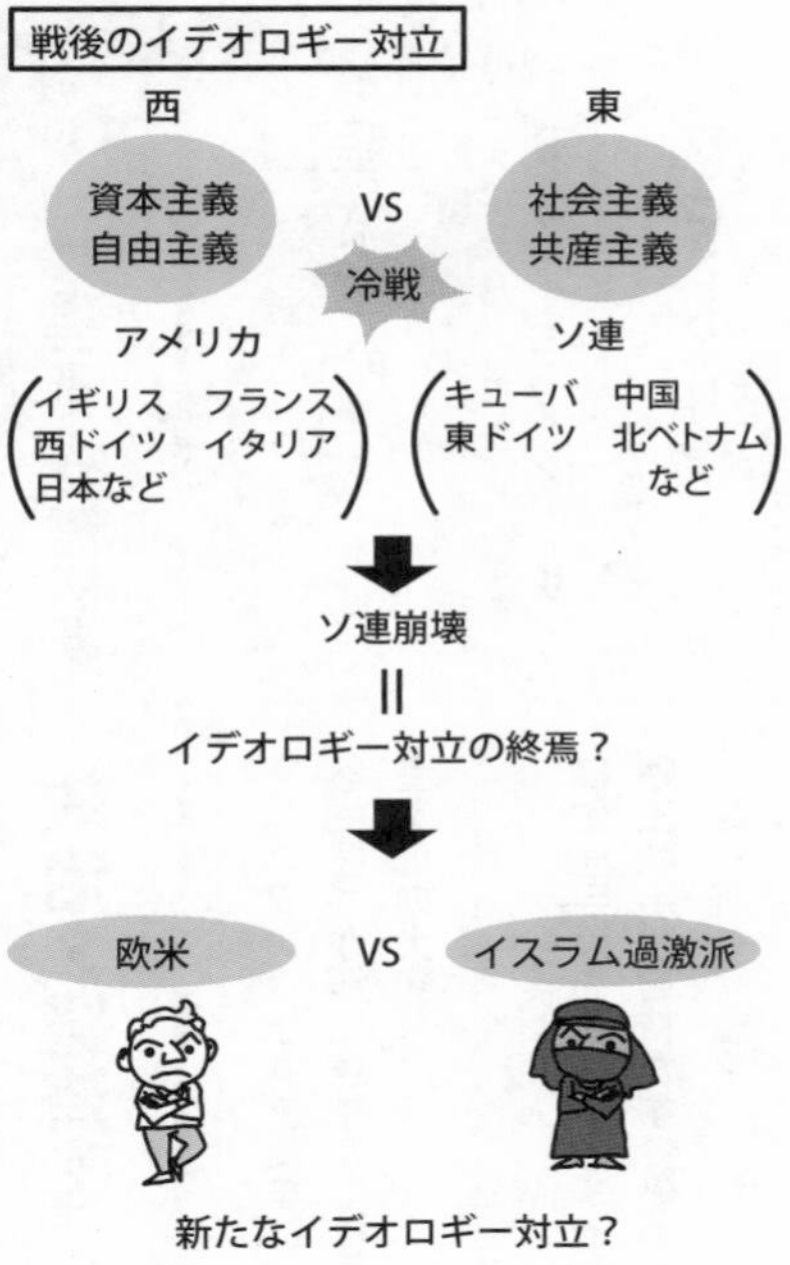

確認問題

1 空欄に適切な語句を入れよ。

民主主義とは、［A］な判断のできる自由な［B］が、政治に関わる事柄を決定していく体制のことである。

2 戦時下などにおける、個人の自由や独立よりも国家の利益を重視するあり方を何というか答えよ。

3 次のうち「イデオロギー」ではないものを選べ。

ア 西洋中心主義　イ 資本主義
ウ 写実主義　エ 男性中心主義

4 次のア〜エについて「資本主義」の説明をA、「社会主義」の説明をBと答えよ。

ア 生産手段の社会的共有。
イ 利潤追求の肯定。
ウ 自由な経済活動の容認。
エ 国家による経済活動の統制。

解答　**1** A＝合理的（理性的）　B＝市民　**2** 全体主義　**3** ウ（芸術的態度なので×）
4 ア＝B　イ＝A　ウ＝A　エ＝B

政治・経済②

論点 **疎外される労働**

430 **産業革命《さんぎょうかくめい》**

マニュファクチュア（手仕事による生産）から工場生産に移行した産業上の大変革。

十八世紀末のイギリスで発生。〈**産業の機械化・工業化**〉〈**商品の大量生産**〉の波は、その後世界的に拡大していった。

431 **ブルジョワジー❶** [bourgeoisie 仏]
プロレタリアート❷ [Proletariat 独]

❶生産手段を私有する資本家。
❷生産手段を持たず労働力を資本家に売る労働者。

産業革命後の資本主義社会の成立に伴ってあらわれた新たな階級差。「**社会主義**」はこの階級差を打破しようとした。

432 **市場《しじょう》**

商品としてのモノやサービスの売買が成り立つ場を抽象的に捉えた概念。

魚や肉を売っている具体的な「いちば」ではない。「しじょう」と読むときは、商取引全般を抽象的に捉えた経済学上の概念を指す。

433 **人間《にんげん》疎外《そがい》**

人間が作り出したものに人間が支配され、本来あるべき姿を失って不幸になること。

「**疎外**」とも。例貨幣という人間が作り出したものが今や人間を支配して、人はお金のためにあくせくして本来の人間性を喪失している。

434 **グローバリゼーション** [globalization 英]

物事が国家という枠組みを超えて地球規模で広がっていくこと。

〈**国民国家を相対化する動き**〉として評価される一方で、〈**文化的・経済的衝突を引き起こすもの**〉として批判されることもある。

産業革命以後、→P166資本主義社会が成立すると**資本家**と**労働者**という階級が発生した。すると、**資本家**は例えば五千円の→P112価値のものから一万円で売れるものを**労働者**に作らせる。**労働者**には賃金として二千円を支給、五千円を次の→P68生産の元手として回収し、残った差額の三千円を**資本家**が利潤として搾取する。こうして**労働者**と**資本家**の間に貧富差が生じ、**労働者**は**資本家**に→P64拘束され続けるばかりか、→P24創造性という労働の→P14本質を失って労働が味気ない賃労働になる。近代人は資本主義という→P162制度を作り出したことで、かえって自由を失い、本来の労働のあり方をも→P68**喪失**している（**人間疎外**）。

イヌ小屋には、やはり裏山の木が一番
ワン！
本来、労働は苦役ではなかった。人は「ものを作る」ことを通して自然と結びつき、自らの創造を「楽しむ」ということが本質としてあった。
資本主義の時代へ
資本家
人件費 2,000円
材料　5,000円
10,000円
10,000円－(2,000円＋5,000円)＝3,000円（資本家の利益）
搾取
・資本家と労働者の貧富差が拡大
・労働が味気ない賃労働になる

確認問題

1 **空欄に適切な語句を入れよ。**
産業革命とは十八世紀のイギリスで発生した、［A］から［B］に移行する産業上の大変革を指す。

2 **「ブルジョワジー」と「プロレタリアート」をそれぞれ漢字三字で言い換えよ。**

3 **経済学でいう「市場」の説明として適切なものを次から選べ。**
ア　商品を生産する場。
イ　具体的に商品が売買される場所。
ウ　商取引が成立する場についての抽象的な概念。

4 **人間が作り出したものに人間が支配され、本来あるべき姿を喪失してしまうことを何というか答えよ。**

5 **「グローバリゼーション」に対する批判にはどのようなものがあるか、簡潔に答えよ。**

解答　**1** A＝マニュファクチュア　B＝工場生産　**2** ブルジョワジー＝資本家　プロレタリアート＝労働者　**3** ウ　**4** 人間疎外（疎外）　**5**［例］文化的・経済的衝突を引き起こす。

政治・経済③

論点 公正な社会の実現のために

435 ポピュリズム [populism] 英

大衆の立場に立ち、エリートや既存体制を批判し、大衆の支持を得ようとする政治姿勢。

大衆（↓P.196）の政治参加を促し、〈**既存の政治体制に変動をもたらす**〉反面、エリートの排撃によって〈**社会的対立を生みだす**〉という一面もある。

436 ネオリベラリズム（新自由主義） [Neoliberalism] 英

個人や市場への政府の介入を最小限にし、個人の自由や市場の原理を重視する立場。

自由競争で一部が富裕化すれば、中間層・貧困層の所得も上昇するとされるが、実際には**貧富の差が拡大している**という批判がある。

437 リベラリズム（自由主義） [liberarism] 英

個人の自由を保障しながら、富の再分配などを通じて不平等を是正しようとする立場。

ある地位や職業につくための**機会を均等に保障**し、最も恵まれない人の生活を**富の再配分によって改善**していこうとする考え。

438 リバタリアニズム（自由至上主義） [libertarianism] 英

個人の所有権への国家の介入や、市場への国家の介入を最小限にしようとする立場。

国家権力の役割を**警察権・司法権に最小化**して、経済活動は**個人や市場の自由な営み**に任せようとするもの。「**新自由主義**」と重なる。

439 コミュニタリアニズム（共同体主義） [communitarianism] 英

個人の自由を中心に考えるのではなく、自らの生きる共同体の倫理を重んじる立場。

共同体（↓P.162）から切り離された「**個人**」（↓P.160）が自由に生きるのではなく、**共同体**の美徳に従って生きることで公正な社会が実現できるとする考え。

より公正・平等な社会の実現のためにはどうするべきかを考究していく政治哲学という学問がある。**リベラリズム・リバタリアニズム・コミュニタリアニズム**という三つの立場が主流だが、ここでは**リベラリズム**について考えてみよう。

哲学者ジョン・ロールズは、自分の出身や社会的な地位や財産などを何も知らない「**無知のヴェール**」という状態を仮定して、公正な正義が実現する社会とは何かを考え、ある原理を導き出している（左図参照）。

政治哲学は、社会のあり方を根本から反省的に考えるきっかけにもなる。**リバタリアニズム**や**コミュニタリアニズム**についてコラム（→P.210）を参考に理解を深めておいてほしい。

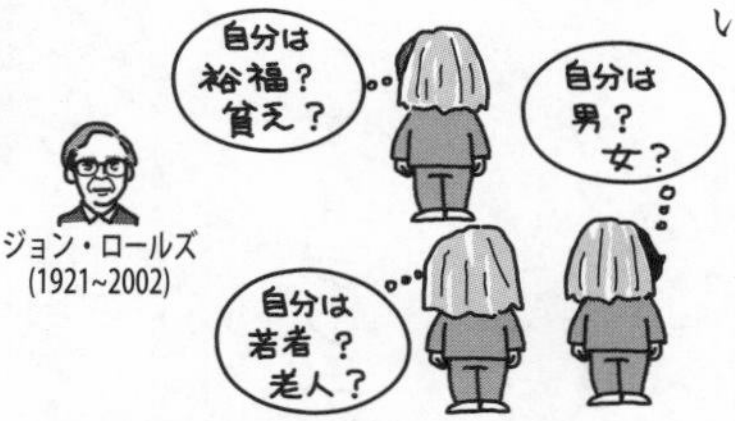

各人が自分の能力や境遇について 全く知らない「原初状態」を想定してみる（一種の思考実験）

↓ 自分が抑圧・排除されるかもしれない可能性の中で社会の公正なあり方を考えるべき

リベラリズム

① 基本的自由の原理
……思想・良心・言論は自由であるべきだ

② 機会均等の原理
……誰もが自由に競争のためのスタートラインに立てるようにすべき

③ 格差原理
……②によって生まれた格差は不遇な人々の生活を改善するためにあるべき

確認問題

1 ポピュリズム的な政治のデメリットを挙げよ。

2 「ネオリベラリズム（新自由主義）」と関わりの深い立場を次から選べ。

ア　リベラリズム
イ　リバタリアニズム
ウ　コミュニタリアニズム

3 a~cはどのような立場を説明したものか、それぞれ後から一つずつ選べ。

a　個人の所有権への国家の介入や、市場への国家の介入を最小限にしようとする立場。

b　個人の自由を中心に考えるのではなく、自らの生きる共同体の倫理を重んじる立場。

c　個人の自由を保障しながら、富の再分配などを通じて不平等を是正しようとする立場。

ア　リベラリズム
イ　リバタリアニズム
ウ　コミュニタリアニズム

解答　**1**［例］社会的な対立が生じやすい。［例］独裁者を生みだしやすい。
2イ　**3**aイ　bウ　cア

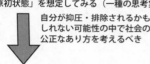

心理①

論点 無意識に規定される人間

440 アイデンティティ [identity 英]

ⓐ自分が自分であるという意識や確信。自分らしさ。ⓑ存在理由。

アイデンティティは、自己の内面と向き合うだけでなく、**〈他者との関わりを通してこそ見出される〉**と論じる文章は頻出。

441 カタルシス [katharsis ギ]

抑圧された感情が、あることをきっかけにすっきり解消されること。浄化。

たとえば、泣ける映画を観《み》て悲しみが癒やされた、あるいは友達に愚痴をこぼしたら怒りが収まった、という経験を思い起こそう。

442 倒錯《とうさく》

ⓐ本来あるべき順序や関係が逆転すること。ⓑ本来の姿からかけ離れていくこと。

例 ストーカーの犯人のように**〈相手が好きすぎて逆に危害を加える〉**のは、「倒錯した愛情」としばしば形容される。

443 ナルシシズム [narcissism 英]

自分に対して過剰に愛着を抱くこと。

同 **自己愛《じこあい》・自己陶酔《じことうすい》**

444 意識《いしき》❶ 無意識《むいしき》❷

❶物事を認識する心の動き。
❷普段は特に意識されない、人間の行動を規定する心の領域。

❶「主観」「自我」とほぼ同義。❷フロイトやユングの精神分析学では、夢占いなどによって人間の無意識が人間の行動や心理状態を規定していることを明らかにしようとした。

近代社会において、人間は**〈理性的・合理的な思考〉**にのっとっていれば、豊かな社会が実現できると考えていた。こうした近代的な人間像に疑問を投げかけたのが精神分析学者のフロイトである。

彼によれば、人間は無条件に理性的ではなく、「**無意識の欲望**」→P54に突き動かされて行動することもある存在であるという。確かに、近代以降の世界大戦やホロコースト（大虐殺）などは、およそ人間理性の所産とは言いがたい。こうしたフロイトの考えは**〈人間理性に対する懐疑〉**を向けようとした後の思想家たちによって高く評価されることになった。

〈近代社会の理想〉
ありがとう！
あなたに投票するよ
これ、欲しいわ！
おしゃれな服
人間の理性的判断
科学は生活を豊かにします！
理性が幸福を導くんだね
科学者
しかし…
〈実際は…〉
ほら、入れ！
アウシュヴィッツ収容所
〈原爆投下〉
〈ホロコースト〉
理性的判断
（抑圧）
無意識の欲望

確認問題

1 自分が自分であるという意識を何というか、カタカナで答えよ。

2 「カタルシス」の例として適切なものを次から選べ。
ア 好物のケーキを食べて満足すること。
イ 恋の悩みを友人に聞いてもらってすっきりすること。
ウ 現実逃避をして趣味に没頭すること。

3 空欄に入る適切な語句を後から選べ。
テスト期間中に勉強せずに、テスト後に勉強に気合いが入り出すのは［　　］的としか言いようがない。
ア 観念　イ 無機
ウ 倒錯　エ 演繹《えんえき》

4 自分に対して過剰に愛着を抱くことを何というか、カタカナで答えよ。

5 フロイトが提示した「無意識」の概念が持つ哲学的意義はどのような点にあるか、簡潔に答えよ。

解答 **1**アイデンティティ **2**イ **3**ウ **4**ナルシシズム **5**［例］人間の理性の限界を示した点。

心理②

論点 エゴイズムは本当に悪か？

---

445 **フェティシズム** [fetishism] 英

ⓐ特定のものへの過度な愛着。ⓑ人間が作り出したものに人間が支配されること。

評論ではⓑの意味が重要。**人間疎外**（→P.168）に近い意味を持つ。例金銭の概念は人間が作ったものだが、それに人間が支配されている。

同**物神崇拝《ぶっしんすうはい》**・**呪物崇拝《じゅぶつすうはい》**

---

446 **アンビヴァレンス** [ambivalence] 英

一つの物事に相反する感情を同時に抱くこと。アンビバレンス。

ドイツ語の「アンビヴァレンツ」に由来する。例スポーツ万能の秀才に〈**憧れ**〉と〈**嫉妬**〉という正反対の感情を同時に抱くなど。

---

447 **内面化《ないめんか》**

外部の知識や技能を完全に自分のものとすること。

例パソコンのキーボードで文章をスラスラ入力できる状態になる、数学の解法を思い出さずとも自然と解ける状態になるなど。

---

448 **自己目的化《じこもくてきか》**

ある目的のための手段自体が目的になり、本来の目的を見失うこと。

例ダイエットのために始めたジョギングが趣味になる、議論がだらだらと続くだけで本来の議題からそれていってしまうなど。

---

449 **エゴイズム** [egoism] 英

自分の利得だけを考えて行動するさま。利己主義。自己中心主義。

人間のエゴイズムを主題とした小説は数多い（夏目漱石『こころ』など）。

エゴイズムと聞くとすぐさま〈**悪いイメージ**〉を思い浮かべる人が多いだろう。しかし、自分の利己的な行動が仮に社会的に利益をもたらせば自分や他人にも〈**利益となって返ってくる**〉であろうし、あるいは利己的な行動が自分に不利益となって返ってきた場合は自分自身のあり方を見つめる〈**倫理的契機**〉ともなりえよう。

これらに鑑みると、利己的な行動の全てを〈悪〉と決めつけるのは早計だろう。哲学的・思想的に示唆→P.80に富む問題であるため、古今東西の哲学者や文学者たちがこの**エゴイズム**というものに立ち向かっていった事情もうなずける。

エゴイズム
金さえあれば何もいらないぜ
どんどん使うぞ！
＋
ワーイ!!
景気がよくなった!!
エゴイズム的な行動が社会的利益をうむ
−
ゴメンよ、どうかしてたオレ……
スッカラカン
言わんこっちゃない……
エゴイズムは自分をみつめる倫理的契機となりうる

確認問題

1 人間が作り出したものなのに、かえってそれに人間が支配されることを何というか、カタカナで答えよ。

2 心霊現象を怖いものと感じる一方で、それを見てみたいと興味もそそられるような心理状態を何というか、カタカナで答えよ。

3 「内面化」の具体例を挙げよ。

4 「自己目的化」の例として適切なものを次から選べ。

ア 辛いものを食べているうちに舌が慣れてきて辛みを感じなくなること。
イ 大学合格を目指しているのに、勉強しなくなること。
ウ 包丁を研ぐのに熱中して魚をさばくということを忘れてしまうこと。

5 自分の利益を求めることばかりに心奪われ、他者のことを顧みない態度を一般に何というか、カタカナで答えよ。

解答 **1**フェティシズム **2**アンビヴァレンス **3**［例］レシピを見なくても料理が作れるようになること。
4ウ **5**エゴイズム

教育・家族

論点 子ども観の変容

450 モラトリアム [moratorium 英]

成熟した大人になるまで社会的責任を猶予された青年期におけるある時期。猶予期間。

前近代では子どもは儀式などを受ければすぐに大人になれたが、近代以降、高校・大学などの**モラトリアム**期が生じた。

451 〈子ども〉の誕生

近代以降、大人の保護・教育を受ける純真な子ども像が現れたこと。

近代以前は子どもは大人と同じように働き、飲酒や喫煙もした、いわば〈**小さな大人**〉であった（↓P.177）

452 パターナリズム [paternalism 英]

知識・権力などのある者がそれらを持たない者に干渉し支配すること。父権主義。

例 親子関係、医師と患者の関係など。それを批判する文章が多いが、知識のない者の利益を保護するものとして評価されることもある。

453 核家族《かくかぞく》

夫婦のみ、あるいは夫婦とその未婚の子どもだけからなる家族。

近代以降の都市化の進行に伴って増加した家族形態。複数世代との共生による**相互扶助原理の解体現象**として論じられることがある。

454 少子高齢化《しょうしこうれいか》

女性の社会進出や医療技術の進展等を背景に、少子化と高齢化が同時に進行すること。

生産年齢人口（15～64歳）の減少による経済停滞、社会保障に対する現役世代の負担増などが問題点。

フランスの歴史家アリエスによれば、中世西洋には「子ども期」は存在せず、子どもだからという理由で飲酒や恋愛が禁じられることはなかったという。子どもは「子ども」ではなくあくまで**〈小さな大人〉**に過ぎなかった。

しかし近代になると、子どもは**理性**→P54や道徳を教え込まれるべき存在として扱われ始める。子どもは家庭では愛情を注がれながら道徳をしつけられ、学校では理性をたたき込まれる存在として「子ども期」を生きるようになったのだ。私たちが考える**純真で愛情の対象となる「子ども像」**は自然ではなく、**〈制度〉**→P162なのだ。

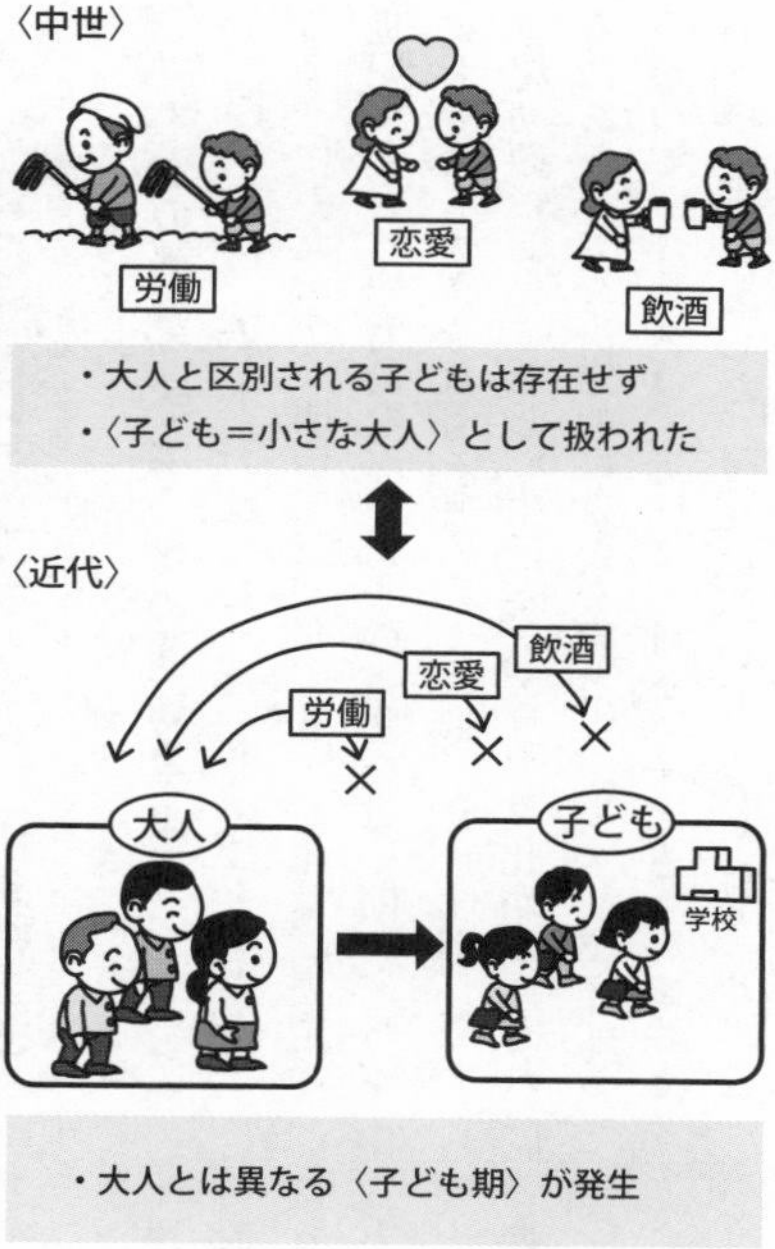

確認問題

1 子どもから大人への過渡期として、近代以降出現した人間発達の段階を何というか答えよ。

2 空欄に適切な語句を入れよ。

近代以前、子どもは大人と同等に扱われる〈　　〉であった。

3 「パターナリズム」ではない事例を次から選べ。

ア 学校の教師が生徒の志望校の決定に口を挟むこと。

イ 警察が相談に来た被害者の話を聞かないこと。

ウ 医師が患者の意見を聞かずに勝手に処置を決めること。

4 「核家族」の定義を簡潔に答えよ。

5 「少子高齢化」の問題点を簡潔に説明せよ。

解答　**1** モラトリアム　**2** 小さな大人　**3** イ　**4** ［例］夫婦のみか、夫婦とその未婚の子どもだけからなる家族。　**5** ［例］生産年齢人口の減少により経済が停滞したり、現役世代の負担が増えたりする点。

文章で語彙力チェック⑤（社会科学系）

問題 **次の評論を読んで、後の問に答えよ。**

二〇世紀は、子どもの世紀だった。そのことを象徴するように一九〇〇（明治三三）年、E・ケイ*は『児童の世紀』という予言的なタイトルの書物を世に問い、日本においても大きな反響を呼んだ。実際、子どもは、二〇世紀初頭において新しい生活とメディア文化が形成されるにあたって、決定的に重要な鍵となったのである。

かつてアリエス*は、近代における「子ども」の誕生という事実を指摘した。近代において子どもは、「小さな大人」や労働力ではなく、大人とは異なる独自の存在であると見なされ、愛情の対象として捉えられるようになっていったのである。

近代日本において、アリエス的な意味での「子ども」が誕生するきっかけとなったのは、都市新中間層の形成だった。しかも、①「子ども」なるカテゴリーや知識が誕生したこととは、もっと巨大な社会変動と社会意識の変容に即応したものだった。

遠藤薫*によれば、「子ども」の誕生とは、一九世紀後半から二〇世紀初頭にかけての聖なる世界の□と対応していた。伝統的な共同体の生活を律していた宗教的規範が衰退するなかで、世俗的な②国民国家は人々を「国民」として再形成していく必要があった。そのための装置となり、国民国家の基礎単位としての機能を果たすようになっていったのが、家族である。そして、家族の要として位置付けられたのが「子ども」だった。遠藤は、「子ども」をめぐる世界認識上の〈聖なるもの〉の位置の転回を以下のように説明している。

〈近代における「子ども」の誕生とは〉かつては、個人の外部に家族があり、家族の外部に共同体があり、共同体の外部に〈聖なるもの〉（宗教）が存在するという秩序構造であったのに対し、家族が共同体から自律し、すなわち共同体によって規定されることをやめ、むしろ、家庭の内なる〈子ども〉を焦点として結ばれる像となったことを意味している。いいかえれば、〈聖なるもの〉が〈子ども〉に内在するものへとその位置を逆転させたことを意味しているのである。

近代における「子ども」は、伝統的な共同体がもつ秩序を解体し近代社会が成立していくプロセスのなかで、家族の中心に位置付けられ、聖なる価値を担うことになったのだ。それは、かつての伝統的な社会における宗教的な聖なる価値が、子どもへと転移していったことを意味するものだった。端的にいえば、③子どもこそが、近代の大人にとっての「生きがい」となったのであり、親たちは我が子のためになら「死ねる」ようになったのである。

（周東美材『童謡の近代』）

［語注］＊Ｅ・ケイ…スウェーデンの社会思想家、教育学者。
＊アリエス…フランスの歴史家。＊遠藤薫…日本の社会学者。

問一 読解 近代以前における「子ども」はどのような存在とみなされていたか。それを端的に述べた箇所を本文から十字以上十五字以内で抜き出せ。

問二 読解 傍線部①とあるが、「『子ども』なるカテゴリー」が「誕生」したとはどういうことか。それについて端的に述べた箇所を、本文から四十五字以内で抜き出し、最初の五字を記せ。

問三 語句 空欄□に入る語として最も適当なものを次から選べ。

ア 対象化　　イ 世俗化
ウ 都市化　　エ 呪術化

問四 語句 傍線部②を説明したものとして最も適当なものを次から選べ。

ア 言語・文化・歴史などを共有する「国民」としての一体感を持つ人々から構成される国家。
イ 伝統的な共同体を基盤としながら、一人一人が「国民」という意識を内面化している国家。
ウ 古い価値観を捨てて、新たな秩序を作り出そうとする国民運動の機運が高まっている国家。
エ 子どもから聖なる価値を剝奪し、彼らに国民としての意識を注入し教導しようとする国家。

問五 読解 傍線部③とあるが、その根拠として関係のないものを次から一つ選べ。

ア 都市中間層の形成
イ 近代における宗教的規範の衰退
ウ 国民国家の基礎単位としての家族の誕生
エ 伝統的な社会における宗教的な聖なる価値

◆重要語フィードバック（問題文にある重要語を再確認！）

象徴（➡P.156）　「子ども」の誕生（➡P.176）
意識（➡P.172）　カテゴリー（➡P.106）　世俗化（➡P.158）
共同体（➡P.162）　国民国家（➡P.160）

＊色字は既出語

解答　問一「小さな大人」や労働力　問二大人とは異　問三イ　問四ア　問五エ
解説　問五第5段落で「伝統的な社会における宗教的な聖なる価値」について述べている。

身体

論点 身体の「復権」

455 心身二元論《しんしんにげんろん》

人間を、精神と身体とに分け、身体よりも精神を上位に位置づける考え方。

物心二元論（↓P.158）を人間の身体と精神に当てはめたもの。近代では精神よりも身体が下位に位置づけられたので、〈**身体軽視**〉の発想が拡大した。

456 身体知《しんたいち》

精神・理性などとは無関係に、〈体が覚えていること〉。

自転車に何年も乗っていない人が何年たっても乗り方を忘れていないことがある。まさに〈**体で覚えた知**〉である。

457 間身体性《かんしんたいせい》

ある人の身体のありようが他人の身体との関わりにおいて規定されること。

身体が自分の**理性的意志とは無関係に**立ち現れることがある。例周りの拍手［＝他者の身体］につられて自分も拍手をしてしまう。

458 身体能力の外部化《しんたいのうりょくのがいぶか》

身体の機能の一部を道具などの外部的なものとして実現すること。

例爪や歯がハサミやナイフに、目が望遠鏡に道具化されること。広義には、計算能力が計算機になるなど精神的な機能拡張にも言う。

459 身体感覚《しんたいかんかく》

感覚的に伸縮する身体意識。

例自動車を自分の体のように扱うプロドライバー（**身体の拡大**）、交通事故で動かせなくなった足（**身体の縮小**）。拡大も縮小もする。

近代哲学では**物心二元論**（↓P.158）の発想が人間存在自体にも当てはめられ、理性→P54や合理性を司る〈**精神**〉→P20と、理性を持たない〈**身体**〉→P20とに分離された〈**心身二元論**〉。その結果、近代では身体は機械的なモノ同然に扱われ、理性の働きによってそれを支配・解明されるべきものとなった。

ところが、精神的ストレスが身体的症状としてあらわれる現象→P14、他者の身体の影響を受けて自分の身体が反応したりする**間身体性**→P146の問題などが注目されるようになり、近年では〈**心身分離**〉〈**身体軽視**〉の発想に反省が迫られつつある。

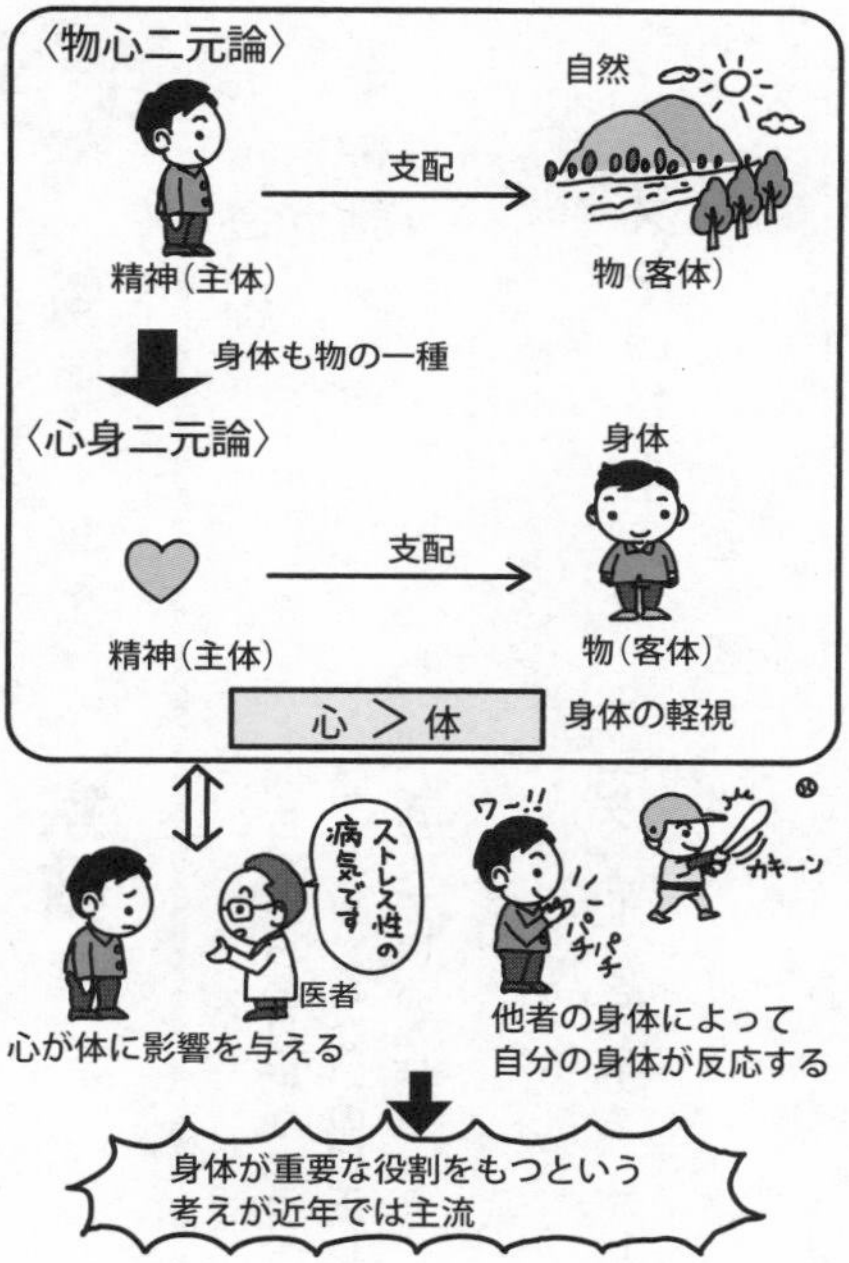

確認問題

1 「心身二元論」では精神と身体のどちらが上位に位置づけられるか答えよ。

2 「身体知」の具体的事例を挙げよ。

3 「間身体性」の例として適切なものを次から選べ。
ア　プロ野球選手の迫力あるプレーを見ていたら、思わず体に力が入ってしまった。
イ　友達が語る夢に触発されて自分も医者を志した。
ウ　ホラー映画を見てトイレに行けなくなった。

4 次のア～ウについて「身体能力の外部化」の例をA、「身体感覚」の例をBと答えよ。
ア　自分の腕のようにラケットを扱うテニス選手。
イ　自分の身体の一部であるかのように駐車するドライバー。
ウ　人間の目の機能の代わりを果たすテレビ。

解答　**1** 精神　**2**［例］久しぶりに車の運転をしたが、それなりに安全に運転できた。／パソコンのキーボードを見なくても文字が素早く入力できる。　**3** ア　**4** ア＝B　イ＝B　ウ＝A

第3章

論理テーマ理解編

宗教

論点　宗教は文化を映す鏡

460
神話《しんわ》

ⓐ古くから語り継がれる神々の物語。ⓑ根拠もないのに正しいと信じられている事柄。

評論ではⓑが大切。「科学技術の安全神話が崩壊した」などのように否定的に使うことが多い。

461
コスモロジー
[cosmology 英]

ある文化・民族がもっている世界観。

例〈**自然を科学的に解明できる**〉と考えるのは現代人のコスモロジー、一方、〈**世界を神によって説明する**〉のが前近代の人々のコスモロジー。

462
アニミズム
[animism 英]

万物には精霊が宿っているという世界観。

ラテン語のアニマ anima（霊魂、精霊）+〜ism が語源。原始社会の宗教はアニミズムから生まれたとされる。

463
一神教《いっしんきょう》❶　多神教《たしんきょう》❷

❶唯一の神だけを認めてそれを信仰する宗教。
❷多くの神の存在を認める宗教。

❶例キリスト教、ユダヤ教、イスラム教など。
❷例神道、ヒンドゥー教など。

464
造化《ぞうか》

ⓐ天地や万物の造物主。ⓑ造物主によって作られた天地自然。

「万物を創**造**化育する」が原義で、万物をつくりだす造物主（神など）や、造物主によってつくられた天地・自然・宇宙を指す。

現代では自分のことを「無宗教」だと考えている人が多くなっている。確かに、クリスマス、七五三などの行事を宗教的行為だと自覚して行っている人は多くはないだろう。

しかし、宗教→P.18にはそれを信じる人々の**コスモロジー**が反映されている。彼ら（私たち）が世界とどのように関わっているかについて問うとき、宗教へと考察の眼《め》を向ければ**〈多くのヒント〉**を得ることができる。世界中にある様々な宗教を知ることは、世界の多様→P.16な**コスモロジー**を知ることに、ひいては自分たちのありようを相対化→P.10するきっかけにもなるはずだ。

宗教は人々の生活やものの考え方と深く関わっている。異文化理解のための一つのアプローチとして、宗教学の果たす役割も大きい。

確認問題

1 根拠もないのに人々が正しいと信じ込んでいる事柄を比喩的に何というか答えよ。

2 ある文化・民族が持っているそれぞれの世界観のことを何というか、カタカナで答えよ。

3 万物には精霊が宿っているとみなす世界観を何というか、カタカナで答えよ。

4 次のア〜オについて「一神教」をA、「多神教」をBとせよ。
ア ユダヤ教　イ 神道
ウ キリスト教　エ ヒンドゥー教
オ イスラム教

5 神などの造物主や、その造物主が作った天地自然などを指す言葉を何というか答えよ。

解答　**1**神話　**2**コスモロジー　**3**アニミズム　**4**ア＝A　イ＝B　ウ＝A　エ＝B　オ＝A　**5**造化

文学・芸術①

論点 文学は飢えた子どもを救えるか？

465 叙情《じょじょう》❶ 叙事《じょじ》❷

❶感情や情念を表現すること。抒《じょ》情《じょう》。
❷事実を述べること。

関 叙情詩《じょじょうし》＝自らの情念をうたった詩。
関 叙事詩《じょじし》＝歴史的な出来事や英雄などをうたった詩。

466 散文《さんぶん》❶ 韻文《いんぶん》❷

❶韻律に制限のない通常の文章。
❷韻律に制限のある文章。

❶例日常会話、手紙、論文、小説などで使われる文。❷例俳句や和歌、漢詩など、音数や押韻や季語などの決まりがある文。

467 虚構《きょこう》

本当はなかったことをあたかも事実であるかのように見せかけたもの。フィクション。

小説の多くは虚構。だが、作者の実体験や実人生に基づいて書かれた小説（**私小説**、**心境小説**）もある。

468 モチーフ [motif 仏]

文学をはじめとしたあらゆる芸術的営為のきっかけとなるもの。

簡単にいえば「創作の動機」。例美しい富士山を見て、山の絵を描きたいと思ったとき、「富士山を見た」そのことがモチーフ。

469 デカダンス [décadence 仏]

ⓐ退廃的（不道徳、不健全）な芸術。ⓑ不健全で怠惰な生活態度。

フランス語で「退廃」を意味するdécadenceから。文学・芸術の文脈で使われればⓐ、「デカダン」と表されたときはⓑの意味。

かつて哲学者サルトルは「飢えた子どもの前で文学は無力か」と問うた。サルトル自身の答えは**〈悲惨な現状を正しく見つめ、それを問い質《ただ》すことができる文学がありうるなら、現状の変革を間接的に促しうる以上、無力ではない〉**というものであった。

だが、**虚構性**→P44を前提とする文学に果たしてどこまで**〈現実に関わる力〉**→P112があるのか、また、文学が娯楽性・商業性でその価値が測られるものとなっている現代において、そうした**〈現状変革の力〉**を文学は持ちうるのか、ということについては議論の余地があろう。

J.P. サルトル
(1905〜1980)
飢えた子どもの前で文学は無力か？
文学
〈サルトルの答え〉
間接的にだが、力はあるのだ!!
文学
これは何とかしないと!!
変革
批判
娯楽と堕した文学に力は本当にある！？

確認問題

1 次のア・イについて「叙情詩」についての説明をA、「叙事詩」についての説明をBと答えよ。
ア 自分の想いを表現した詩。
イ 伝説などをうたった詩。

2 「韻文」ではないものを次から選べ。
ア 俳句　イ 随筆
ウ 漢詩　エ 短歌

3 空欄に適切な語句を入れよ。
小説とは、実際にはなかったことをあたかも事実であるかのように見せかけたものであるという点で□である。

4 芸術作品を創作する際に、創作の動機となるものを何というか、カタカナで答えよ。

5 不道徳で不健全な芸術を指す、フランス語で「退廃」を意味する言葉を何というか答えよ。

解答　**1**ア＝A　イ＝B　**2**イ　**3**虚構（フィクション）　**4**モチーフ　**5**デカダンス

文学・芸術②

論点 複製芸術の可能性

複製芸術（美術全集やＣＤ）の発達によって、〈**芸術作品がアウラを喪失した**〉というのは芸術論の文章では頻出。

---

470 **アウラ** [aura ラ]

芸術作品の唯一無二さや神聖さから生じる畏敬・畏怖の感覚。

---

471 **オリジナル❶** [original 英] **コピー❷** [copy 英]

❶複製に対する「本物」。
❷「本物」の複製。

旅行ガイド本（コピー）で確かめてから現地（オリジナル）へというように、必ずしもオリジナルに優位性があるわけではない。

---

472 **近代芸術《きんだいげいじゅつ》**

芸術家が美的な想念やメッセージを込めた独創的な作品を創作する近代の芸術。

前近代では、美は神に属するものとされ、画家はその美を取り出す〈**補助者**〉にすぎなかった。「**作者**」の概念は近代になって現れた。

---

473 **リアリズム❶** [realism 英] **マンネリズム❷** [mannerism 英]

❶写実主義。
❷型にはまって斬新さや独創性を喪《うしな》うこと。マンネリ。

❶十九世紀に西洋芸術で現れた、空想・理想を排してありのままの現実を描こうとする動き。**ロマン主義**（↓P.158）への反動。

---

474 **遠近法《えんきんほう》**

人間の視点を中心として、遠いものを小さく、近いものを大きく描く絵画技法。

現在では、〈**自分にとって価値のあるものとないものとの区別をつける**〉という、人間の持つ世界認識の意味に転用されることがある。

複製芸術の発達に伴って、芸術作品の持つ神聖さが失われると批判されることがある。確かに、その唯一性に由来する「**アウラ**＝〈**ありがたみ**〉」は芸術鑑賞の醍醐味《だいごみ》（深い味わい）→P134の一要素かもしれない。だが、その神聖さゆえに芸術は政治的・宗教的な権力の道具としても利用されてきたのである。

とすれば、複製芸術によって芸術作品が開かれたものになりつつある事態は、芸術の〈**民主化**〉をもたらし、人々を権威から解放→P64する可能性を秘めていないだろうか。複製芸術はその負の側面のみならず、正の側面からも正しく検討されるべき問題なのである。

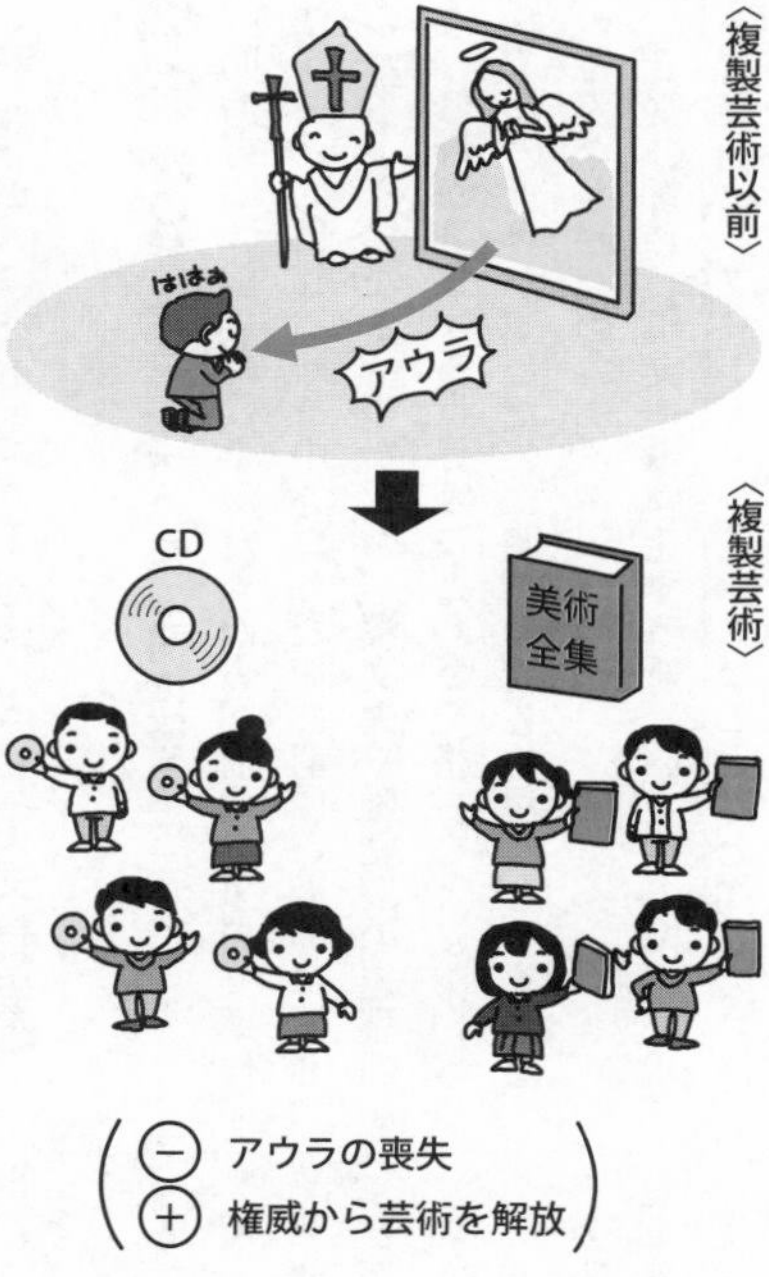

確認問題

1 芸術作品が持つ神聖さから生じる畏怖の念を何というか、カタカナで答えよ。

2 「コピー」と「オリジナル」の優位性が転倒した例を一つ挙げて説明せよ。

3 「近代芸術」と関わりのないものを次から選べ。

ア 一点制作　**イ** 独創性
ウ 作者の存在　**エ** 神による美の支配

4 「写実主義」はどのような芸術的態度に対する反動として生まれた芸術的態度か、答えよ。

5 「遠近法」という語の転用的な例として適切なものを次から選べ。

ア 自分たちの価値観を絶対のものと考え、それ以外の価値観を軽視する態度。
イ 遠いものを小さく、近いものを大きく描くこと。
ウ 遠い未来のことよりも近い未来のことを最優先に考える態度。

解答　**1** アウラ　**2**［例］ＣＤを聴いて好きになったアーティストのコンサートに行く。　**3** エ
4 ロマン主義　**5** ア

文章で語彙力チェック⑥ (人文科学系)

問題 次の評論を読んで、後の問に答えよ。

明治も二〇年代の後半あたりから、前代以来の文章作法が、とくに知識層を中心にしだいに窮屈なものに感じられるようになる。すなわち、漢文調や雅文調の定型的な(a)修辞が表象する世界、ことわざや格言などに集約される知の世界が、しだいに明治の新しい現実とそぐわないとみなされたのである。

日常の新しい現実を主題化する新しい文章の模索は、不可避的に①*フォーミュライックなことばと知との対決となる。それは要するに、近代以前の社会関係を支えていた倫理や法からの逸脱を意味していた。

「言」と「文」の一致、すなわち文章の日常口語化の必要性が広く認識されるようになるのは、明治二〇年代末の日清戦争後である。日清戦争を機に急速に発展した□経済は、それまでの労働・生産関係を一変させ、前代以来の家産制にもとづく社会関係、すなわち血縁的・地縁的な共同体規制を急速に過去のものとした。

言文一致体が教育現場に広く浸透したのは、明治三六年に発行された第一次国定国語教科書からである。言文一致教材を大幅に取り入れたこの教科書は、また「標準語」の確立と方言の撲滅を目標として掲げた。それまで停滞していた就学率は、明治三〇年代には五〇パーセントを超え、三〇年代後半にかけて急上昇してゆく。そして「標準語」の教育と、それをベースにした言文一致体の文章とが普及してゆくのとほぼ時期的に並行して、近代小説の文体が言文一致体文学として成立することになる。

文章作法の変化(というより崩壊)は、前代以来の社会関係の根本的な転換を意味していた。この時期の自然主義文学が題材としたのは、②封建的な家社会への帰属意識を失った孤独な個人である。そして自然主義文学の台頭と時期的に並行して、東京・大阪などの都市下層は、家社会・村社会という外皮を失ってむきだしとなった都市の不安定な③大衆が生み出されてゆく。

在来の共同体規制が急速に失われてゆく明治三〇年代は、近代に誕生した大衆が、国民(ネーション)という新たな共同体へ編成されてゆく時代でもある。近代におけるナショナルな大衆の成立と、自然主義作家たちによって孤独な「自分」が主題化されたことは、④一つの現象の表と裏であった。

(兵藤裕己『思想の身体』)

[語注]*フォーミュライック…方式。形式。公式。

問一 語句 傍線部ⓐの意味を次から選べ。

ア 文章を飾る技巧　イ 文法規則

ウ 古めかしい文体　エ 文学的感性

問二 読解 傍線部①とあるが、それを具体的に述べた箇所を四十五字以内で抜き出し、最初の五字を記せ。

問三 語句 空欄［　］に入る語として最も適当なものを次から選べ。

ア 民主主義　イ 社会主義

ウ 共産主義　エ 資本主義

問四 読解 傍線部②とあるが、これはどういう意識か。その内容として最も適当なものを次から選べ。

ア 上下関係に基づいて構成される「家」やそれを単位として成り立つ社会の一員であるという意識。

イ 都市生活の中での不安定な日常から逃避するべく、旧来の家社会へ立ち帰ろうとする意識。

ウ 新しい時代を建設するために、「家」を中心とする社会関係を脱しようとする意識。

エ 前代以来の価値観が崩壊しつつある中、依然として旧来の共同体規制に隷属する意識。

問五 語句 傍線部③の意味を次から選べ。

ア 自律的に考えたり行動したりしない人々

イ 自分の意志を持つ理性的で主体的な人々

ウ 地縁や血縁で感情的に強く結びついた人々

エ 生理的・社会的欲求を満たそうとする人々

問六 読解 傍線部④とあるが、「二つの現象」とは何を指すか。その内容として最も適当なものを次から選べ。

ア それまで停滞していた就学率が急速に上昇していったこと。

イ 前代以前の血縁的・地縁的な共同体規制が失われていったこと。

ウ 標準語の教育が国語教科書を通じて教育現場に浸透していったこと。

エ かつての文章作法が窮屈なものとされ、新たな作法が模索されたこと。

◆重要語フィードバック（問題文にある重要語を再確認！）

修辞（➡P.156）　表象（➡P.154）　資本主義（➡P.166）

生産（➡P.68）　共同体（➡P.162）　標準語（➡P.156）

崩壊（➡P.130）　封建的（➡P.162）　帰属（➡P.84）

意識（➡P.172）　大衆（➡P.196）　現象（➡P.14）

＊色字は既出語

解答　問一ア　問二漢文調や雅　問三エ　問四ア　問五ア　問六イ

解説　「封建的」「帰属」「意識」（いずれも本書見出し語）の意味を押さえ、各選択肢を吟味する。

科学①

論点 「科学」の方法

475
仮説《かせつ》❶ 検証《けんしょう》❷ 反証《はんしょう》❸

❶ある現象を説明するために仮に立てる説。
❷仮説の真偽を実験等で確認すること。
❸仮説や理論の誤りを証明すること。

科学研究の基本的な手続き。ある現象についての仮説を立て、それを実験で検証したり、反証したりする中で法則や理論を作っていく。

476
自然科学《しぜんかがく》

自然現象についての普遍的な法則を明らかにする学問。物理学、生物学、地質学など。

参 社会科学《しゃかいかがく》＝人間社会についての学問。政治学、経済学、法学など。
参 人文科学《じんぶんかがく》＝人間文化についての学問。文学、哲学、言語学、歴史学など。

477
対象化《たいしょうか》

ある物事を自分（主体）から切り離して客観的に見ること。

近代科学における基本的な態度の一つ。研究対象を外から客観的、冷静に観察することをさして特に「**対象化**」という。

478
要素還元主義《ようそかんげんしゅぎ》

ある物事を最小の単位に分割した上で個々の単位の性質を明らかにし、全体を理解しようとする態度。要素論。

近代科学の基本的姿勢。たとえば、「人体」を理解しようとするとき、目、耳、鼻、口、心臓、腎臓、大腿骨、肩甲骨、皮膚……などと分けて考えていくこと。

近代以前では自然現象は**〈神との関連〉**→P20で理解されてきた。しかし、近代以降、**〈人間が理性的に対象を観察することでその法則性を導ける〉**→P14と理解されるようになった。その際、我々人間がとった方法が**要素還元主義**→P54だ。物事を様々な要素に分解してから観察し、最後にそれを総合すれば全体を理解したことになるという考え方である（「分解する」→P18という科学的態度は、分析的→P18な性質を持つ西洋語に通じるとも言われる）。

ただし、現代科学では**〈物事を分解しては捉えられない現象〉**にも注目が集まっており、それを捉える方法として**「複雑系」**（→P.192）の科学も進展を見せつつある。

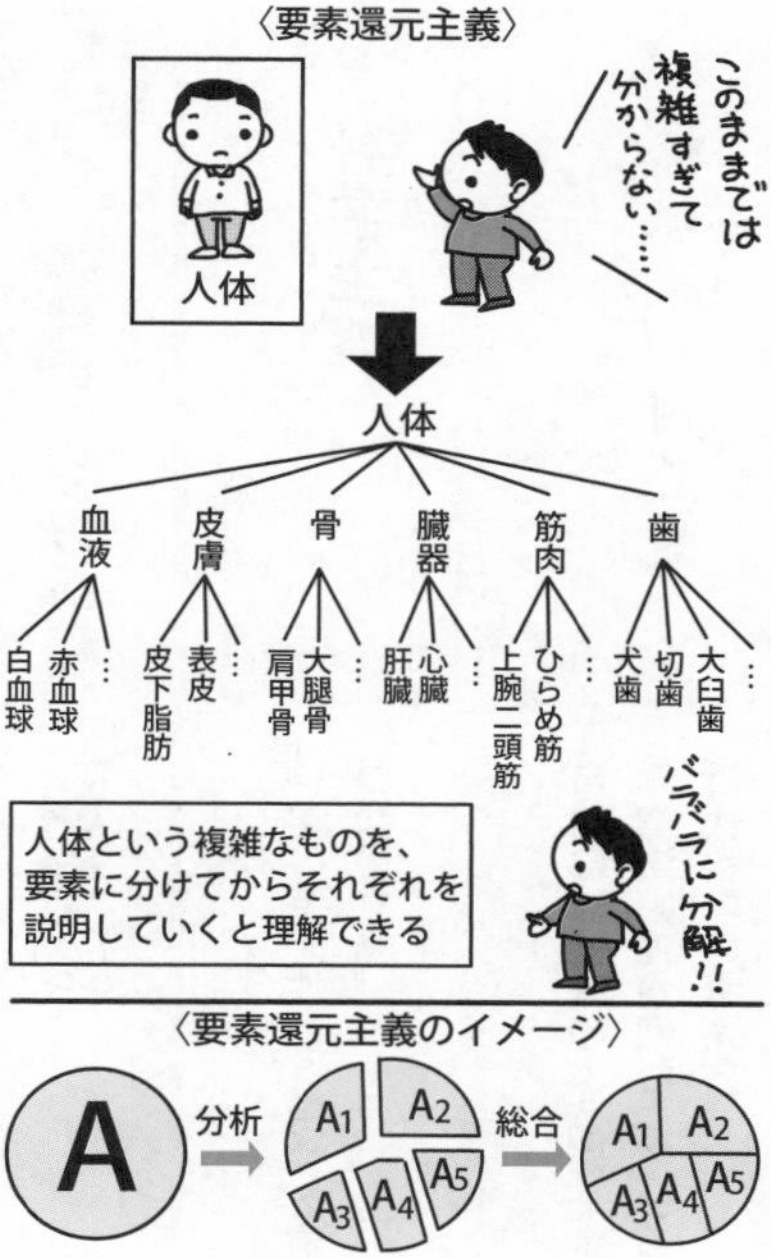

確認問題

1 科学研究の基本的な手続きの三つの要素は何か答えよ。

2 「自然科学」ではないものを次から選べ。

ア 物理学　イ 天文学
ウ 地質学　エ 農学　オ 経済学

3 近代科学の基本的な態度の一つであり、対象を客観的な視点から冷静に観察することを何というか答えよ。

4 「要素還元主義」についての説明として適切なものを次から選べ。

ア 物事の要素についてそれを全体との関わりを無視して究明する態度。

イ 最小の単位の性質を明らかにしてから、それらを総合して全体を理解しようとする態度。

ウ 要素ごとの差異を無視して、一つの要素にまとめ、複雑な事物を単一の要素からなるものとして理解する態度。

解答　**1** 仮説・検証・反証　**2** オ　**3** 対象化　**4** イ

科学②

論点 科学の進歩とは何か？

479 科学主義《かがくしゅぎ》

科学の万能性と有用性を信じて疑わない立場。

科学を論じた文章では「科学主義」は批判の対象となりやすい。

480 機械論的自然観《きかいろんてきしぜんかん》

自然には機械のように一定の仕組みや法則性が備わっているとする近代科学の考え方。

対比される前近代の考え方として「**目的論的自然観**（自然はある目的に従っているとする考え方）」がある。例えば、古代ギリシャでは陶器が地面に落ちるのは、陶器が土に帰ろう（目的）とするからだと考えられた。

481 パラダイム [paradigm 英]

ある時代の科学研究を成り立たせている根本的な思考の枠組み。

もともとは科学論の用語だが、現在では〈**価値観**〉〈**発想**〉などの意味で他の文脈でも使用される。

482 複雑系《ふくざつけい》

多様な要素が相互に影響しあって予測不能な振る舞いを見せる現象。

近代科学の**要素還元主義**に代わり、個々の要素に還元できない現象を扱う知の枠組みとして近年注目されている。

483 ブラックボックス [black box 英]

内部の構造や原理を熟知していなくても、外部操作だけで扱えるもの。

例 テレビ、スマホ、パソコンなど。私たちはそれが作動する原理はわからないが、外部からのボタン操作などで十分に扱えている。

科学は連続的に少しずつ進歩するわけではない。科学史家のクーン→P.46によると、科学はそれまでの**パラダイム**で説明できない事象に直面したとき、前の**パラダイム**とは全く異なる**パラダイム**へと一新されるため、〈**前理論と現理論との共通性や連続性は認められない**〉のだという。その変化が劇的な革命に似ていることから、クーンは**パラダイム**が変化することを「**科学革命**」と呼んだ。科学は坂道を登るようにじわじわと変化するのでなく、階段を駆け上がるように急激に変化を遂げるのだ。現代科学の「次の」階段は果たしてどのようなものだろうか。

（一般的な科学の進歩のイメージ）

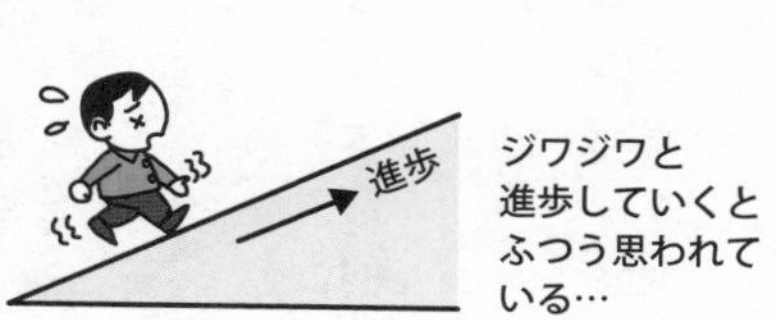

〈パラダイム論〉

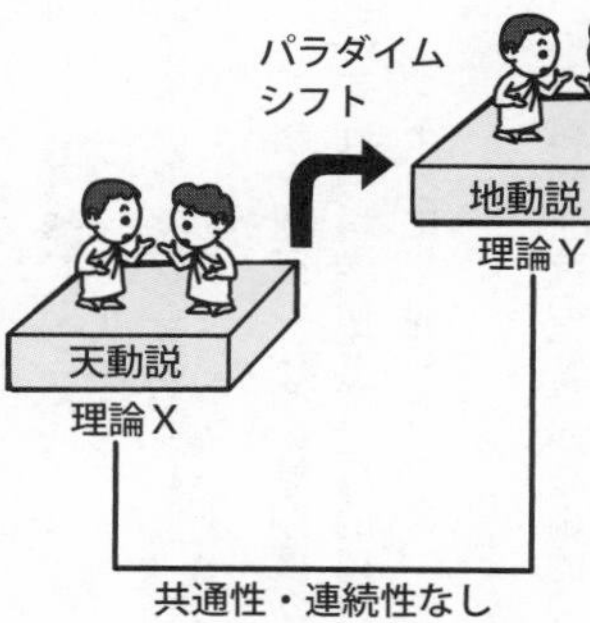

確認問題

1 科学の万能性や有用性を無反省に信頼する態度を何というか答えよ。

2 「機械論的自然観」とはどのような考え方か、簡潔に答えよ。

3 「パラダイム」についての説明として適切なものを次から選べ。
ア ある時代の科学研究の基盤となっている研究法や理論の総体。
イ 時代とともに連続的に変化する研究理論。
ウ 支配的な科学研究の枠組みから外れた異端の理論。

4 近年、要素還元主義的な科学研究にかわって注目されている、多様な要素が相互に影響を与えながら全体として一つの振る舞いを見せるような現象を何というか答えよ。

5 特定の専門的知識がなくても、外部からの操作だけで十分に扱える仕組みをもったものを何というか答えよ。

解答　**1**科学主義　**2**［例］自然を機械と同様のものとみなして、一定の法則性を自然から導きだそうとする考え方。　**3**ア　**4**複雑系　**5**ブラックボックス

科学③

論点 科学の制度化

484 科学《かがく》の制度化《せいどか》

科学研究のための諸制度が整備され、科学研究が組織的に行われるようになること。

従来、**科学は哲学の周辺的活動**にすぎなかった。十七〜十八世紀にかけて、学会・学会誌・大学などが誕生し、**科学の制度化**が進んだ。

485 科学《かがく》の価値《かち》中立性《ちゅうりつせい》

科学研究の成果が技術的に応用されても、その是非善悪とは無関係であること。

科学の存在意義は〈**自然の仕組みや法則を認識すること**〉であり、それを応用した技術の善悪とは本質的に関わりがないとする考え。

486 ドローン

小型無人飛行機。

空撮・輸送・農薬散布など多分野での利用が進む反面、**墜落事故・テロなどの犯罪行為を目的**とした利用といった問題を抱えている。

487 ロボティクス

ⓐロボットの設計などを行うロボット工学。ⓑロボットに関連する様々な科学研究。

インターネットや人工知能などの発達により、**医療や高齢者介護**など、われわれの身近な領域での応用が期待されている。

488 5G《ファイブジー》

高速かつ大容量の通信が可能な第五世代移動通信システム。
※Gは世代（[generation 英]）

通信の安定化・高速化で、自動運転やIoT（→P.198）の普及が進むと言われる一方、**セキュリティ面でのリスクが高まる**ことも懸念されている。

科学者というと白衣を着て、実験室にこもって顕微鏡をのぞき込む、というイメージがあるが、そうした科学者像が登場するのは十九世紀以降のことである。

もともと、**科学は〈哲学者の営みの一つ、あるいは貴族などのアマチュアの趣味〉**として行われていた。しかし、十八世紀になると、高等教育機関（大学）や企業内研究所の設立、学会の組織化や学会誌による論文発表システムの整備などが進んでいった。それにより、科学者が一つの社会階層として社会に登場し、**〈科学研究による知の蓄積〉**→P134が組織的かつ持続的に行われるようになった。これらのプロセスは「**科学の制度化**」と呼ばれている。

確認問題

1 哲学の周辺的活動にすぎなかった科学研究は、十七~十八世紀にかけて、学会・学会誌・大学などが誕生したことに伴って、組織的・持続的に行われるようになった。これらの過程を何というか答えよ。

2 「科学の価値中立性」についての説明として適切なものを次から選べ。
ア　科学研究の成果と、それを応用した技術の善悪とは無関係であること。
イ　科学研究は全ての人類にとって役立つものを追究していくべきであること。
ウ　科学研究は人種や性別などの違いを問わず、万人に開かれたものであること。

3 近年さまざまな場面で利用されている小型無人飛行機のことを何というか答えよ。

4 ロボットの設計などを行うロボット工学をカタカナで何というか答えよ。

5 高速かつ大容量の通信が可能な次世代移動通信システムを何というか答えよ。

解答　**1**科学の制度化　**2**ア　**3**ドローン　**4**ロボティクス　**5**5G

情報・メディア①

論点 情報の洪水をどう生きるか？

489
大衆《たいしゅう》❶ 世論《よろん》❷

❶自律的に考えたり、行動したりしない人々。
❷大衆によって形成される意見。

マスメディアによって画一的な考えを持ち、理性的な判断のできない人間が増えることは**民主主義社会**の基盤が切り崩されることにつながりかねないという問題がある。

490
マスメディア
[mass media] 英

テレビ・ラジオ・新聞など、大衆に情報を受け渡す役割を担う機関。

情報を広く伝えるという公共の役割を担うが、偏向報道や権力との癒着などの危険性がある。

491
情報化社会《じょうほうかしゃかい》

インターネット、メディア、携帯電話の発達によって情報技術が重視される社会。

「**情報社会**」とも。便利な生活を提供する反面、個人情報などのプライバシーや情報格差（**デジタル・デバイド**）などの問題も生んでいる。

492
メディア・リテラシー
[media literacy] 英

マスメディアから送られる情報の真偽を吟味する能力。

メディアからの情報は大量かつ即時的に次々と私たちの手元に届くので、私たちはそれを鵜呑《うの》みにせず吟味することが大切である。

493
バーチャル・リアリティ
[Virtual Reality] 英

仮想現実。実際の空間とは異なる仮想空間を作り出し、その空間に自分がいるような没入感を抱かせる技術。ＶＲ。

例 テーマパークにある、あたかも自分が空を飛んでいたり地面に落下したりする感覚を味わえるアトラクション。

情報化社会が生んだプラスの側面は、〈**情報の受発信が容易になったこと**〉であろう。特に、かつては情報の発信が一部の特権的な存在（学者やマスメディア）に限られていたが、現在ではSNSやブログ等を活用すれば誰でも簡単に行えるようになった。

その反面、多様な情報が氾濫しているため、〈**犯罪に巻き込まれる危険性**〉→P.16〈**メディアや権力者の扇動や悪意あるデマに惑わされる危険性**〉がある。私たちは、多「**量**」な情報の洪水の中で、その「**質**」を見極める力（**メディア・リテラシー**）を持たなくてはならない。

確認問題

1 「マスメディア」によって画一的な思考を持たされ、自律性・主体性を喪失した人々を何というか答えよ。

2 「マスメディア」の例として不適切なものを次から選べ。
ア 新聞　イ 携帯電話
ウ ラジオ　エ テレビ

3 「情報化社会」の問題点を一つ挙げよ。

4 メディアがもたらす情報を鵜呑みにせず、その真偽を確かめるための能力を何というか、カタカナで答えよ。

5 空欄に適切な語句を入れよ。
テーマパークなどの映像技術を駆使したアトラクションや、自動車教習所などで実際に運転しているかのような体験ができる機器などによって私たちが味わう空間は、□と呼ばれる。

解答　1大衆　2イ　3［例］プライバシー保護の問題。／デジタル・デバイド。
4メディア・リテラシー　5バーチャル・リアリティ（仮想現実）

情報・メディア②

論点 来るべきAI時代に向けて

494 AI《エーアイ》 [Artificial Intelligence 英]

人工知能。人間と同様、学習・推論・判断などの機能をもつ、人工的につくられた知能。

業務の効率化や労働力不足の解消などが期待されているが、ＡＩが事故を起こした場合の責任の所在や雇用減少などの課題を抱える。

495 ビッグ・データ [big data 英]

大容量のデジタルデータ（位置情報や行動履歴、消費行動などの膨大なデータ）。

ビッグ・データの分析により精度の高い予測が可能となり、多分野での活用が期待される。一方で、**個人情報保護の問題点**が懸念される。

496 シンギュラリティ [Singularity 英]

技術的特異点。人工知能が人類の知能を超えることで、人間の生活に大きな変化が起こるという概念。

ＡＩ研究の権威カーツワイルは二〇四五年までにはシンギュラリティに到達すると予想しているが、懐疑的な見方をとる論者も多い。

497 AR《エーアール》 [Augmented Reality 英]

拡張現実。実在する空間にバーチャル（仮想的）な視覚情報を重ねて表示する技術。

関 仮想現実《かそうげんじつ》（VR [Virtual Reality 英]）＝ ↓P.196

498 IoT《アイオーティー》 [Internet of Things 英]

家電・自動車・住宅などの様々なモノがインターネットに接続される仕組み。

インターネットを通じて**家電の利用状況を把握**したり、外出先から自宅の**家電の操作**をしたりできる。

人工知能が二〇四五年までに人間の知能を超えるという仮→P190説（**シンギュラリティ**）が提示されている。もしそうなれば、**人工知能**が労働や生産→P68を担う社会となり、人間は雇用を奪われ、人間は**人工知能**なしには生きられなくなる、つまり〈**AIによる人間の奴隷化**〉の時代が到来するという悲観→P32的な予測が生まれている。逆に、**AI**の登場で人間は労働から解放→P64され、自由に使える時間を手に入れることができるから、余暇や趣味などの人間的活動を今まで以上に享受→P82できるだろうという楽観→P32的な考え方もある。いずれにせよ、来る**AI**時代にわれわれはどのように生きるべきか、ということを考えておかねばならないだろう。

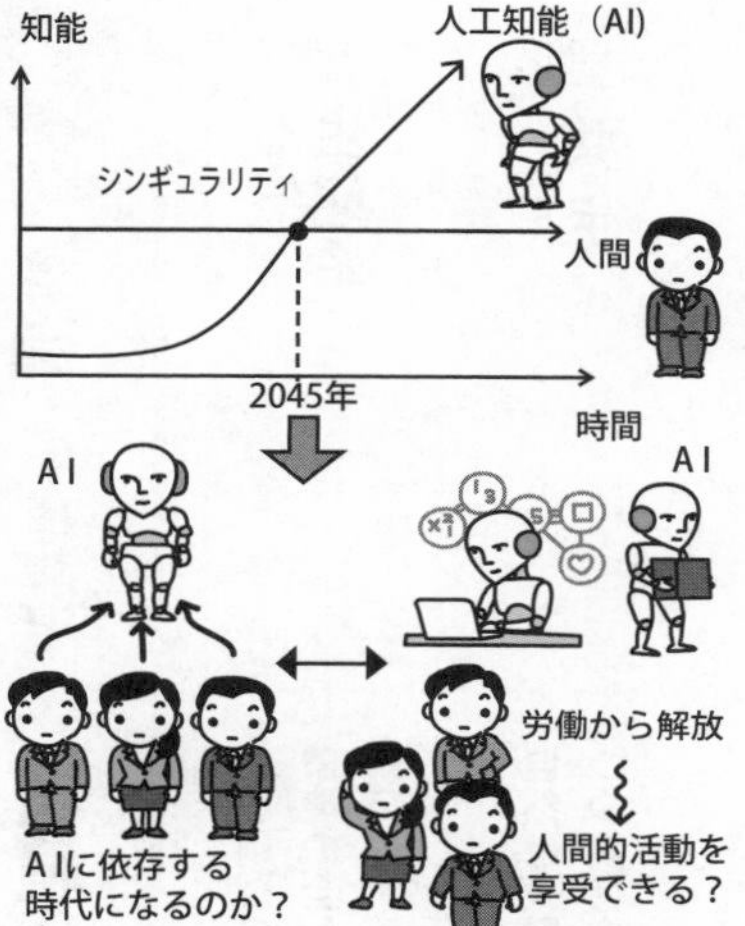

- シンギュラリティに対しては懐疑的な声もある
- しかしAIが社会の中で重要な位置を占める時代になるのはまちがいない

→シンギュラリティはAI時代における人間のあり方を考えていくきっかけにはなる

確認問題

1 人工知能（AI）研究の進展は人間にどのような利益をもたらすか、簡潔に述べよ。

2 位置情報や行動履歴、消費行動などの膨大なデータ群で、将来様々な分野への応用が期待されているものを何というか答えよ。

3 次の文は「シンギュラリティ」についての説明である。空欄に適切な語句を入れよ。

□が人類の知能を超えることで、人間の生活に大きな変化が起こるという概念。

4 a「拡張現実」、b「IoT」について説明したものを、それぞれ次から一つずつ選べ。

ア 指や目などの人間の生態的特徴により個人を識別したり認証したりする技術。

イ 家電・自動車・住宅などの様々なモノがインターネットに接続される仕組み。

ウ 実在する空間にバーチャルな視覚情報を重ねて表示する技術。

解答 **1**［例］業務の効率化や労働力不足の解消。 **2**ビッグ・データ **3**人工知能（AI） **4**aウ bイ（アは「生体認証」についての説明なので誤り）

環境①

論点 激変する地球環境に向き合う

499

生態系《せいたいけい》

ある地域の生物とそれを取り巻く環境の全体的つながり。エコ・システム。

「生態系」について研究する学問を「**生態学（エコロジー）**」という。

500

共生《きょうせい》

自然と人間とが相互に利害を与えつつ共存すること。

近代の〈**人間**〉対〈**自然**〉という図式を乗り越える発想として、**生態学**によって提示された自然観。

501

環境問題《かんきょうもんだい》

地球上で発生している環境破壊などの問題。

例 地球温暖化・水質汚濁・酸性雨・大気汚染・異常気象など。宇宙ゴミもそこに入れれば環境問題はもはや宇宙規模の問題である。

502

環境《かんきょう》アセスメント

環境影響評価。大規模な開発事業が環境に与える影響を事前に予測・評価すること。

道路・ダム・鉄道・廃棄物処分場・発電所等の建設についての事前評価を義務づけた「環境影響評価法」が一九九七年に制定された。

503

進化論《しんかろん》

生物は環境への適応や自然淘汰《とうた》を繰り返しながら発展してきたとする説。

生物学者ダーウィンが提唱。近代以前の〈**生物は神が造った**〉とする考え方とは対極的。生物学を超え、**社会進化論**（適者生存の原理で社会が構築されるという考え）など社会科学への影響も大きかった。

近代では**物心二元論**（→P.158）の発想の下、人間が自然→P20を支配できると考えてきた。また、自然環境に問題が生じた場合でも、**〈人間がうまく制御する**→P124**ことで環境問題は克服**→P122**可能〉**と信じられてきた。

だが、近年そうした発想への懐疑的な見方が強まっている。注目されているのは、人間も自然環境の一員であり、**〈自然と人間は相互に利害関係を結びつつ存在している〉**という**生態学的発想**である。この**生態学**と**環境倫理学**との連携および私たち個々人の環境意識の向上から、次世代にどのような環境を「リレー」していくのかが問われている。

確認問題

1 空欄に適切な語句を入れよ。
ある地域の生物やそれを取り巻く環境との全体的なつながりを A と言い、それを研究する学問領域を B と言う。
B は、自然と人間とが相互に利害を与えながら共存する C という考え方の重要性を喚起している。

2 環境問題の例を三つ以上挙げよ。

3 大規模な開発事業を行う前に、その事業によってもたらされる自然環境への影響をあらかじめ予測したり評価したりすることを何というか答えよ。

4 生物学者ダーウィンによって提示された、生物は環境への適応や淘汰を繰り返しながら発展してきたとする説を何というか答えよ。

解答 **1** A＝生態系（エコ・システム） B＝生態学（エコロジー） C＝共生
2［例］地球温暖化・水質汚濁・酸性雨など。 **3** 環境アセスメント **4** 進化論

環境②

論点 未来世代へと環境をつなぐ

504

生物多様性《せいぶつたようせい》

地球上あるいは生態系内に様々な生物種が存在していること（種の多様性）。

地球上に様々な**生態系**（↓P.200）が存在すること（**生態系の多様性**）、同じ種でも持っている遺伝子が異なること（**遺伝子の多様性**）も含む概念。

505

サスティナビリティ

[sustainability] 英

持続可能性。生物資源を適正に利用し、長期的に維持していけるようにすること。サステナビリティ。

関 SDGs《エスディージーズ》［Sustainable Development Goals 英］＝**持続可能な開発目標**。二〇三〇年までに持続可能な世界を実現することを目標とする。十七の目標からなり国連で採択された。

506

世代間倫理《せだいかんりんり》

現代世代は未来世代の生存を保障する責任を負うべきであるとする倫理。

現代世代は無制限に資源を消費したり、環境に多大な負荷をかけたりせず、**未来世代**に迷惑をかけないようにするべきだとする考え。

507

パリ協定《きょうてい》

気温上昇を産業革命前に比べ2℃未満（できれば1.5℃）に抑えることを定めた協定。

温室効果ガスによる気温上昇に歯止めをかけないと、**洪水・干ばつ・生態系破壊・熱波**などのリスクが生じることが懸念されている。

508

再生可能《さいせいかのう》エネルギー

温室効果ガスを排出せず、しかも資源が枯渇しないエネルギー。

太陽光・風力・地熱など、**温室効果ガス**を排出しないエネルギー。**パリ協定**の実現に貢献することが期待されている。

自然環境は有限なものである。われわれの世代（**現代世代**）が無計画な社会・経済生活を送り、環境を破壊すれば、われわれの子や孫やひ孫の世代（**未来世代**）に対して負の遺産を受け渡すことになってしまう。

したがって、われわれは**未来世代**のためにも、できる限り環境への負荷を低減しうるような生活様式を作り出す必要があるだろう。自然資源の**持続可能性**に配慮する生活を心がけること、**再生可能エネルギー**の活用に舵《かじ》を切ること。そうしたことの一つ一つの積み重ねが、**現代世代**に課せられた**未来世代**に対して果たすべき義務（**世代間倫理**）なのである。

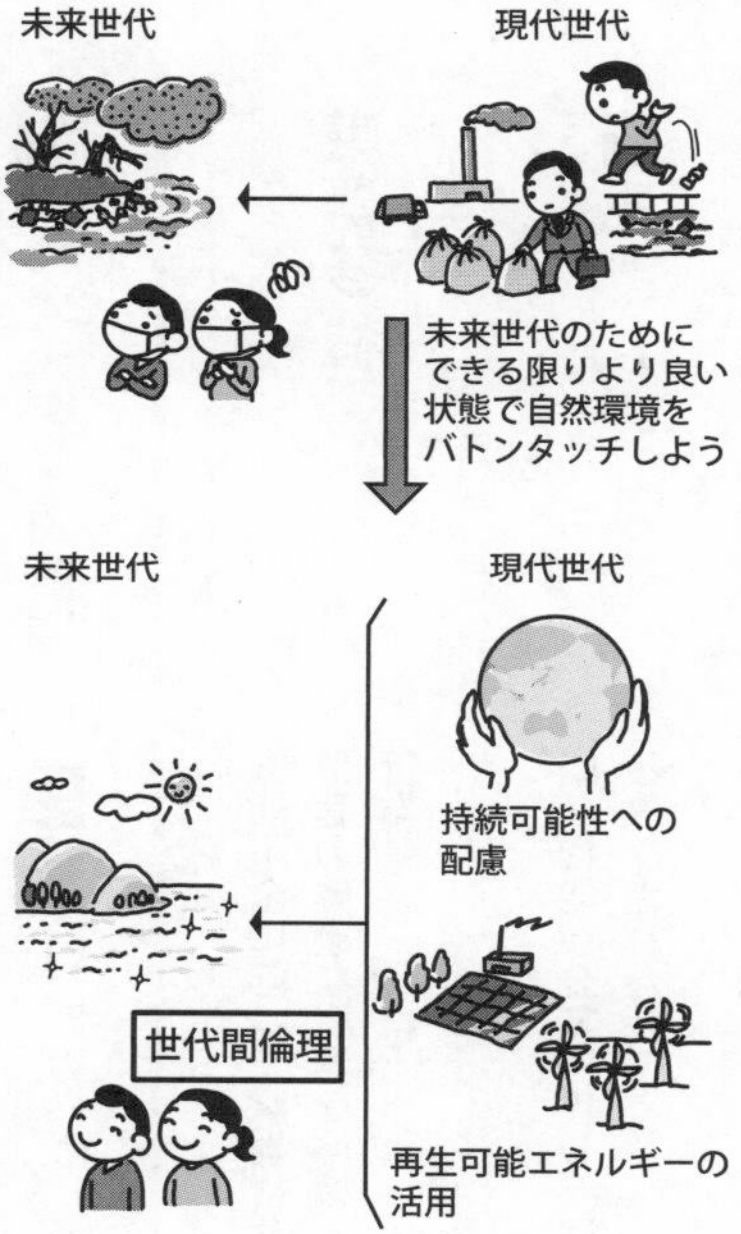

確認問題

1「生物多様性」という概念における「多様性」の意味として不適切なものを次から選べ。

ア　種の多様性　　イ　遺伝子の多様性
ウ　進化の多様性　エ　生態系の多様性

2 **対話文の空欄に適切な語句を入れよ。**

甲さん「気温上昇を産業革命前と比較して2℃より低く抑えることを定めた［A］が二〇一五年に国連で採択されたね」

乙さん「知ってる。地球環境は自分たちの世代だけのものではないから、［B］倫理を踏まえるならば、有限の資源を長期的に維持できるよう、［C］という観点から自分たちの生活や経済のあり方を見直す必要があるよね」

甲さん「その通り。太陽光・風力・地熱など、温室効果ガスを排出することなく、しかも資源が枯渇することがない［D］エネルギーの活用も現実のものとしていくべきだね」

解答　**1**ウ　**2**Aパリ協定　B世代間　C持続可能性　D再生可能

医療①

論点 **技術の進歩と倫理のはざま**

509 **臓《ぞう》器《き》移《い》植《しょく》**

機能不全に陥った臓器に代わり、他者の健康な臓器を移植する医療行為。

臓器売買の問題、海外渡航移植の問題（渡航先の人々の臓器移植の機会を奪ってしまうという問題）などが批判されている。

510 **脳《のう》死《し》**

脳の機能が全て停止し、回復不能とみなされた状態。

脳死を認める立場は、〈**人として死んでいるが、臓器は正常に機能している**〉脳死状態の人間を臓器提供者とすることが可能と考える。

511 **バイオテクノロジー** [biotechnology 英]

工学的な見地から生物を研究、応用利用する技術。生物工学。

例 遺伝子組み換えによる品種改良、遺伝子解読による医薬品の開発など。**遺伝子操作**は倫理的な問題として批判されることが多い。

512 **ホスピタリティ** [hospitality 英]

心のこもった手厚いもてなし。歓待。

身体的な治療だけで終わるのではなく、〈**患者の精神面も含めたケア**〉の重要性を指摘する声が近年の医療現場で高まりつつある。

513 **バイオ・エシックス** [bioethics 英]

科学がどこまで人の生や死に介入できるかを問う倫理。生命倫理。

脳死・臓器移植・遺伝子治療・安楽死・人工妊娠中絶・人工授精などが問題としてとりあげられる。

科学技術の進展によって、人間の生死に人間自らが介入→P126できるようになってきた。こうした事態をめぐって、〈**技術の進歩に応じて人間の扱う領域も拡大**→P34**するのは自然なことであり**〉、手作業の農作業が機械を利用しての稲刈りになったのと同様に、〈**人間の生死を技術的に扱うことも自然な流れ**〉だとする考え方もある。

だが、私たちは、人間の生死の扱いと稲刈りとを同列に扱うことへの心理的抵抗→P62をなかなかぬぐうことはできない。技術は刻々と発達していくだけに、その倫理的側面も技術の発達にあわせて議論されなければならないといえよう。

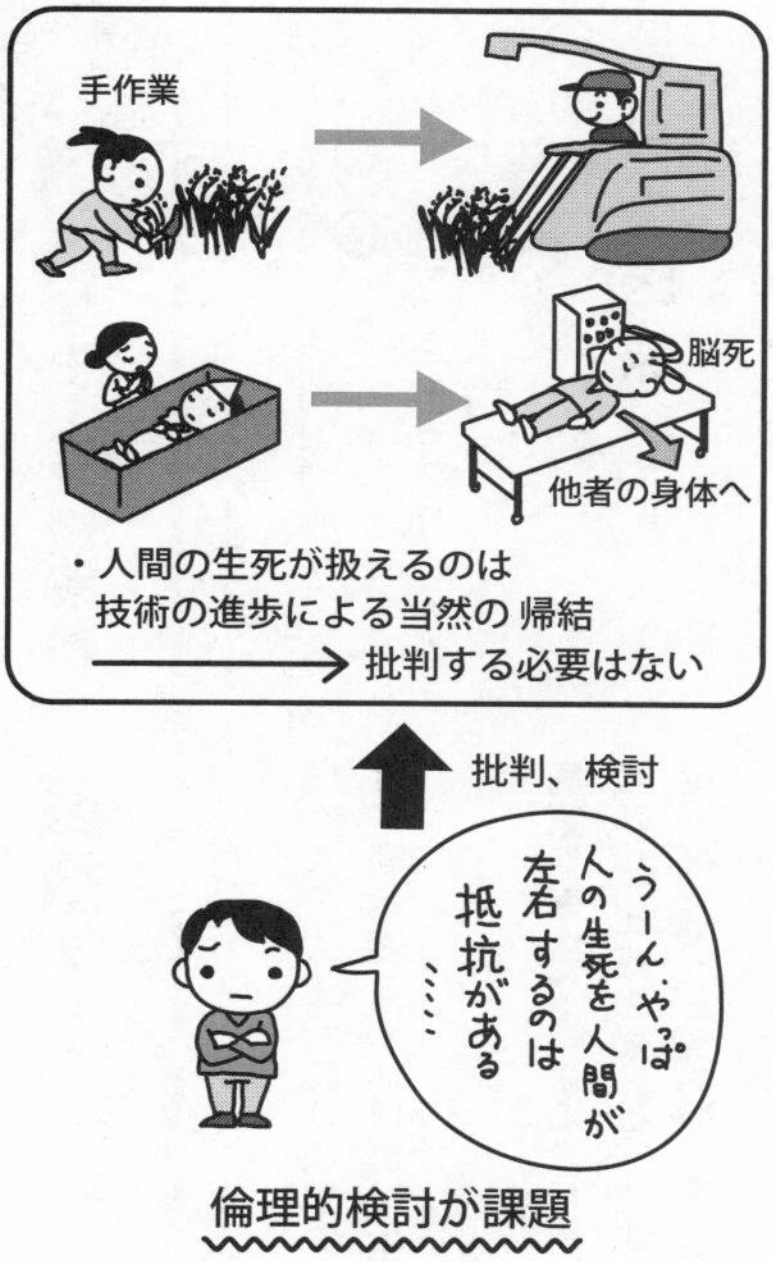
手作業
脳死
他者の身体へ
・人間の生死が扱えるのは
技術の進歩による当然の 帰結
→ 批判する必要はない
批判、検討
うーん、やっぱ人の生死を人間が左右するのは抵抗がある……
倫理的検討が課題

確認問題

1 「臓器移植」についての説明として不適切なものを次から選べ。

ア 機能不全に陥った臓器を他者に移植する。

イ 臓器売買などの社会問題を生んでいる。

ウ 他者の正常な臓器を、それを必要としている人に移植する。

2 「脳死」状態とはどのような状態を指すか、簡潔に答えよ。

3 「バイオテクノロジー」の例として不適切なものを次から選べ。

ア 遺伝子組み換え技術

イ 人工知能

ウ クローンの作成

4 近年、身体的な治療だけで終わらない総合的な医療行為が求められる中で医療従事者に求められつつあるのは何か、カタカナで答えよ。

5 生命倫理が取り扱う問題を三つ挙げよ。

解答 **1**ア **2**［例］脳の機能が全て停止し、回復不能とみなされた状態。 **3**イ **4**ホスピタリティ **5**［例］脳死・臓器移植・遺伝子治療。

医療②

論点 これからの医療のありよう

514

QOL《キューオーエル》 [Quality of Life] 英

個々人の人生や生活に対する充実度や満足度。生活の質。生命の質。

医療の文脈では、**患者の肉体的・精神的・社会的・経済的な生活の質**のこと。**QOL**の向上を考慮する医療が近年求められている。

515

再生医療《さいせいいりょう》

病気や事故や老化により失われた臓器や組織の働きを人工的に修復・再生させる医療。

さまざまな器官・細胞へと分化でき、ほぼ無限に増殖する能力を持つ**iPS細胞**研究の成果が注目されている。

516

インフォームド・コンセント [Informed Concent] 英

医師が診療の目的・内容を事前に説明し、患者の同意を得た上で治療を行うこと。IC。

患者の自己決定権を尊重しようとするもの。医者は十分な説明をし、患者は納得いくまで質問する、という**話し合いの過程**が重要。

517

パンデミック [pandemic] 英

感染症や伝染病が世界的に大流行する状態。

人口の増加や都市への集中、交通機関の発達などにより発生する可能性が高まっている。

関 **クラスター**＝近接して発生する特定の疾患・障害の発生率が異常に高い集団。

518

終末期医療《しゅうまつきいりょう》

ターミナルケア。治癒の可能性のない末期患者の心身の苦痛を緩和し、QOLを保つための医療。

関 **ホスピス**＝終末期医療を行う施設。

関 **緩和《かんわ》ケア**＝終末期からではなく治療の初期段階から心身のケアを行おうとする医療。

いかなる組織にも変化・分化できる幹細胞（**iPS細胞**や**ES細胞**）を活用した「**再生医療**」という画期的な治療法の研究が進みつつある。この治療法の研究や応用が進めば、従来は治療することができなかった疾病《しっぺい》に苦しんでいる患者の**QOL**は劇的に向上することになるだろう。

だが、たとえば死亡した胎児の細胞組織を利用した場合、それを提供する母親の**インフォームド・コンセント**のあり方や胎児の尊厳はどうなるのかという倫理的問題、研究開発費を回収するまでは高額な治療費がかかるという問題なども指摘されている。**再生医療**の実現のためには、技術的側面以外のハードルもあわせて乗り越えていかねばならない。

死亡した胎児の代理として母親は提供を承諾していいのか？

研究開発費を回収するまでは高額な治療費がかかる

確認問題

1 医療の文脈において、患者の肉体的・精神的・社会的・経済的な生活の質のことを何というか答えよ。

2 iPS細胞の研究などで注目を集めている、臓器や組織の働きを人工的に修復・再生させる医療のことを何というか答えよ。

3 「インフォームド・コンセント」の考え方と相容れないものを次から選べ。
ア　患者の自己決定権
イ　医師による事前説明
ウ　医療者と患者のコミュニケーション
エ　医師が主体となる治療法の決定

4 パンデミックを引き起こす要因として考えられることを挙げよ。

5 治癒の可能性のない末期患者の心身の苦痛を緩和し、その患者のQOLを保つための医療を何というか答えよ。

解答　**1**ＱＯＬ　**2**再生医療　**3**エ（「パターナリズム」＝(医師が中心となって治療を進めるあり方）の説明）　**4**［例］交通網の発達［例］都市への人口集中　**5**終末期医療（ターミナルケア）

文章で語彙力チェック⑦（自然科学系）

問題 次の評論を読んで、後の問に答えよ。

バイオエシックス（生命倫理学）は、安楽死、臓器移植、人工妊娠中絶など、従来の医療行為の中では禁止されていた行為の許容基準を明らかにする目的で、作られた学問である。一九七八年の『バイオエシックス百科辞典』がその成立の時期を示す指標としてしばしば用いられている。

その原則の中心を占めているのは、他人に危害を加えない限り公共機関などの他者から制約を受けないという「他者危害原則」である。ところがこの原則では処理できない事例が増えてきた。典型的な問題はクローン人間問題であるが、生殖援助技術でも、他者危害原則の限界が見えてきている。医の倫理では、インフォームド・コンセント〔　A　〕を徹底して自由主義の原則を確立するという動きと、その自由主義の限界を脱却して生殖医療、遺伝子治療などの実用的なガイドラインを作成しようとする動きとが、同時的に進行している。医療技術の情報化、医療全体のＥＢＭ（Evidence Based Medicine すなわち「根拠に基づく医療」）化と環境ホルモン問題に見られるような社会環境と医療との結びつきが重視されるにつれて、医の倫理の重心が個人の自己決定から公共選択*に移動してきている。

①バイオエシックスは英米法の文化圏を中心にして発達してきたが、その中でもいわば主流派といえる立場は、ミル*の『自由論』を代表例とするような個人主義的な自由主義の立場である。ここでは主として、患者の自己決定権を中心とする医療の倫理学が説かれる。すなわち、②個人がリスクを引き受けるなら政府は干渉すべきではないという態度であり、先進的な医療技術の実用化には肯定的な態度を示すことが多い。この立場には「原理を主眼とする態度」という呼び名がつけられることがある。

ただし、そう呼びたがるのは主として〔B〕者たちであって、彼らには自由主義的個人主義の限界と不毛さは耐え難いものだと思われている。〔B〕者は、「アトムのように孤立した個人は存在しない」と主張して確かに自由主義の問題点を的確につかんではいるが、しかし、彼らの積極的な主張がどこにあるのかはつかみにくいし、彼らの主張をそのまま信じる気にはなかなかなれない。〔B〕は、自由主義に対する保守主義的な反動にすぎないのではないかという疑いは常についてまわる。

（加藤尚武『脳死・クローン・遺伝子治療』）

［語注］＊公共選択…個人的な事柄（私事）ではなく社会の構成員全体に関わる選択。＊ミル…イギリスの哲学者。

問一 語句 空欄［　A　］には「インフォームド・コンセント」についての説明が入る。その内容として最も適当なものを次から選べ。

ア 医療者が患者に対して適切な治療方針を示し、患者はそれに従うこと。

イ 一度失われた組織や臓器を再生させ、その機能を回復させること。

ウ 患者の同意を得て、計画的な医学管理のもとに定期的に患者の自宅を訪問して診療を行うこと。

エ 患者が自らに施される医療行為についての説明を受け同意する権利があること。

問二 語句 空欄［　B　］（三箇所ある）に入る語として最も適当なものを次から選べ。

ア 自由至上主義　イ 新自由主義

ウ 共同体主義　エ 自由主義

問三 読解 傍線部①とあるが、本文によればそれはどのような学問か。その内容として最も適当なものを次から選べ。

ア 新しい時代に求められる医療技術の研究開発とその応用を行う学問。

イ 従来の医療行為では禁止されていた行為の許容基準を明らかにする学問。

ウ クローン技術のような明らかに倫理に反している技術を糾弾する学問。

エ 自由主義の限界を唱え、共同体へ回帰しようとする反動的な学問。

問四 読解 傍線部②とあるが、筆者はそれについてどのように述べているか。その内容として最も適当なものを次から選べ。

ア そうした自由主義的な態度を貫くことでは対処できない事例が増えてきている。

イ 自由主義的な医療を社会に浸透させていくうえで必要となる態度である。

ウ 医の倫理の重心を個人の自己決定から公共選択へと移動させるものである。

エ 英米法の文化圏を中心に発達してきたものであり、日本の医療にはそぐわない。

◆重要語フィードバック（問題文にある重要語を再確認！）

バイオ・エシックス（➡P.204）　他者（➡P.146）

典型的（➡P.112）　インフォームド・コンセント（➡P.206）

自己（➡P.146）　個人主義（➡P.166）　個人（➡P.160）

共同体（➡P.162）

＊色字は既出語

解答　問一エ　問二ウ　問三イ　問四ア

解説　傍線部②に対応する内容が第2段落の第一文目であることを押さえる。

コラム③ 評論を読んで知性を磨こう③

第3章で扱った難易度の高いテーマに関する書籍を紹介しています。実際に入試で出題されたこれらの評論に挑戦し、入試対応力を身につけていきましょう。

監視

『カーニヴァル化する社会』鈴木謙介（講談社現代新書）
フーコーの着目した「見られているかもしれない」という監視機能が、現代になって変化したと論じる。

『生権力の思想』大澤真幸（ちくま新書）
近代の権力は、民の身体を持続的に監視して従順な主体を構成させる、規律訓練型の権力であった。

パラダイム

『文学を〈凝視する〉』阿部公彦（岩波書店）
パラダイムの転覆を促す「慧眼《けいがん》」と読者を釣り込む「勢い」を、夏目漱石は「永日小品」で両立させた。

正義

『正義とは何か　現代政治哲学の6つの視点』神島裕子（中公新書）
現代の政治哲学の状況を俯瞰《ふかん》し、「公正な社会」とはどのようなものかを考えるための一冊。P.171のテーマ解説で触れられなかったリバタリアニズムやコミュニタリアニズムについても丁寧に解説されているので、是非読んでおきたい。

言語の恣意性

『差異とは何か』船木亨（世界思想社）
言語学者ソシュールは、二元論的な言語理論を捨て、シニフィアンを成立させるのは差異の体系であるとした。

アウラ・エピゴーネン

『メタ複製技術時代の文化と政治』遠藤薫（勁草書房）
ベンヤミンの述べるアウラの概念は、マーケティングに価値づけられたアートの外にある、真の「お金で買えない価値」になぞらえることができる。

生死

『思考のエシックス』鷲田清一（ナカニシヤ出版）
生命過程に影響する技術を考える際は、法的手続きだけで対応して倫理に無感覚になってしまってはならない。

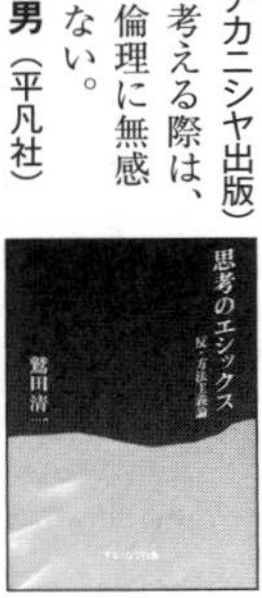

『言葉が立ち上がる時』柳田邦男（平凡社）
医療に携わる者は、医学的アプローチに偏らず、魂や霊魂レベルの心の通い合いも大事にして患者と向き合うべきだ。

エゴイズム・利己

『高校生と大学一年生のための倫理学講義』藤野寛（ナカニシヤ出版）
人間は自己利益を第一にするが、共同生活で複数の利害を調整する契約を行う。だが、その原理を離れる行為があり、それは道徳性と愛ではないか。

第4章

文学必修語編

● 頻出①〜㉚

第４章では、文学的文章を読む際に必ず押さえておきたい語を学習します。覚えやすいように、ネットワーキングで「心情・心理」と「態度・状態・行為」の２グループに大きく分け、さらにそれぞれをテーマ別に分類しています。

第4章 文学必修語ネットワーキング①

第4章頻出①～⑩を、1 心情・心理としてまとめています。ここで学ぶテーマ・語句がどのようなものか、全体像を押さえられます。また、読みや意味の確認にも使えます。

1 心情・心理

頻出①満足・安心

①
- □ 喜色を浮かべる
- □ 大船に乗ったよう
- □ 得心が行く
- □ 腹を抱える
- □ 胸を撫で下ろす
- □ 満更でもない
- □ 目を細める
- □ 陶然

頻出②期待・願望

②
- □ 首を長くする
- □ 肩透かしを食う
- □ 上気する
- □ 思わせ振り
- □ 痺れを切らす
- □ 息を弾ませる
- □ 期せずして
- □ 存外

頻出③決意・真剣

③
- □ 沽券に関わる
- □ 矢も楯もたまらない
- □ 聞き捨てならない
- □ 腹を括る
- □ 舵を取る
- □ 鎬を削る
- □ 背水の陣
- □ 躍起

頻出④悲哀・同情

④
- □ 胸がつかえる
- □ 目頭を熱くする
- □ 見るに忍びない
- □ 身につまされる
- □ 同病相憐れむ
- □ 嗚咽
- □ 憐憫

頻出⑤人情・風情

⑤
- □手心を加える □洗礼を受ける
- □後ろ髪を引かれる
- □情けは人の為ならず
- □身から出た錆 □気が置けない
- □馬が合う □酔狂

頻出⑥不安・心配

⑥
- □眉を顰める □気を揉む
- □影を落とす □ぎこちない
- □杞憂 □思案顔
- □四苦八苦 □周章狼狽

頻出⑦恐怖・緊張

⑦
- □物怖じする □息を殺す
- □固唾を呑む □鳥肌が立つ
- □鯱張る □戦慄
- □畏怖 □戦戦恐恐

頻出⑧驚愕・驚異

⑧
- □呆気に取られる
- □喉を詰まらせる
- □啞然とする □息を呑む
- □声を呑む □腰が抜ける
- □面食らう □目を見張る

頻出⑨疑惑・困惑

⑨
- □眉に唾をつける □腑に落ちない
- □目を疑う □首を傾げる
- □煙に巻く □胡散臭い
- □怪訝 □半信半疑

頻出⑩不満・適当

⑩
- □地団駄を踏む □腹に据えかねる
- □臍を嚙む □否応なく
- □御座成り □生返事
- □不条理

頻出①

満足・安心

519 **喜色《きしょく》を浮《う》かべる**

うれしそうな顔つきをする。

「喜色」は、うれしそうな顔つき。
関 喜色満面《きしょくまんめん》＝喜びを顔いっぱいに表すこと。

520 **胸《むね》を撫《な》で下《お》ろす**

危険や心配がなくなって安心する。

「無事に終わって、胸を撫で下ろす」。
関 安堵《あんど》＝→P.52

521 **大船《おおぶね》に乗《の》ったよう**

信頼できる者に任せて、安心するさま。

大きな船は転覆の心配がないことから。「大船に乗った気でいる」。

522 **満更《まんざら》でもない**

それほど悪くはない。

まったく評価すべき点がなかったり、全面的に拒否されたりするわけではないの意。

523 **得心《とくしん》が行《い》く**

ある物事について、心から納得することができる。

「得心」は、納得すること。「十分な説明で得心が行く」。

524 **目《め》を細《ほそ》める**

うれしくて、顔中に笑みを浮かべる。

「目を細くする」とも。「孫の誕生に目を細める」。

525 **腹《はら》を抱《かか》える**

おかしくてたまらず、大笑いをする。

「滑稽な演技に腹を抱える」。
関 抱腹絶倒《ほうふくぜっとう》＝ころげ回るほど大笑いすること。

526 **陶然《とうぜん》**

気分よく酒に酔うさま。うっとりするさま。

「楽しい雰囲気に陶然とする」。
関 酩酊《めいてい》＝ひどく酒に酔うこと。

確認問題

1 「うっとりするさま」という意味の熟語を次から選べ。

ア 啞然《あぜん》　イ 茫然《ぼうぜん》　ウ 平然　エ 陶然

2 次の空欄に入る語を後のア～エから選べ（④は同じ語が入る）。

① 僕がいうと、オトンは嬉しそうに□を細めてうなずいた。（森沢明夫「海を抱いたビー玉」）

② 半蔵は一度倒れたこの父が回復期に向かいつつあるというだけにもやや□をなでおろして、…（島崎藤村「夜明け前」）

③ 背後の方に居た誰かが□を抱えて笑い出しながら、…（夢野久作「斜坑」）

④ [法律、制度、風俗が] 無いところには、知識も自由も考えられない。大□に乗っていながら、大□の悪口を言っている…（太宰治「乞食学生」）

ア 腹　イ 胸　ウ 目　エ 船

3 次の傍線部の意味を後から選べ。

① 私はこう云《い》うような事を申して、妻を慰めました。妻もやっと**得心が行った**のでございましょう。（芥川龍之介「二つの手紙」）

ア 心から納得した　イ 悟りの境地に達した
ウ 仏道に帰依した　エ 罪を許してもらった
オ 御利益にあずかった

② おふくろはそれが、**満更でもないらしく**、笑う。（小関智宏「大森界隈職人往来」）

ア 全く気にならないらしく
イ 今に始まったことではないらしく
ウ おかしくて仕方ないらしく
エ それほど悪くはないらしく
オ 本心でないとわかっているらしく

③ 蘆雪《ろせつ》の言葉に九郎右衛門は**喜色を浮かべた**。（葉室麟「牡丹散る」）

ア 得意げな表情をした
イ 笑い出しそうな表情をした
ウ 浮かれた表情をした
エ うれしそうな表情をした
オ 満足そうな表情をした

［佛教大］

解答　**1**エ　**2**①ウ　②イ　③ア　④エ　**3**①ア　②エ　③エ

文学必修語編

頻出②

期待・願望

527 **首《くび》を長《なが》くする**

今か今かと何かの実現を待ち焦がれる。

関 一日千秋《いちじつせんしゅう》＝待ち遠しくて一日が千年のように感じられること。「いちにちせんしゅう」とも。

528 **痺《しび》れを切《き》らす**

待ちくたびれて我慢しきれなくなる。

もとは、長く座って足がしびれる。「連絡が届かず、痺れを切らす」。

529 **肩透《かたす》かしを食《く》う**

相手にうまくそらされて、計画通りに運ばなくなる。

「肩透かし」は、相手が勢いよく前へ出てくるときに急に体を開いて前へ引き倒す相撲の技。

530 **息《いき》を弾《はず》ませる**

息づかいが速く、激しくなる。喜びや驚きなどで興奮する。

「息が弾む」とも。高ぶった気持ちや緊張・激しい運動の後などに、通常より強く短い息がしばらく続くさま。

531 **上気《じょうき》する**

のぼせて顔がほてる。カッとなる。

「風呂上がりで上気する」。

関 逆上《ぎゃくじょう》する＝頭に血が上る。のぼせる。

532 **期《き》せずして**

思いがけず。予期せず。

「期する」は、期限を決める・期待する・決心する。

同 図《はか》らずも＝思いがけなく。

533 **思《おも》わせ振《ぶ》り**

相手に期待を持たせるような言動をするさま。

「どことなく思わせ振りな態度」。

関 気《き》を持《も》たせる＝期待させる。

534 **存外《ぞんがい》**

思いのほか。

「存外簡単だった」。

同 案外《あんがい》

確認問題

1 次の空欄に入る語を後のア〜エから選べ。

① 翌朝も二人で□を長くして各国船の出帆《しゅっぱん》を待っていると、夜が明けないうちから諸藩の侍が続々と旅籠屋《はたごや》へ押しかけて来た。（島崎藤村「夜明け前」）

② はじめ私は□すかしを食ったような気分になったが、しばらくして子供心に父が私に望んでいることが次第にわかりはじめた。（藤原新也「名前のない花」）

③ いくらか□を弾ませ、感じのいい笑みを浮かべ、首筋を汗で光らせていた。（小川洋子「やさしい訴え」）

ア 肩　**イ** 首　**ウ** 息　**エ** 顔

2 次の傍線部の意味を後から選べ。

① 小さい太郎は**しびれを切らして**、「安さん、安さん。」と小さい声で呼びました。（新美南吉「かぶと虫」）

ア 焦りだして　**イ** 我慢しきれなくて
ウ 困りだして　**エ** 怒りが頂点に達して
オ 喜び勇んで

② チサは**上気して**、赤い顔になっていた。（三浦哲郎「メリー・ゴー・ラウンド」）

ア のぼせて　**イ** うぬぼれて
ウ むっとして　**エ** むし暑くて
オ 恥ずかしくて

③ **期せずして**拍手が起こる。（帚木蓬生「千日紅の恋人」）

ア 予想通りに　**イ** 期待に反して
ウ 思った以上に　**エ** 思いがけなく
オ 時間もおかずに

④ 工藤節子の**思わせぶりな**物言いを信一はうとましく感じた。（熊谷独「尾道少年物語」）

ア 心を惑わすような　**イ** 同情を誘うような
ウ 誤解を招くような　**エ** 神経に障るような
オ 期待をもたせるような

⑤ そんな彼らの**存外な**手堅さを見るとき、私は、言葉はよくないけれども、「彼らもまた小市民だったのだな」と思うのです。（姜尚中「悩む力」）

ア 尋常ではない　**イ** 想像を絶した
ウ くだらない　**エ** 思いもよらない
オ ありえない

〔玉川大〕

解答　**1**①イ　②ア　③ウ　**2**①イ　②ア　③エ　④オ　⑤エ

頻出③ 決意・真剣

535 沽券《こけん》に関《かか》わる

体面や名誉に差し障りがある。

ある行為がその人の品位や体面を傷つけることになるということ。「沽券」は、土地売買などの証文。

536 矢《や》も楯《たて》もたまらない

思いつめてじっとしていられない。

矢で攻めても、楯で防いでも相手の攻撃を止められず、どうやっても堪えられないという意から。

537 聞《き》き捨《す》てならない

そのまま聞き流して、平気でいるわけにはいかない。

「聞き捨て」は、聞いても問題にしないこと。「聞き捨てならない発言」。

538 腹《はら》を括《くく》る

覚悟を決める。

「試験を前に腹を括る」。

関 腹《はら》を据《す》える＝いざというときの覚悟を決める。

539 舵《かじ》を取《と》る

物事がうまく進むように導く。

組織や団体などの進むべき方針を定め、目的に向かって誤りなく導くさま。

540 鎬《しのぎ》を削《けず》る

激しく争う。

「鎬」は、刀剣の刃と峰（刃物の背）の間の少し盛り上がっている部分。そこを削り合うような激しい戦い。

541 背水《はいすい》の陣《じん》

決死の覚悟で事に当たること。

川を背に陣を敷き、退却すればおぼれる他ない捨て身の態勢で戦い、ついに敵を破ったという故事から。

542 躍起《やっき》

あせって、むきになること。

「躍起となって弁解する」。

関 躍起《やっき》になる＝あせって、むきになる。

確認問題

1 次の空欄に入る語を後から選べ。

① 天下の御旗本が、よくも□をくくって商人におなりなすった…　（浅田次郎「椿寺まで」）
ア 頭　イ 喉　ウ 腹　エ 肝　オ 尻

② 難関を突破するべく背水の□を敷いた彼女は…　（堀江敏幸「砂の森」）
ア 神　イ 陣　ウ 仁　エ 臣　オ 尽　［法政大］

2 次の語の意味を後から選べ。

① しのぎを削る
ア 互いを痛めつけること
イ 互いに苦境を耐え忍ぶこと
ウ 激しく争うこと
エ 互いに高め合うこと

② 聞き捨てならんこと
ア 聞いた内容が信用できないこと
イ 耳を疑うほど意外なこと
ウ 聞くだけでは物足りないこと
エ 今までに聞いたことがないこと
オ 黙って聞き流せないこと　［畿央大］

③ 矢も楯もたまらない
ア 思いつめてじっとしていられない
イ 忙しくて食事もままならない
ウ 焦って正しい判断ができない
エ 生活が苦しくて希望がもてない

3 次の傍線部の意味を後から選べ。

① 月給十万円以下では沽券にかかわるといっていた父も、やがて五万円でいいと言いだし、…　（加賀乙彦「雨の庭」）
ア 自分の今後の立場が悪くなる
イ 自分の守ってきた信念がゆらぐ
ウ 自分の体面がそこなわれる
エ 自分の将来の影響力が弱くなる
オ 長年の自分の信用が失われる　［センター試験］

② 「そればかりじゃありませんよ」梶氏は躍起になって言った。　（加藤幸子「海辺暮らし」）
ア 夢中になって　イ さとすように
ウ 威圧するように　エ あきれたように
オ むきになって　［センター試験］

4 「舵を取る」の意味を簡潔に答えよ。　［福岡教育大］

解答　**1**①ウ　②イ　**2**①ウ　②オ　③ア　**3**①ウ　②オ　**4**物事がうまく進むように導く

頻出④

悲哀・同情

543 胸《むね》がつかえる

激しい悲しみや喜びのため、思いが表せなくなる。

心配事が心にかかって気分が晴れないさま。もとは、食べたものが途中でつかえてしまって苦しく感じる意。

544 目頭《めがしら》を熱《あつ》くする

感動して涙が出そうになる。

「目頭」は、目の、鼻に近い方の端。

関 **目頭《めがしら》を押《お》さえる＝涙が出るのを押さえる。涙ぐむ。**

545 見《み》るに忍《しの》びない

あわれで見ていられない。

「忍びない」は、我慢できない・耐えられない。「残された家族の姿は、見るに忍びない」。

546 身《み》につまされる

他人のつらさが自分のことのように思いやられる。

他人の気の毒な境遇が、自分自身の経験に照らし合わせて人ごとでなく思われるさま。

547 同病相憐《どうびょうあいあわ》れむ

同じ悩み・苦しみをもつ者は互いに同情し合う。

同じ病気にかかっている者同士は、互いに同情し合うということから。

関 **相身互《あいみたが》い＝同じ境遇や身分を同情し合うこと。**

548 嗚咽《おえつ》

声を詰まらせて泣くこと。

「嗚」は、なげく・いたむ。「咽」は、むせぶ・涙で息が詰まるほど泣く。「悲しみの余り嗚咽する」。

関 **むせび泣《な》く＝声を詰まらせて泣く。**

549 憐憫《れんびん》

かわいそうだと思うこと。情けをかけること。

「憐」も「憫」も、あわれむ。「友人の不幸に憐憫の情を抱く」。

関 **不憫《ふびん》・不愍《ふびん》＝かわいそうなこと。あわれむべきさま。**

確認問題

1 **次の空欄に入る語を後のア〜オから選べ。**

① 「さっきのお金はお返しします。義理ずくで他人からしていただくんでは□がつかえますから……」（有島武郎「或る女」）

② その二人のお身の上をつぶさに聞けば聞くほど、何か私も□につまされて、…（堀辰雄「ほととぎす」）

ア 耳　**イ** 胸　**ウ** 身　**エ** 心　**オ** 腹

2 **次の傍線部の意味を後から選べ。**

① だが、石川は最後まで謝らなかった。**嗚咽**をこらえながら、顎を引き、唇を噛みしめて、じっと俊治をにらみつけていた。（重松清「潮騒」）

ア 悔しさ　**イ** 涙　**ウ** むせび泣き
エ 痛み　**オ** 吐き気

② 彼の心は一種の**憐憫**と同情とに埋められたまま、愛するまでには至らなかった。（福永武彦「風花」）

ア あわれむこと　**イ** 親しく思うこと
ウ 軽蔑すること　**エ** 尊敬すること　［近畿大］

③ 花村にたいして、穂積は何かと「**同病相憐れむ**」的な好感を、むしろ持っていたが、親しくはなかった。（大西巨人「同窓会」）

ア 同じ病気をもつ人は助け合わなければならない
イ 同じ病気は二度としてはいけない
ウ 同じ悩み・苦しみをもつ者は互いに同情しあう
エ 同じ苦しみを味わうことはしたくない
オ 同じ悩みをもつ人を遠ざける

④ ［少年は］なるたけ母に苦労をかけないようにしていた。空腹な時も我慢をした。その母がこのことを知ったらどんなに哀《かな》しむだろうかと思った。母の顔を**見るに忍びなかった**。（伊集院静「古備前」）

ア 見ることがおもしろくなかった
イ 見ることを忘れてしまっていた
ウ 見ることはできそうになかった
エ 見ることにさしさわりがあった
オ 見ることでたえられなくなった

3 **次の傍線部の意味を簡潔に答えよ。**

美智子と孝夫はおうめ婆さんの手放しで喜ぶ様子を目の当たりにして、あらためて小百合ちゃんの生還した意義を教えられ、**目頭を熱くした**。（南木佳士「阿弥陀堂だより」）

［聖心女子大］

解答　**1**①イ　②ウ　**2**①ウ　②ア　③ウ　④ウ　**3**感動して涙が出そうになった

550 **手心《てごころ》を加《くわ》える**

相手の事情をくんで寛大に取り扱う。

その場の状況に応じて、相手を徹底的に痛めつけるのを避け、厳しくない扱いをするさま。

551 **洗礼《せんれい》を受《う》ける**

ある分野や社会に入るために初めての、特殊な経験をする。

「洗礼」は、キリスト教信者になる儀式。転じて、初経験。「赴任先で豪雪の洗礼を受ける」。

552 **後《うし》ろ髪《がみ》を引《ひ》かれる**

あとに心が残って、きっぱりと思い切れない。未練が残る。名残惜しい。

「後ろ髪」は、後頭部の髪の毛。「後ろ髪を引かれる思いで別れる」。

553 **情《なさ》けは人《ひと》の為《ため》ならず**

人に親切にすれば、自分にもよい報いがあるというたとえ。

親切にすることはその人を甘やかすことになり、その人のためにならない、という解釈は誤り。

554 **身《み》から出《で》た錆《さび》**

現在の苦しい状況は自分が悪いことをした報いだということ。

刀の錆が刀身から生じることから。
関 自業自得《じごうじとく》＝自分の悪事の報いを自分で受けること。

555 **気《き》が置《お》けない**

遠慮する必要がなく、心から打ち解けることができる。

気を使う必要がないの意。最近では、気を許せない・油断ができないの意に用いられているが、これは誤り。

556 **馬《うま》が合《あ》う**

相手と気心が合う。

馬と乗り手の呼吸が合うことから。
関 意気投合《いきとうごう》＝人と心持ちがよく合うこと。

557 **酔狂《すいきょう》**

物好きなこと・人。

関 道楽《どうらく》＝趣味として楽しむこと。熱中すること。
関 数寄《すき》・数奇《すき》＝茶の湯や生け花など、風流を好むこと。

第1章 第2章 第3章 第4章 第5章 終章

確認問題

1 次の空欄に入る語を後から選べ。

① そう思った瞬間、あまり馬の□友人宅での居心地の悪い夕食会は、何か大事な意味を宿した苦行へと変わった。（森絵都「永遠の出口」）

ア そぐわない　イ できない　ウ 知らない　エ あわない

② 判断に□を加えるつもりはないけれど、宮本のためにも、この見本紙こそが「**究極**の紙」であってほしいと願っている。（三浦しをん「舟を編む」）

→P100

ア 親心　イ 仏心　ウ 手心　エ 恋心

③ 七重殿に身を退《ひ》けというのは哀れかもしれませぬが、六つも年下の男を誑《たぶら》かしたことを思えば、所詮、□と申すもの。（葉室麟「牡丹散る」）

ア 虎の威を借る狐　イ 恋は盲目　ウ 情けは人のためならず　エ 縁は異なもの　オ 身から出たさび　〔佛教大〕

2 次の傍線部の意味を後から選べ。

① 不思議なもので、こうされると寝ている方はなんだか**後ろ髪をひかれる**思いがする。（江國香織「弟」）

ア 名残惜しい　イ 初々しい　ウ 恐ろしい　エ もどかしい

② 十二月の、しかも朝っぱらからプールに入るような**酔狂**は、私たちのほか誰もいなかった。（江國香織「デューク」）

ア 怠け者　イ 物好き　ウ あまのじゃく　エ 目立ちたがりや　オ お調子者　〔センター試験〕

③ **気の置けない**、いたって行き届いた人らしいといって賞《ほ》めていた。（夏目漱石「彼岸過迄」）

ア 気分を害さず対応できる
イ 遠慮しないで気楽につきあえる
ウ 落ち着いた気持ちで親しめる
エ 気を遣ってくつろぐことのない
オ 注意をめぐらし気配りのある

3 「情けは人のためならず」の意味を後から選べ。

ア 人にかけた情けは全部自分の利益になる
イ 情けに棹《さお》さすと自分が流されてしまう
ウ 人にかけすぎる情けはその人を甘やかす
エ 人に親切にすれば自分にもよい報いがある

4 「ある分野や社会に入るために初めての、特殊な経験をする」という意味の慣用句を答えよ。

解答　1①エ　②ウ　③オ　2①ア　②イ　③イ　3エ　4洗礼を受ける

頻出⑥ 不安・心配

558 眉《まゆ》を顰《ひそ》める

心配や不快のために顔をしかめる。

関 顰蹙《ひんしゅく》を買《か》う＝人々にいやがられる。
同 顔《かお》をしかめる

559 気《き》を揉《も》む

あれこれと心配して落ち着かない。

悪い結果になりはしないかと心配するさま。「子どもたちの将来に気を揉む」。

560 影《かげ》を落《お》とす

以前の出来事が将来を暗くさせるような影響を与える。

もともとは、何かの影が他のものの上に現れ、その部分を暗くするさま。「過去の体験が影を落とす」。

561 ぎこちない

動作や表現がなめらかでない。

不慣れであったり、緊張や遠慮のために物事をうまく行えないさま。「ぎこちない動き」。

562 杞憂《きゆう》

いらざる心配。取り越し苦労。

昔、杞の国の人が、天が崩れ落ちはしないかと夜も眠れず、飯ものどを通らなかったという故事から。

563 思案顔《しあんがお》

あれこれと考えごとをする顔。

「思案」は、あれこれと思いめぐらすこと。
関 思案《しあん》に暮《く》れる＝いい案が浮かばず、思い悩む。

564 四苦八苦《しくはっく》

つらいことが多く、非常に苦しむこと。

もとは仏教で、四苦（生・老・病・死）などの人生にまつわるすべての苦しみ。

565 周章狼狽《しゅうしょうろうばい》

思いがけないことに出遭って、大いにあわて騒ぐこと。

「周章」も「狼狽」も、あわて、うろたえること。
関 うろたえる＝あわてふためく。

確認問題

1 次の空欄に入る語を後から選べ。

① すると岩城は、ちょっと眉を□不機嫌そうな顔になった。（森沢明夫「海を抱いたビー玉」）

ア 開いて　イ 上げて　ウ ひそめて　エ 曇らせて

② ［月の光は］私の家の便所と西隣の家の間に残っている雪の上に、その影を□いることもあった。（上林暁「月魄」）

ア 落として　イ 飾って　ウ 占めて　エ 広げて

③ 級友たちをどうにか引っ張っていくためにA苦B苦する彼女は、自分では歌わず、指揮と指導に徹していた。（宮下奈都「よろこびの歌」）

ア 四　イ 五　ウ 六　エ 七　オ 八

④ 三人の子供には何を着せて行こう、とこう家内はいろいろに□を揉《も》んだ。（島崎藤村「芽生」）

ア 手　イ 気　ウ 足　エ 腕　オ 腰

2 傍線部と同じ意味の四字熟語となるように、次の空欄に漢字二字を補充せよ。

□狼狽

五重塔を汝《きさま》作れ今直《すぐ》つくれと怖《おそろ》しい人に吩咐《いいつ》けられ、**狼狽《うろたえ》**て飛び起きさまに道具類へ手を突込《つっこ》んだは半分夢で半分現《うつつ》、…（幸田露伴「五重塔」）［上智大］

3 次の傍線部の意味を後から選べ。

① あと一時間半の辛抱だ。そう自分に言いきかせて、自分の手をきつく抓《つね》った。いっときして目を開くと、父親が**思案顔**で見詰めている。（竹西寛子「蘭」）

ア さぐるような様子　イ 暗く思いつめた様子　ウ 何か思いついた様子　エ 心配している様子

② ぼくの最大の心配事は**杞憂**だった。（椰月美智子「しずかな日々」）

ア 浅はかな考え　イ 心の奥底にある不安　ウ 誰にでもある心配　エ する必要のない心配

③ まるで転校でもして来たみたいだ、と思いながら明史は他の退院者と一緒に**ぎこちなく**頭を下げる。（黒井千次「禁域」）

ア おずおずと遠慮がちに　イ ぎくしゃくと不自然に　ウ 意気消沈して寂しげに　エ しぶしぶと投げやりに　オ わざとらしくおおげさに

解答　1①ウ　②ア　③Aア　Bオ　④イ　2周章　3①エ　②エ　③イ

恐怖・緊張

566 物怖《ものお》じする

こわがる。おじけづく。

「物怖じ」は、こわがること。

関 怖《お》じ気《け》を震《ふる》う＝恐ろしくて、ふるえる。

567 息《いき》を殺《ころ》す

息をおさえて静かにしている。

関 息《いき》を呑《の》む＝↓P.228

関 息《いき》を潜める＝↓P.252

568 固唾《かたず》を呑《の》む

事の成り行きを緊張して見守るさま。

「固唾」は、口中にたまった唾《つば》。

関 息《いき》を凝《こ》らす＝息をつめて、じっと成り行きを見守る。

569 鳥肌《とりはだ》が立《た》つ

寒さや恐怖や不快感で皮膚にぶつぶつができる。

「深く感動する」意で用いるのは本来的ではない。

関 総毛《そうけ》立《だ》つ・身《み》の毛《け》がよだつ・肌《はだ》が粟立《あわだ》つ

570 鯱《しゃちほこ》張《ば》る

いかめしく構える。緊張して固くなる。

「しゃっちょこばる」「しゃちこばる」とも。

関 形式張《けいしきば》る＝↓P.48

571 戦慄《せんりつ》

恐ろしくてふるえること。

「戦」は、おののく。「慄」は、ふるえる。

関 おののく＝恐怖などでふるえる。

572 畏怖《いふ》

大いにおそれること。

「畏」も「怖」も、おそれる。

関 畏敬《いけい》＝おそれうやまうこと。

573 戦戦恐恐《せんせんきょうきょう》

あることが起こるのを恐れて、びくびくするさま。

もとは「戦戦兢兢」。「兢兢」は、緊張してびくびくするさま。「競競」と書くのは誤り。

第1章 第2章 第3章 第4章 第5章 終章

確認問題

1 「大いにおそれること」という意味の語を後から選べ。

ア 強欲　イ 傲慢　ウ 畏怖　エ 苦悩

2 次の空欄に入る語を後から選べ。

① 昨夜、寝てから、暗闇の中、じっと□考えに考え抜いた揚句《あげく》の果《はて》の質問らしく、…（太宰治「喝采」）

ア 息を殺し　イ 口を酸っぱくし　ウ 心を通わせ　エ 目を光らせ

② 修も固唾を□竿《さお》を動かす。（森詠「少年記 オサム十四歳」）

ア 吐いて　イ 溜《た》めて　ウ 呑んで　エ 潜めて

③ 大日本帝国陸軍二等兵の軍服の中で、□ながら小松洋一は顔をしかめた。（今江祥智「ぼんぼん」）

ア しゃちほこばり　イ 大船に乗り　ウ 満足感を味わい　エ 喜びを噛み締め

④ 先日来の騒ぎで連中はもう戦戦□としているんです。（筒井康隆「恐怖」）

ア 強強　イ 恐恐　ウ 興興　エ 共共

3 次の傍線部の意味を後から選べ。

そのなかでこそ私の疲労は快く緊張→P52し新しい**戦慄**を感じることができる。（梶井基次郎「冬の蠅」）

ア 怖くて戦えないこと
イ 悲しくて泣き叫ぶこと
ウ 背筋に悪寒が走ること
エ 恐ろしくて震えること
オ 疲れて言葉にならないこと

4 次の傍線部の気持ちを表すものとして適切なものを後から選べ。

視線はぼくの目に固定→P70されたまま一ミリも動かない。そして、その瞳がぞくっとするほど冷たいのだ。一瞬にして**鳥肌が立った**。（関口尚「空をつかむまで」）

ア 失望　イ 興奮　ウ 恐怖　エ 後悔
オ 沈黙

5 次の傍線部の意味を簡潔に答えよ。

あるかないかくらいの**物怖じしている**様子が、弟の眼の中に震えているのを姉は見入った。（室生犀星「童話」）

解答　**1**ウ　**2**①ア　②ウ　③ア　④イ　**3**エ　**4**ウ　**5**怖がっている

頻出⑧ 驚愕・驚異

574 **呆気《あっけ》に取《と》られる**

意外なことに驚きあきれ、心を奪われて言葉が出ない。

「相手の発言に呆気に取られる」。

関 呆気《あっけ》ない＝物足りない。面白みがない。

575 **喉《のど》を詰《つ》まらせる**

驚きや緊張などで、声を出そうとしてもうまく出せない。

「喉が詰まる」は、固形物で気管が通じなくなる。

576 **唖然《あぜん》とする**

驚きあきれて、ものも言えない。

関 開《あ》いた口《くち》が塞《ふさ》がらない＝あまりのひどさに、あきれ返る。

577 **息《いき》を呑《の》む**

驚きや感動などで、思わず息を止める。

言動が瞬間的に止まった状態。「あまりの美しい風景に息を呑む」。

578 **声《こえ》を呑《の》む**

驚きや恐怖などで声が出なくなる。

言葉に出そうとしても声が出ない状態。「悲惨な光景を前に声を呑む」。

579 **腰《こし》が抜《ぬ》ける**

驚きや恐怖で気力を失い、立っていられなくなる。

関 茫然自失《ぼうぜんじしつ》＝驚いたりあきれたりして、気が抜けてぼんやりとするさま。

580 **面食《めんく》らう**

突然のことで驚きあわてる。

「相手の行動に面食らう」。

同 まごつく＝どうしていいか分からず、うろたえる。

581 **目《め》を見張《みは》る**

驚いたり感心したりして、目を大きく開く。

「眼《め》を瞠《みは》る」とも。「巨大な競技場に目を見張る」。

関 瞠目《どうもく》＝目を見張ること。

確認問題

1 **次の空欄に入る語を後から選べ。**

① ［寺男は］顔を拭っている。□を詰まらせながら、嗄《かす》れた声が呟《つぶや》いた。「三浦様は、ご立派です」新太はぎくりと背を起こした。（浅田次郎「椿寺まで」）

ア 腹　**イ** 瞳　**ウ** 喉　**エ** 口　**オ** 息

② 山を割るような雷鳴が地響きになって轟《とどろ》いた。真二は思わず□。（山下篤「漁師志願！」）

ア 息をのんだ　**イ** 息をひそめた　**ウ** 息をはいた　**エ** 息をはずませた

③ 少年じみた穏香が裁縫をすると知ったときは一瞬□としたが、…（松村栄子「僕はかぐや姫」）

ア 敢然　**イ** 釈然　**ウ** 慄然　**エ** 騒然　**オ** 啞然《あぜん》　［佛教大］

④ 祖父はどなった、ぺたりと、まるで□ように、父の枕もとに坐った。（山川方夫「最初の秋」）

ア 腹が立った　**イ** 気が動転した　**ウ** 腰が抜けた　**エ** 胸が焼けた

2 **次の傍線部の意味を後から選べ。**

① 一瞬間**声をのんだ**機械体操場の生徒達は、鉄棒の上の丹波先生を仰ぎながら…（芥川龍之介「毛利先生」）

ア あっけにとられて声が出なかった
イ あまりの驚きに思わず声を上げた
ウ 目を奪われて呼吸も出来なかった
エ 緊張のあまりにつばを飲みこんだ

② 「謝らなくてもいい。ほめたつもりなんだ」有稀は**めんくらった**。（増田みず子「夢虫」）

ア 何か言いたかった　**イ** 驚き怖くなった
ウ 心配になった　**エ** 突然で驚きあわてた

③ 「すごいですねえ」はじめのうちはただ**あっけにとられて**いた。（南木佳士「冬物語」）

ア 相手に気を遣って　**イ** 熱意に押されて
ウ 尊敬の念にとらわれて
エ 驚き心を奪われて
オ 大きな感動におそわれて　［センター試験］

④ ジムは私の後ろから祐介が出てくるのを見て微《かす》かに**眼を瞠《みは》った**が、…（水村美苗「本格小説」）

ア 鋭い目つきで相手をにらんだ
イ はじらいながら目を伏せた
ウ 非難を込めて目をそらした
エ 目を丸くして相手を見つめた
オ 驚きをもって目を見開いた　［センター追試］

解答　**1**①ウ　②ア　③オ　④ウ　**2**①ア　②エ　③エ　④オ

頻出⑨

疑惑・困惑

582 眉《まゆ》に唾《つば》をつける

だまされないように用心する。

「眉唾物」とも。眉に唾をつけると狐《きつね》にだまされないという迷信から。

583 腑《ふ》に落《お》ちない

いくら考えても納得がいかない。

いくら考えても納得できない点があるさま。「腑」は内臓の意で、精神の宿るところ。

584 目《め》を疑《うたが》う

見間違いかと思うほど、見たことが信じられない。

予想外の物事に接し、これが事実かと、自分の目が信じられないように思うさま。

585 首《くび》を傾《かし》げる

疑問に思う。

「かしげる」は、納得がいかずに、考え込む。

関 首《くび》を捻《ひね》る＝考え込む。疑問に思う。

586 煙《けむ》に巻《ま》く

おかしなことを言って相手を惑わせる。

相手の意表を突くようなことを一方的に言いたてて、話の要点をうやむやにしてしまう。

587 胡《う》散《さん》臭《くさ》い

怪しくて油断できない。疑わしい。

「胡」は、中国北方や西域地方の異民族。「胡散臭い団体」。

同 胡乱《うろん》＝怪しげなさま。

588 怪《け》訝《げん》

不思議で納得がいかないさま。

「怪」は、あやしい。「訝」は、いぶかる。「怪訝な顔つきをする」。

589 半信半《はんしんはん》疑《ぎ》

本当かどうか迷うこと。

半分信じて、半分疑うの意。「半信半疑のまま従う」。

確認問題

1 「だまされないように用心する」という意味の慣用句を次から選べ。

ア 眉も動かさない　イ 眉をくもらす
ウ 眉をつり上げる　エ 眉に唾をつける

2 「けむに巻く」の意味を次から選べ。

ア おかしなことを言って相手を笑わせる
イ おかしなことを言って相手を惑わせる
ウ おかしなことを言って相手を怒らせる
エ おかしなことを言って相手を悲しませる

3 次の空欄に入る語を後から選べ。

① □を疑う。そこで誰か、手を振っている者がいる。（玉岡かおる「銀のみち一条」）

ア 口　イ 鼻　ウ 耳　エ 目

② いつの間にお姉さんたちは、一の糸をあんなに使ったんだろう……。首を□も、玉枝は糸屋をたずねた。（山本一力「梅咲きぬ」）

ア 縦に振りながら　イ 横に振りながら
ウ かしげながら　エ 長くしながら

4 次の空欄には「□信□疑」という四字熟語が入る。□に入る同じ漢字を答えよ。

リカが励ますように言った。が、内心は□だった。（本田有明「最後の卒業生」）

5 次の傍線部の意味を後から選べ。

① 彼は、怪訝な表情を浮かべる。（山田詠美「微分積分」）

ア 不安な　イ 不思議に思う　ウ 嬉しい
エ 悲しい　オ いらいらする
〔愛知大〕

② 少年という言葉には爽やかさがあるけれど、少女という言葉には得体の知れないうさんくささがある。（松村栄子「僕はかぐや姫」）

ア ずる賢さ　イ ちょっとしたくどさ
ウ どことない疑わしさ　エ 親しみやすさ
オ かなりの危うさ
〔佛教大〕

③ 応挙が七重を傍に置くとあれば、浦辺家にとってはすべてが丸く納まるが、京で高名な絵師だけに何か腑に落ちない。（葉室麟「牡丹散る」）

ア 安心できない　イ 想像できない
ウ 非難できない　エ 賛成できない
オ 納得できない
〔佛教大〕

解答　1エ　2イ　3①エ　②ウ　4半　5①イ　②ウ　③オ

590 **地団駄《じだんだ》を踏《ふ》む**

身もだえしながら悔しがるさま。

悔しがったり残念がったりして地面を足で何度も踏み鳴らすさま。「逆転負けに地団駄を踏む」。

591 **腹《はら》に据《す》えかねる**

ひどく腹が立って、我慢しきれなくなる。

怒りをお腹の中にしまっておけないことから。「あの発言は腹に据えかねる」。

592 **臍《ほぞ》を噛《か》む**

後悔しても及ばない。

自分の臍（へそ）をかもうとしてもかむことができないことから。「好機を逃して臍を噛む」。

593 **否応《いやおう》なく**

いいも悪いもなく。強引に。有無を言わせず。

「否も応もなく」とも。「否」はノー、「応」はイエス。「否応なく赴任させられる」。

594 **御座成《おざな》り**

その場かぎりで、いい加減であること。

「御座」は、座敷の雰囲気。宴席で、その場限りの取り繕った言動をするさまから。「等閑」（→P.96）との違いに注意。「御座成りのあいさつ」。

595 **生返事《なまへんじ》**

いい加減な返事。

「生」は、十分でない意の接頭語。「二つ返事」（→P.244）との違いに注意。「指導に対して生返事をする」。

596 **不条理《ふじょうり》**

道理に反すること。

「不条理」は、「条理」（物事の道理）の対義語。「人生の不条理」。

関 **不合理《ふごうり》**＝→P.92

確認問題

1 「後悔しても及ばない」という意味の慣用句を次から選べ。

ア　砂を噛む　　イ　麦を噛む　　ウ　臍を噛む

2 次の空欄に入る語を後から選べ。

① 昭子は、炭俵を積んである土間の店の奥で□を踏んだ。「なあ、いいだんべ。早くしねえと、みんな行っちまうよ」（干刈あがた「借りたハンカチ」）

ア　無駄足　　イ　地団駄　　ウ　二の足

② あの老人が□人前でミサを怒鳴りつけるほど二人は今まで目立っていて、それもひどくみっともなく目立っていた…（有川浩「阪急電車」）

ア　胸を躍らせて　　イ　腹に据えかねて

ウ　腰を抜かして　　エ　腕に覚えがあって

3 次の傍線部の意味を後から選べ。

① ある**不条理**な確信によって、彼がこの世にいまだに体験していない感情は一つもないと考えることさえできた。（三島由紀夫「詩を書く少年」）

ア　道理が立たないこと

イ　未整理で混沌としていること

ウ　世の中の倫理や道徳に合わないこと

エ　頑固な思い込みに固執すること　［大妻女子大］

② 私のクラスは話にならなかった。**おざなりな**練習しかせず、最後まで歌えない人もけっこういたかもしれない。（宮下奈都「よろこびの歌」）

ア　いつも同じで決まりきった

イ　皆ふざけてばかりいて楽な

ウ　その場限りで間に合わせの

③ 青年は**否応なしに**高柳君を公園の真中の西洋料理屋へ引っ張り込んで、…（夏目漱石「野分」）

ア　有無を言わせず　　イ　否定することもなく

ウ　嫌だと思いながら　　エ　特に理由もなく

④ ［秋山］真之は一時間ばかり、それを読んだ。ほとんどが俳句と短歌の革新論に関するものばかりであり、読みすすむにつれて、［正岡］子規の革新精神のすさまじさと、そのたけだけしい戦闘精神に酔ったがごとくになった。「なんぞ、感想はおありるか」と、子規はときどきいった。そのつど真之は**なま返事**をして読みすすんだ。（司馬遼太郎「坂の上の雲」）

→P66

ア　相手に聞こえないような、小声の返事

イ　とりあえず発する、ぶっきらぼうな返事

ウ　相手の反論を許さない、強い調子の返事

エ　本気で対応していない、いい加減な返事

解答　**1**ウ　**2**①イ　②イ　**3**①ア　②ウ　③ア　④エ

文章で語彙力チェック⑧（第4章　文学必修語編）

問題　次の小説を読んで、後の問に答えよ。

サーカスのテントに似た形の屋根の下には、色とりどりの豆ランプが点滅していて、床の円板には光る真鍮《しんちゅう》の棒に背中を縦に貫かれた木馬が全部で十二頭、二列になって輪を描きながら王様の馬車を引いている。軒下の電話ボックスみたいな小屋のなかには緑色の上っ張りを着た初老の女従業員がいて、父親がいきなり七回分のチケットを出すと、あたりを見回して①怪訝《けげん》そうな顔をした。

「……七人さん？」

「いや、私ら二人だけ。」と父親が言った。「最初の一回は私も乗るけど、あとの分はこの子を乗せてやってください。」

チサは、十二頭のうちから、着ているものに合わせて白馬を選ぶと、父親に抱き上げて貰《もら》って跨《また》がった。やがて、頭の上でかすれたオルゴールの音楽が鳴りはじめ、ごとりと円板が動き出した。馬は、真鍮の棒ごと、ゆっくり上がったり下がったりする。父親はそばに立って軀《からだ》を支えていてくれたが、二周もすると簡単に馴《な》れて、父親の手を借りることもなくなった。一回分が②呆気《あっけ》なく済んだ。

「よし、今度は父ちゃんも乗ろうかな。」

二回目は、父親も隣の縞馬《しまうま》に跨った。チサの白馬が飛び上がれば、父親の縞馬は沈む。縞馬が飛び上がれば、白馬は沈む。父親は飛び上がるたびに、風を切る音のつもりなのか口を章魚《たこ》のように尖らせて、「ひょーっ。」というので、チサは笑わずにはいられなかった。チサの笑い声が、人気のないメリー・ゴー・ラウンドのまわりに響いた。

海へいくには、いったん街まで戻らなければならなかった。街でバスを降りると、近くのレストランへ入って二階に上がった。そのレストランは、驚いたことに壁が鏡になっていて、チサは初めて自分の目で盛装した自分の姿を見ることができた。帽子を脱ぐと、前髪が汗で額に貼りついていた。随分歩いたので、すっかり腹が空いていた。

なんでも好きなものをと父親にいわれて、チサは、オムライスと、フルーツサラダと、チョコレートパフェをとって、別に父親と二人でピッザというのを一と皿とった。父親の方は、食欲がなくて、ピッザを肴《さかな》に珍しくビールを、見る見る目のまわりを赤くしながら一本だけ飲んだ。

「ほかになにか食べたいものはないか？　海の空気はおなかが空くよ。」

父親はしきりにそういったが、そんなに食べられるものではない。チサは腹がくちくなって、タクシーのなかでうとうとしたが、浜でひんやりとした潮風に当たると、忽《たちま》ち眠気が醒《さ》めてしまった。浜といっても、矢ノ浦の海岸はほとんどごつごつとした岩浜ばかりで、ところどころに断崖が高く切り立っている。チサは、そこでも父親に手を引かれて、随分歩いた。父親は、めっきり口数がなくなって、どこへいくでもなく、なにを見るでもなく、探しものでもしているように時々立ち止まってはあたりを見回しながら、ただ黙々と歩いていた。

　陽《ひ》が裏山に隠れてしまうと、浜は急に薄暗くなって、風が冷たさを増した。チサは淋《さび》しくなって父親に話しかけたが、父親は③生返事しかしてくれない。それでも、不意に波しぶきを浴びたりして、「父ちゃん、こわい。」というと、昼に動物園でそうしたように手を強く握り返して、「こわくない。父ちゃんと一緒なら、どんなところへいったってこわくない。」と、叱るように父親はいった。

　それにしても、父親にしっかりと抱かれたまま細い坂道を上り詰めて、茨《いばら》のなかを漕《こ》ぐようにして崖縁の方へ近寄ったときは、チサはやっぱりこわくて踠《もが》き出しそうになった。

「父ちゃん、こわい。」

④「こわくない。父ちゃんも一緒だ。」

（三浦哲郎「メリー・ゴー・ラウンド」）

問一 語句 傍線部①の用例として不適切なものを次から選べ。

ア 怪訝な念を抱く　イ 怪訝な表情をする
ウ 怪訝な目で見つめる　エ 怪訝な結果に驚く

問二 語句 傍線部②に込められたチサの気持ちとして最も適当なものを次から選べ。

ア がっかりした気持ち　イ 物足りない気持ち
ウ 思いがけない気持ち　エ 不満そうな気持ち

問三 語句 傍線部③の意味を次から選べ。

ア 突き放した返事　イ いい加減な返事
ウ 迎合した返事　エ うその返事

問四 読解 傍線部④とあるが、こう述べる父親の心理として最も適当なものを次から選べ。

ア 問いかけてくるチサに対する面倒臭さ
イ 言うことを聞かないチサに対する失望
ウ 自分を信用できないチサへの不信感
エ 自分自身の恐怖と戦おうとする決意

◆重要語フィードバック（問題文にある重要語を再確認！）

怪訝（⬇P.230）　呆気ない（⬇P.228）　生返事（⬇P.232）
＊色字は既出語

解答　問一エ　問二イ　問三イ　問四エ

解説　問四父親が何を目的に断崖が切り立つ海岸へとチサを連れていったのかを考える。

第4章 文学必修語ネットワーキング②

第4章頻出⑪～⑳を、2 態度・状態・行為①としてまとめています。ここで学ぶテーマ・語句がどのようなものか、全体像を押さえられます。また、読みや意味の確認にも使えます。

2 態度・状態・行為①

頻出⑪誠実・誠意

⑪
□ 傅く　□ 襟を正す
□ 頭を下げる　□ 真顔
□ 律儀　□ 寡聞
□ 謹厳実直　□ 以心伝心

頻出⑫傲慢・威圧・頑固

⑫
□ 嘯く　□ 高を括る
□ 太々しい　□ 鹿爪らしい
□ 鼻持ちならない　□ 臆面もなく
□ 横柄　□ 執拗

頻出⑬躊躇・遠慮

⑬
□ 気後れがする　□ 及び腰になる
□ 言葉を濁す　□ 踵を返す
□ 鼻白む　□ 決まり悪い
□ 逡巡

頻出⑭即座・突然

⑭
□ 間髪を容れず　□ おいそれと
□ 矢継ぎ早　□ 二つ返事
□ 青天の霹靂　□ 咄嗟に
□ 俄然　□ 頓狂

頻出⑮疲労・疲弊

⑮
□ 音を上げる　□ 身を削る
□ 肩を窄める　□ 放心する
□ 息を吐く　□ 青菜に塩
□ 億劫　□ 落胆

第1章
第2章
第3章
第4章
第5章
終章

■頻出⑯蘇生・復活

⑯
- □息を吹き返す　□昔取った杵柄
- □我に返る　□気付け
- □輪廻　□起死回生
- □臥薪嘗胆　□捲土重来

■頻出⑰疎外・疎遠

⑰
- □愛想を尽かす
- □歯牙にも掛けない
- □小耳に挟む　□素っ気ない
- □蚊帳の外　□懸隔
- □疎遠　□孤立無援

■頻出⑱沈黙・静謐

⑱
- □おくびにも出さない
- □憑き物が落ちたよう
- □まんじりともしない
- □息を潜める
- □思いに沈む
- □事もなげ
- □徐に
- □しじま

■頻出⑲困窮・落魄・閑暇

⑲
- □抜き差しならない
- □梲が上がらない
- □所在ない　□覚束ない
- □手持ち無沙汰　□途方に暮れる
- □閉口　□辟易

■頻出⑳放棄・消滅・無駄

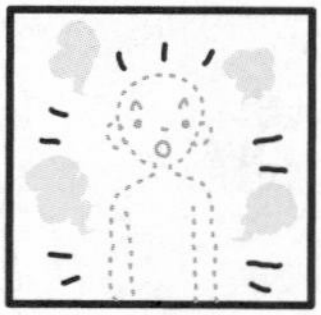

⑳
- □蜘蛛の子を散らすような
- □辞する　□匙を投げる
- □棒に振る　□焼け石に水
- □糠喜び　□徒労
- □没交渉

頻出⑪

誠実・誠意

597 **傅《かしず》く**

仕えて世話をする。大切に育てる。

「お后《きさき》にかしずく」。

関 伺候《しこう》＝おそば近く仕えること。

598 **襟《えり》を正《ただ》す**

身なりを正す。心を引き締める。

衣服の乱れを直すという意から。事をするに当たって、いい加減な態度を改め、気持ちを引き締めるさま。

599 **頭《あたま》を下《さ》げる**

お辞儀をする。謝る。

相手に対して、へりくだった態度をとったり、相手の実力に屈服したりするさま。

600 **真顔《まがお》**

まじめな顔つき。

「真顔で問い直す」。

関 真摯《しんし》＝→P.128

601 **律儀《りちぎ》**

義理固く、誠実なこと。

「律義」とも。「律儀な人柄」。

602 **寡聞《かぶん》**

自分の知識・見聞が狭いこと。

「寡」は「少ない」の意。謙譲語として使う。自分の意見や見識を謙遜していう。

関 管見《かんけん》＝狭い見識。

603 **謹厳実直《きんげんじっちょく》**

慎み深く、まじめなさま。

「謹厳実直な人物」。

関 品行方正《ひんこうほうせい》＝行いが正しいさま。

604 **以心伝心《いしんでんしん》**

言葉によらなくても互いに気持ちが通じ合うこと。

「心を以て心を伝う」の意。もとは禅宗で、言葉で表現できない真理を師の心から弟子の心に伝えること。

確認問題

1 「謹厳」と共に四字熟語をつくる語を次から選べ。

ア 率直　イ 素直　ウ 実直　エ 宿直

2 次の空欄に入る語を後から選べ。

① □を正して道義の必要を今更のごとく感ずるから偉大なのである。（夏目漱石「虞美人草」）

ア 襟　イ 裾　ウ 袂《たもと》　エ 懐　オ 肝

② 母はかえって申し訳なさそうに「ウチのが勝手にケガしただけですけん、もう、そげなことしてもろうたら、こっちが困りますが。」と□。（重松清「半パン・デイズ」）

ア 耳を澄ます　イ 腹を立てる
ウ 胸を反らす　エ 頭を下げる

③ それだけでもう中畑さんには、なんの事やら、ちゃんとわかるのだそうである。Ａ心Ｂ心というやつだそうである。（太宰治「帰去来」）

ア 以　イ 意　ウ 移　エ 電　オ 伝

3 次の傍線部の意味を後から選べ。

① 父親は、**真顔**でチサの手を握り返した。（三浦哲郎「メリー・ゴー・ラウンド」）

ア かたくなな顔つきで
イ いたわりの顔つきで
ウ まじめな顔つきで
エ 思わせぶりな顔つきで
オ 落ち着き払った顔つきで

② 由香ちゃんはそれに**律儀**に答えておじぎしたから、…（重松清「きみの友だち」）

ア 頑固なこと　イ 穏やかなこと
ウ 誠実なこと　エ 臆病なこと
オ 荒々しいこと

4 次の傍線部の意味を簡潔に答えよ。

① 清子という女の人は、いつも控えめに、仁兵衛さんによく**かしずいている**。（佐多稲子「人形と笛」）［尾道市立大］

② 西洋にも電気や瓦斯《がす》や石油のなかった時代があったのであろうが、**寡聞な**私は、彼らに蔭《かげ》を喜ぶ性癖があることを知らない。（谷崎潤一郎「陰翳礼讃」）［東北学院大］

解答　**1** ウ　**2** ①ア　②エ　③Aア　Bオ　**3** ①ウ　②ウ
4 ①仕えて世話をしている　②自分の知識・見識が狭いこと

頻出⑫ 傲慢・威圧・頑固

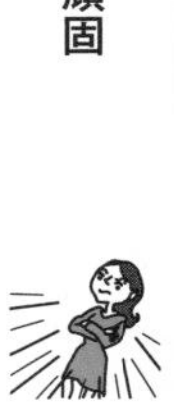

605 嘯《うそぶ》く

とぼけて知らないふりをする。大げさなことを言う。豪語する。

もとは、口笛を吹くの意。「嘘《うそ》をつく」とは意味が異なる。「罪を犯していないと嘯く」。

606 高《たか》を括《くく》る

大したことではないと軽く見る。

関 侮《あなど》る＝相手を軽く見る。馬鹿にする。

関 見《み》くびる＝軽く見て侮る。

607 太々《ふてぶて》しい

振る舞いが勝手で大胆だ。

関 面《つら》の皮《かわ》が厚《あつ》い・厚顔無恥《こうがんむち》・鉄面皮《てつめんぴ》＝恥知らずでずうずうしいさま。

608 鹿爪《しかつめ》らしい

形式的で堅苦しい。まじめぶっている。

「鹿爪」は当て字。「鹿爪らしい解説」。

609 鼻持《はなも》ちならない

言動や様子を見聞きするのが不愉快なさま。

嫌みなさま。もとは、臭くてがまんできないの意。「鼻持ちならない話し方」。

610 臆面《おくめん》もなく

遠慮をするようすもなく、ずうずうしいさま。

恥じたり気後れしたりするところがなく、厚かましく何かをするさま。「臆面」は、気後れした顔つき。

関 蛙《かえる》の面《つら》に水《みず》＝どんな仕打ちにあっても何も感じないで、平気でいるたとえ。

611 横柄《おうへい》

いばっているさま。

関 増長《ぞうちょう》＝つけあがること。だんだんひどくなること。

関 鼻《はな》にかける＝自慢して得意気にふるまう。

612 執拗《しつよう》

しつこいさま。

「執拗に追いまわす」。

関 くどい＝しつこい。色・味が濃厚だ。

確認問題

1 「嘯く」の類義語を次から選べ。

ア　小言　イ　虚言　ウ　吐息　エ　豪語

2 「執拗」の用例として適切なものを次から選べ。

ア　執拗に主張する　イ　執拗に見下す

ウ　執拗に出会う　エ　執拗に悲しむ

3 次の空欄に漢字一字を入れて、「大したことではないと軽く見る」という意味の慣用句を完成させせよ。

「そんなに□を括っていると、逃げられるぞ」（芥川龍之介「猿」）

4 ①　その**太々しい**言葉を聞いているうちに、だんだん激しい忿怒《ふんぬ》が湧き出て来て、…（北条民雄「いのちの初夜」）

ア　押しつけがましい　イ　偉そうな

ウ　勝手で大胆な　エ　声量豊かな

オ　思いやりのない

②　うんうんと頷《うなず》きながら歩く、それだけのことで裕生の**しかつめらしい顔**は嘘《うそ》のように明るく柔らかくなっていった。（松村栄子「僕はかぐや姫」）

ア　堅苦しく真面目くさった顔

イ　思い詰めてこわばった顔

ウ　明らかに不機嫌な顔

エ　わざとらしくておかしい顔

オ　感情がまったく読み取れない顔

［佛教大］

③　貧乏嫌いで、派手で、有名好きで、高慢ちきな性格は、信子から切り離して考えると**鼻持ちのならぬ**ものであったが、…（井上靖「あすなろ物語」）

ア　嫌みである　イ　愛想が悪い

ウ　面目ない　エ　羨ましい

［高崎経済大］

④　いっしょにおいでよという彼女の誘いにのって、**臆面**もなくついてきたのだった。（堀江敏幸「砂の森」）

ア　自信のある様子　イ　否定的な様子

ウ　図々しい様子　エ　気おくれした様子

オ　面倒そうな様子

［法政大］

⑤　少し**横柄**な表情を浮かべ、自分を押し出すように歩いてきた。（伊藤整「若い詩人の肖像」）

ア　おごりたかぶって無礼な態度

イ　制服に入った横縞《よこじま》の模様

ウ　ぷいと横を向いたままの姿

エ　普通よりすこし大きな体格

オ　そっと横たわったような姿

［青山学院大］

解答　**1** エ　**2** ア　**3** 高　**4** ①ウ　②ア　③ア　④エ　⑤ア

613
気後《きおく》れがする
相手の勢いや雰囲気に圧倒されて、心がひるむ。
「優勝候補との試合で気後れがする」。
関 気《き》が引《ひ》ける＝引け目を感じる。気後れがする。

614
及《およ》び腰《ごし》になる
自分の方の形勢が不利だと見て、半ば逃げ腰になる。
確信がなく中途半端な態度であるさま。「及び腰」は、中腰で前方に手をのばした不安定な姿勢。

615
言葉《ことば》を濁《にご》す
事情などをはっきり言わない。
はっきり言っては具合が悪いために、語尾などをごまかして明言を避けるさま。

616
踵《きびす》を返《かえ》す
引き返す。後戻りする。
もとは、体の向きを変える意。「踵」は、かかと。「くびす」とも。「散歩の途中で踵を返す」。

617
鼻白《はなじろ》む
不快に思って興味を失った顔つきになる。気後れした顔をする。
関 興《きょう》が醒《さ》める＝今まで抱いていた興味が失われたり、愉快な雰囲気が損なわれたりする。
関 白《しら》ける＝その場の雰囲気がまずくなる。

618
決《き》まり悪《わる》い
体裁が悪く、なんとなく恥ずかしい。
「決まりが悪い」とも。「見知らぬ人ばかりで決まり悪い」。
関 羞恥《しゅうち》＝恥ずかしく思うこと。恥じらい。

619
逡巡《しゅんじゅん》
ためらうこと。しりごみすること。
「決断を前に逡巡する」。
関 躊躇《ちゅうちょ》＝迷ってぐずぐずすること。
関 右顧左眄《うこさべん》＝情勢をうかがうばかりで、なかなか決断しないこと。

確認問題

1 次の空欄に入る語を後のア〜エから選べ。

① 少し及び□になって、掌《てのひら》を三千代の胸のそばまで持っていった。（夏目漱石「それから」）

② そう言い置いて、小柴は出口の方に□を返した。（誉田哲也「武士道シックスティーン」）

ア 首　イ 腰　ウ 体　エ 踵

2 次の傍線部の意味を後から選べ。

① 葉子は**決まり悪そう**にスパッツの尻をはたきながら言った。（重松清「さかあがりの神様」）

ア できない自分が悪いのだと言いたげに
イ うまく着地を決められず残念そうに
ウ まったく面白くなく面倒くさそうに
エ その場を取りつくろえず恥ずかしそうに
オ わざと悪ぶった態度をとるかのように

② 裕生は少しばかり**鼻白んだ**。（松村栄子「僕はかぐや姫」）

ア 臆病になった　イ 反感を抱いた
ウ 冷静さを失った　エ 元気をなくした
オ 興ざめした ［佛教大］

③ 何に必要なのか、ハルオは**言葉を濁した**が、私も立人も深く追及しなかった。（角田光代「幸福な遊戯」）

ア はっきり言わなかった　イ 嘘《うそ》をついた
ウ 声を発しなかった　エ 無視した

④ 大屋の家はすでにひっそりとして、電話をかけてほしいと云《い》うのは**気が引けた**。（長野まゆみ「野川」）

ア 気おくれがした　イ 気がせいた
ウ 気にかかった　エ 気をきかせた

⑤ ［菜穂子の考えは］空しい**逡巡**を重ねている事が多かった。（堀辰雄「菜穂子」）

ア ひと回りして元の所に戻ることを繰り返すこと
イ 決断がつかないでぐずぐずとためらうこと
ウ 繰り返し同じことについて考えること
エ 自分の言動を正しいと認めること ［熊本学園大］

解答　1①イ　②エ　2①エ　②オ　③ア　④ア　⑤イ

頻出⑭

即座・突然

620
間髪《かんはつ》を容《い》れず
すぐに。
ただちに。
事態が緊急で、その間に髪の毛一本を入れる隙間もないということ。「かん、はつ」と切って読む。

621
おいそれと
簡単に。
考えもなくすぐに。
「おい」と返事をした直後、「それ」と物事に取りかかることから。多く否定を伴う。

622
矢継《やつ》ぎ早《ばや》
次々と**間を置かずにすること。**
矢を続けて射る技が早い、の意。「矢継ぎ早に質問を浴びせる」。

623
二《ふた》つ返事《へんじ》
すぐに承知**すること。**
「はいはい」とすぐさま快く承知するさま。「二つ返事で引き受ける」。

624
青天《せいてん》の霹靂《へきれき》
突然に起こる異変・大事件。
もとは、晴れた青空に急に鳴り渡る雷の音。「晴天」（晴れた空）ではなく、「青天」なので注意。

625
咄嗟《とっさ》に
すぐに。
ごく短い時間に。
「咄嗟」は、ごく短い時間。「咄嗟に判断する」。

626
俄然《がぜん》
急に。
同 **俄《にわか》に＝突然に。すぐに。**
関 **忽然《こつぜん》＝突然。俄に。「忽」は、たちまち。**

627
頓狂《とんきょう》
突然調子はずれ**の言動をするさま。**
「素っ頓狂」とも。「頓狂な声を出す」。

確認問題

1 **次の空欄に入る語を後から選べ。**

小遣いを与えるのは、父親の威厳を示すだいじな儀式だから、□母親が代行するわけにはいかない。（干刈あがた「借りたハンカチ」）

ア ほくほくと　イ おいそれと
ウ とやかくと　エ ほそぼそと

2 **次の空欄に入る適切な漢字一字を答えよ。**

「もう一本」「それ行け」「よく見ろ」□継ぎ早のがなり声に煽《あお》られ…（森絵都「架空の球を追う」）

3 **次の傍線部の意味を後からそれぞれ選べ。**

① **二つ返事**で冒険の仲間入りをしてくれるものとばかり思っていただけに、…（杉山隆男「汐留川」）

ア いやいや承知すること
イ うっかり承知すること
ウ 二度目に承知すること
エ すぐに承知すること

② 「いや」**間髪を容れず**否定してから、どうだろうか、と考えた。（恩田陸「夜のピクニック」）

ア 後先考えず　イ 相手の考えを受け容《い》れず
ウ 何もごまかさず　エ 少しも間を置かず

③ こんなひどい結果になるとは、まさに**青天の霹靂**だ。（笹生陽子「楽園のつくりかた」）

ア 思いがけない大事件　イ 青白くなった顔面
ウ 清々《すがすが》しい気持ち　エ 何も無い状態

④ **とっさに**洋二をとめようとしたのが何故なのか、そのときは自分にも分からなかった。（内海隆一郎「林を抜けて」）

ア すぐに考え直して　イ 条件反射が働いて
ウ 嫌な予感がして　エ ごく短い時間に

⑤ 頭のてっぺんから足の爪先までがことごとく公案*で充実したとき、**俄然として**新天地が現前するのでございます。（夏目漱石「門」）

*禅宗で修行者が悟りを開くために与えられる問

ア 知らぬ間に　イ 意外にも　ウ 急に
エ 思い通りに ［京都産業大］

⑥ 「おや、まあ」お治婆さんは**頓狂な**声で叫んだ。（加藤幸子「海辺暮らし」）

ア びっくりして気を失いそうな声
イ あわてて調子はずれになっている声
ウ とっさに怒りをごまかそうとした声
エ 失望してうちひしがれたような声
オ ことさらに深刻さを装った声 ［センター試験］

解答　**1** イ　**2** 矢　**3** ①エ　②エ　③ア　④エ　⑤ウ　⑥イ

628 **音《ね》を上《あ》げる**

弱音をはく。降参する。

困難に耐えきれず、弱気なことを言ったり気力を失ったりするさま。「重労働に音を上げる」。

629 **身《み》を削《けず》る**

体がやせ細るほど、ひどい苦労や心配をする。

関 身《み》を切《き》られる＝ひどくつらいさま。

関 身《み》を砕《くだ》く＝大変な努力をするさま。

630 **肩《かた》を窄《すぼ》める**

身を縮めておとなしくする。

失敗して肩身が狭い思いをしたり、寒くて縮こまったりして、元気なくしょんぼりとするさま。

631 **放心《ほうしん》する**

他の事物に心を奪われて、ぼんやりする。

関 虚脱《きょだつ》＝気力がなくなり、ぼんやりすること。

関 自失《じしつ》＝我を忘れて、ぼんやりすること。

632 **息《いき》を吐《つ》く**

よくない状況から解放され、ひと休みする。

不安や危険、苦痛や緊張から脱して、安心するさま。「入試から解放され、息を吐く」。

633 **青菜《あおな》に塩《しお》**

すっかり元気をなくして、しょげているさま。

青菜に塩をふりかけると、しおれてしまうことから。「先生に叱られて、青菜に塩となる」。

634 **億劫《おっくう》**

気が進まないさま。面倒なさま。

仏教で「劫」は、きわめて長い時間。その億倍の意。

関 大儀《たいぎ》＝骨が折れ、面倒なさま。疲れてだるいさま。

635 **落胆《らくたん》**

がっかりして気力をなくすこと。

「期待どおりに行かず、落胆する」。

関 意気《いき》消沈《しょうちん》＝がっかりして元気がなくなること。

確認問題

1 次の空欄に入る語を後のア～ウから選べ。

① □を上げた部員が何人も出た。（あさのあつこ「あかね色の風」）

② ―あれは、コロじゃなかった。弘は、□をすぼめてうつむいた。（内海隆一郎「林を抜けて」）

③ 海に出て働く人たちはこの間に少しの間□をつく暇を見いだすのだ。（有島武郎「生まれ出ずる悩み」）

ア 息　イ 肩　ウ 音

2 次の傍線部の意味を後から選べ。

① やはり涙をぽろぽろとこぼしながら下の妹は**放心したように**口を開けて、ただ、片手でしっかりと上の妹の手を握っていた。（山川方夫「最初の秋」）

ア 虚空をながめて　イ 泣き疲れて
ウ 心の赴くままに　エ ぼんやりとして
オ 理解に苦しむように ［琉球大］

② 耕吉はくたびれたように肩を落とした。祐司が何も覚えていないことを確認するたびに**落胆**しているのだ。（宮部みゆき「レベル7」）

ア がっかりして気力をなくすこと
イ 予想外の出来事に言葉を失うこと
ウ 周囲が騒々しく落ち着かないこと
エ 心労のあまり体がやせ衰えること

③ この子は、どういうものか乗り物に弱くて、家では一番のはしゃぎ屋なのに、なにか乗り物に乗るとたちまち、**青菜に塩**になってしまう。（三浦哲郎「春は夜汽車の窓から」）

ア つかれはてて気が沈んでいる様子
イ 緊張して身をかたくしている様子
ウ つらくて周囲にあたっている様子
エ 元気をなくしてしおれている様子

④ いったい何のために美久は**身を削る**ようにして、デザインを続けるのだろうか。（大崎善生「空っぽのバケツ」）

ア 変化に対応する　イ 時間や労力を惜しむ
ウ 物事に夢中になる　エ 自分の存在を消す
オ 非常な苦労をする ［畿央大］

⑤ 二枚の鏡を遣って少し斜めに向いた顔を見る事は出来るだろうがそれを実行するのは**おっくう**であったし、…（寺田寅彦「自画像」）

ア 至難　イ 退屈　ウ 面倒　エ 不愉快
オ 不利益 ［早稲田大］

解答 **1**①ウ ②イ ③ア **2**①エ ②ア ③エ ④オ ⑤ウ

頻出⑯

蘇生・復活

636 息《いき》を吹《ふ》き返《かえ》す

立ち直る。生き返る。

一度は駄目になったと思われたものが、事情が好転して再び勢いを盛り返すさま。

637 昔《むかし》取《と》った杵柄《きねづか》

昔鍛えた腕前。

「杵柄」は、杵（＝うすに入れた穀物や餅をつく道具）の柄（＝握りやすいようにつけた棒状の部分）。

638 我《われ》に返《かえ》る

正気を取り戻す。

意識を失っていた人が意識を取り戻したり、何かに心を奪われていた人が本来の自分に返ったりするさま。

639 気《き》付《つ》け

気絶した人を正気づかせること。元気づけること。気付け薬。

「きづけ」と読むと、郵便物を相手の住所以外に送る場合に、そのあて先に添える語。

640 輪廻《りんね》

仏教で、死んでも次々と別なものに生まれ変わること。

同 転生《てんせい》＝生まれ変わること。「てんしょう」とも。

関 流転《るてん》＝絶えず移り変わること。

641 起《き》死《し》回生《かいせい》

だめな状態からよい状態に立ち直らせること。

死にかかっている人を生き返らせるの意から。「起死回生の策を考える」。

642 臥《が》薪《しん》嘗胆《しょうたん》

目的を果たすために、長い間苦労し努力すること。

もとは、かたきを討とうとして絶えずそれを考え、長い間苦労を重ねること。

643 捲《けん》土《ど》重来《ちょうらい》

一度敗れた人が勢力をもりかえして再び攻めてくること。

「捲土」は、土煙をあげること。「重来」は、重ねてやって来ることで、「じゅうらい」とも読む。

確認問題

1 次の空欄に入る語を後から選び、本文に合う形に直して答えよ。

——ぼんやりとそんなことを考えていた。（略）「あの……」声をかけられてふと我に□。目の前に、背の低い痩せた男が立っていた。（鷺沢萠「明るい雨空」）

ア 戻る　イ 返る　ウ 直る　エ 参る

2 次の空欄に入る適切な漢字を後から選び、四字熟語を完成させせよ。

① 輪廻転□
ア 生　イ 転　ウ 機　エ 換　オ 回

② 起死□生
ア 壊　イ 転　ウ 回　エ 生　オ 快

③ 臥薪□胆
ア 大　イ 肝　ウ 落　エ 魂　オ 嘗　［法政大］

④ 捲土重□
ア 複　イ 責　ウ 厚　エ 海　オ 来　［法政大］

3 次の傍線部の意味を後から選べ。

① それなのに、**昔取った杵柄**だけが残ってるってのがなんとも哀《かな》しいね。（山田詠美「微分積分」）

ア 昔に身につけた技術　イ 昔に取った手柄　ウ 昔に受けた傷　エ 昔にやった失敗　オ 昔に残された印　［愛知大］

② ［おむら婆さんは］やっと上《あが》り框《かまち》まで辿《たど》りついても、履物《はきもの》を脱ぐ前に、まず**気付け**の梅酒をねだることになる。（三浦哲郎「みちづれ」）

ア 気を揉《も》むこと　イ 気があること　ウ 気配りができること　エ 元気をつけること　オ 気が張ること　［桜美林大］

4 次の傍線部の意味を簡潔に答えよ。

この荒療治のおかげで、不幸にも蘇武は半日昏絶*したのちにまた**息を吹き返した**。（中島敦「李陵」）

*目がくらんで気絶すること

解答　**1**返った　**2**①ア　②ウ　③オ　④オ　**3**①ア　②エ　**4**生き返った

644 **愛想《あいそ》を尽《つ》かす**
あきれて、親しい気持ちがなくなり、取り合わない。
関 愛想《あいそ》が尽《つ》きる＝相手に対する好意や信頼が持てなくなる。

645 **歯牙《しが》にも掛《か》けない**
問題にしない。
相手にするほどの価値がないものとして、全く問題にしないさま。

646 **小耳《こみみ》に挟《はさ》む**
ちらっと聞く。
関 音《おと》に聞《き》く＝世間の評判が高い。うわさに聞く。「音」は、うわさ。

647 **素《そ》っ気《け》ない**
思いやりや愛想がない。
関 邪険《じゃけん》＝思いやりがなくて意地悪なさま。
関 ぶっきら棒《ぼう》＝口のきき方などに愛想がないこと。

疎外・疎遠

648 **蚊帳《かや》の外《そと》**
無視され、不利な扱いを受けること。

「蚊帳」は、蚊を防ぐため、つりさげて使う網状のおおい。「一人だけ蚊帳の外に置かれる」。

649 **懸隔《けんかく》**
大きなへだたり。かけ離れていること。
同 逕庭《けいてい》＝非常な隔たり。大きな相違。「逕」は「径」とも書き、狭い小路。「庭」は、広い場。

650 **疎遠《そえん》**
交際がとだえがちで、親しくなくなること。
関 久闊《きゅうかつ》を叙《じょ》する＝久しぶりに会った人に久しく連絡しなかったことをわびる挨拶をする。

651 **孤立無援《こりつむえん》**
味方も、助けてくれる人もいないこと。
多くの中で一つだけ離れていて、他からの助けやつながりがないこと。
関 四面楚歌《しめんそか》＝四方を敵に囲まれていること。

確認問題

1 次の傍線部の意味を後から選べ。

① 合唱は、**歯牙にもかけられず**その辺に放っておかれている。（宮下奈都「よろこびの歌」）

ア 問題にもされず　イ 話題にもことかかず
ウ 比較もされず　エ 相手とも見なされず

② ニュースを**小耳にはさんだ**哲雄があわてて持って来たその青い傘は、…（鷺沢萠「明るい雨空」）

ア 注意して聞いた　イ 聞き流しそうになった
ウ 半信半疑で聞いた　エ ちらっと聞いた

③ その女性も、よろしくと**素っ気ない**挨拶をしたきり、有稀には構わずに仕事を…（増田みず子「夢虫」）

ア 短い　イ 失礼な　ウ 愛想のない
エ 不明瞭な　オ とげとげしい

④ ふたつの領域のはるかな**懸隔**に啞然《あぜん》としつつ…（堀江敏幸「砂の森」）

ア 奥深いこと　イ 共通すること
ウ 遭遇すること　エ かけ離れていること

⑤ そのまま**疎遠になり**、…（宮本輝「寝台車」）

ア 交際がなくなり　イ 遠慮がなくなり
ウ 無関心になり　エ 嫌悪するようになり
オ けんか別れになり 〔センター試験〕

⑥ こんな私の楽天的な態度にもすっかり母は**愛想を尽かしていた**。（牧野信一「地球儀」）

ア 嫌になってとりあわないでいた
イ すみずみまで十分に理解していた
ウ 体裁を取り繕うことができないでいた
エ 意味をはかりかねて戸惑っていた
オ いらだちを抑えられないでいた〔センター試験〕

2 「蚊帳の外」の具体例を次から選べ。

ア 狭い場所から広い場所へと移動したいと強く願うこと
イ 夢中に遊んでいるうちに仲間うちからはぐれてしまうこと
ウ 狭い部屋のなかから思い切って外へ出て行こうと動き始めること
エ 事前に何も知らされないまま話し合いのなかに加わり戸惑うこと
オ 予想外のことがたびたび起こり不安になってしまうこと 〔高崎経済大〕

3 「一人ぼっちで誰の助けもないこと」という意味の四字熟語を答えよ。〔福岡教育大〕

解答　**1** ①ア　②エ　③ウ　④エ　⑤ア　⑥ア　**2** エ　**3** 孤立無援

652
おくびにも出《だ》さない

それらしい素振りにも見せない。

「おくび」は口から出るげっぷの意。あることを固く秘密にして口外もせず、素振りにも見せないさま。

653
憑《つ》き物《もの》が落《お》ちたよう

正気に戻ったさまのたとえ。

「憑き物」は、人に取りつく霊やもののけ。「憑き物が落ちたように真面目に働き始めた」。

654
まんじりともしない

一睡もしない。

不安や気がかりなどのために一晩中眠れないさま。「まんじり」は、うとうとするさま。

655
息《いき》を潜《ひそ》める

気づかれないようにじっとしている。動きを止め、あることに備える。

関 虎視眈眈《こしたんたん》＝機会をねらってじっと様子をうかがっているさま。

656
思《おも》いに沈《しず》む

もの思いにふける。

「ここ数日、思いに沈む」。
関 沈思黙考《ちんしもっこう》＝思いに沈み、黙って考え込むこと。

657
事《こと》もなげ

何事もないかのように平気でいるさま。非常にたやすいというさま。

「事もなげに事件を解決する」。
関 事《こと》もなく＝無事に。たやすく。

658
徐《おもむろ》に

静かにゆっくりと。

「徐に起き上がる」。
同 やおら＝ゆっくりと。

659
しじま

無言。沈黙。静寂。

語源不明。平安時代には無言の意で用いられた。
関 静謐《せいひつ》＝静かでおだやかなこと。

確認問題

1 次の空欄に入る語を後から選べ。

① 弘は、そっと[藪蚊《やぶか》を]追い払いながら、□。（内海隆一郎「林を抜けて」）

ア 鳴りをひそめていた　イ 耳をひそめていた
ウ 鼻をひそめていた　エ 口をひそめていた
オ 息をひそめていた

② 今日も全然みんなと話せなくてへこんでたんだけど、□笑顔で答えた。（風野潮「モデラートで行こう」）

ア 話題にもされず　イ おくびにも出さず
ウ 歯に衣《きぬ》着せず　エ 矢も楯《たて》もたまらず
オ 腹に据えかねず

2 次の傍線部の意味を後から選べ。

① 応挙はしばらく黙った。そして、**おもむろに**口を開いた。（葉室麟「牡丹散る」）

ア 照れて恥ずかしそうに　イ 大きな声で力強く
ウ 落ち着いてにこやかに　エ ゆっくりと静かに
オ 急に慌てふためいて　〔佛教大〕

② 弘は、短く応えただけだった。あとは**思いに沈んだ**顔で、口を一文字にしていた。（内海隆一郎「林を抜けて」）

ア 放心した　イ 不安でたまらない
ウ 深く考え込んだ　エ 不機嫌そうな
オ 気落ちした　〔佛教大〕

③ [祐介は]笑っただけで、**憑物が落ちた**清々《すがすが》しい顔を白っぽい光のもとに晒《さら》していた。（水村美苗「本格小説」）

ア 放心したような　イ 我にかえったような
ウ 気を張ったような　エ 十分寝足りたような
オ ほっとしたような　〔センター追試〕

④ 不思議に思ってきくと、小松さんは**こともなげに**そう言い、製作者の選別を続けた。（まはら三桃「鉄のしぶきがはねる」）

ア 平然として　イ 漠然として
ウ 依然《しょうぜん》として　エ 漫然として
オ 悄然として

⑤ 夜の**しじま**に、ひときわ高くコマーシャルが連呼される。（池内紀「異国を楽しむ」）

ア 漆黒　イ 無聊《ぶりょう》　ウ 喧噪《けんそう》
エ 静寂　オ 一瞬　〔京都女子大〕

3 「一睡もしない」という意味の慣用句を答えよ。

解答　1①オ　②イ　2①エ　②ウ　③イ　④ア　⑤エ　3まんじりともしない

文学必修語編 頻出⑲

困窮・落魄・閑暇

660 **抜《ぬ》き差《さ》しならない**

事態が深刻になり、身動きがとれない。

「抜き差し」は、抜いたり差し込んだりすること。

同 退《の》っ引《び》きならない＝どうにもならない。

661 **梲《うだつ》が上《あ》がらない**

不遇な状態のままで、なかなか出世しない。

「梲」は、梁《はり》（＝柱の上の横木）の上に立てて棟木（＝屋根の一番高いところに使う木材）を支える短い柱。

関 鳴《な》かず飛《と》ばず＝活躍の場がなく、忘れられた存在になっているさま。

662 **所在《しょざい》ない**

これといってすることがなく退屈だ。

「所在」は、すること・仕事。「所在ない時を過ごす」。

関 手持《ても》ち無沙汰《ぶさた》＝→P.254

663 **覚束《おぼつか》ない**

はっきりしない。頼りない。疑わしい。

うまく行くかどうか疑わしいさま。「覚束」は当て字。「成功は覚束ない」。

664 **手持《ても》ち無沙汰《ぶさた》**

することがなく退屈で、時間をもて余すこと。

「無沙汰」は、長い間、訪問や便りをしないこと。「手持ち無沙汰な毎日」。

665 **途方《とほう》に暮《く》れる**

どうしていいか分からない。

「途方」は、方向・目当て・方法。「生きる目標が見えず、途方に暮れる」。

666 **閉口《へいこう》**

手に負えなくて困ること。いやになること。

口を閉じる意。「長いスピーチに閉口する」。

関 手《て》に余《あま》る＝持ちきれない。手に負えない。

667 **辟易《へきえき》**

勢いに押されて、しりごみすること。困ること。うんざりすること。

「辟」は避ける、「易」は場所を変える。もとは、相手を恐れて道をあけて避けること。

確認問題

1 次の空欄に入る漢字を後から選べ。

① 軒下の薄暗い電灯に照らされて□在なげに佇《たたず》んでいる吾郎を見ると…　（鷺沢萠「川べりの道」）

ア 存　イ 現　ウ 所　エ 実　オ 自

② 広い座敷で窓一つに向かった老人の上にもしばらく、□持ち無沙汰な深夜の時が流れる。　（岡本かの子「家霊」）

ア 身　イ 薬　ウ 鼻　エ 手　オ 場

③ 「…前を見んようにしましょう。□方に暮れますから」と倉持は言った。　（宮本輝「バケツの底」）

ア 遠　イ 途　ウ 仕　エ 処　オ 夕

④ 牛尾大六は辟□し、ぐあい悪そうに後退し、…　（山本周五郎「雨あがる」）

ア 易　イ 事　ウ 気　エ 奮　オ 隠

2 次の傍線部の意味を後から選べ。

① 「絵描きですのよ、主人」「――」「主人に言わせると、画壇という雀の群れの中では、セキセイインコは、いっこうに**うだつが上がらない**んですって」　（井上靖「セキセイインコ」）

ア 仲間ができない　イ 金が儲《もう》からない　ウ 地位が上がらない　エ 腕前が上達しない　オ 信頼されない

② 内心ではよほど**覚束なかった**が、まずやってみようとまでは決心した。　（夏目漱石「文鳥」）

ア 頼りなかった　イ 自信があった　ウ 悲しかった　エ 嬉《うれ》しかった　オ 憤っていた

③ 案外こういう言葉を使っていれば、**抜き差しならぬ**決定的な対決にもならず、不満のうちにも相手を許す感情もわいて…　（大庭みな子「心をつなぐ言霊を持った言葉」）

ア 人の命に関わる危険な
イ 人間の力では解決できない
ウ 感情的で、論理では説明できない
エ あまりにもむごくて耐えることができない
オ 動きがとれず、どうしようもない　［学習院大］

④ いまにも、嗚咽→P220が出そうになるのだ、私は実に**閉口した**。　（太宰治「故郷」）

ア 悩み抜いた　イ がっかりした　ウ 押し黙った　エ 考えあぐねた　オ 困りはてた　［センター試験］

解答　**1**①ウ　②エ　③イ　④ア　**2**①ウ　②ア　③オ　④オ

頻出⑳ 放棄・消滅・無駄

668 蜘蛛《くも》の子《こ》を散《ち》らすような

大勢の人が一斉に散って逃げていくことのたとえ。

蜘蛛は袋の中に数百の卵を生むが、袋を破ると多くの子がぱっと逃げ散ることから。

669 辞《じ》する

あいさつして帰る。勧誘などを断る。役や職をやめる。

「議員の職を辞する」。

関 辞去《じきょ》＝あいさつして帰る。

670 匙《さじ》を投《な》げる

あきらめて手を引く。うまく収められず、見放す。

「匙」は、医者が薬の調合に使う匙。いくら調合しても治る見込みがないと治療を断念する意から。

671 棒《ぼう》に振《ふ》る

今までの努力や苦心を無駄にする。

「人生を棒に振る」。

関 水《みず》の泡《あわ》＝努力や苦労などが無駄になること。

672 焼《や》け石《いし》に水《みず》

わずかな努力や援助では効果がないこと。

「焼け石」は、焼けて熱くなった石。これに少しばかりの水をかけても、すぐに蒸発してしまうことから。

673 糠喜《ぬかよろこ》び

見込みが外れて、一時の喜びに終わること。

「糠」は接頭語的に用いて、細かい・はかないの意。

関 当《あ》てが外《はず》れる＝予想や期待に反する結果になる。

674 徒労《とろう》

無駄に労力を費やすこと。

関 徒《いたずら》に＝無駄に。むやみに。「徒に青春を過ごす」。

関 烏有《うゆう》に帰《き》す＝火事で何も残らずに焼けてしまう。「烏有」は「烏《いずく》んぞ有らんや」で、何もないの意。

675 没交渉《ぼっこうしょう》

関わり合いがないこと。

「没」は、「〜がない」の意の接頭語。「長期間、没交渉となっている友人」。

関 没個性《ぼっこせい》＝個性がないこと。

確認問題

1 **「辞する」の用例として適切なものを次から選べ。**

ア 満を辞する　イ 誇りを辞する
ウ 職を辞する　エ 国を辞する

2 **次の空欄に入る語を後から選べ。**

① ［教授は］子どものわがままに□をなげた物分かりのいい大人のような軽い調子で…（安部公房「盲腸」）

ア 秤《はかり》　イ 枡《ます》　ウ 匙《さじ》　エ 碗《わん》　オ 刀

② コウの家庭教師でもらえる二万円なんて焼け石に□以外のなんでもない。（角田光代「空中庭園」）

ア 砂　イ 道　ウ 泥　エ 水

③ 小津という人物と出会うこともなく、二年を棒に□こともなかったろう。（森見登美彦「四畳半神話大系」）

ア 使う　イ 振る　ウ 刺す　エ 括《くく》る

④ 注目すべきはこれと第一領域との関連はほとんど視野に入っていないことであり、さながら両者は□である。（佐々木毅「学ぶとはどういうことか」）

ア 不可分　イ 無秩序　ウ 好対照
エ 相補的　オ 没交渉　［同志社大］

3 **「ちりぢりばらばらに逃げ去る様子」という意味の慣用句「□を散らすような」の空欄に入る語を後から選べ。**

ア 蟻《あり》の子　イ 蜂の子　ウ 数の子
エ 鳥の子　オ 蜘蛛《くも》の子

4 **次の傍線部の意味を後から選べ。**

① 彼は過去を顧みて**徒労に帰した**その努力を悔いはしなかった。（志賀直哉「山の木と大鋸」）

ア むなしい努力はやめようと考え直した
イ なんの益もない労働を押しつけられた
ウ なんの役にも立たない骨折りに終わった
エ 何もしないで元の状態にもどってしまった
オ 無用な苦労をもう一度することになった
［センター試験］

② 警視庁をあげての、凶賊逮捕の喜びも、**ぬか喜び**に終わってしまいました。（江戸川乱歩「怪人二十面相」）

ア 至上の喜び　イ 一時の喜び
ウ 永遠の喜び　エ 細切れの喜び

解答　**1**ウ　**2**①ウ　②エ　③イ　④オ　**3**オ　**4**①ウ　②イ

文章で語彙力チェック⑨（第4章　文学必修語編）

問題　次の小説を読んで、後の問に答えよ。

「俳聖」と呼ばれた松尾芭蕉《まつおばしょう》が、今まさに息を引き取ろうとしている。その臨終の場に集《たか》った門下生たちは、それぞれに複雑な思いを抱いていた。

続いて乙州《おつしゅう》、正秀《せいしゅう》、之道《しどう》、木節《もくせつ》と、病床を囲んでいた門人たちは、順々に師匠の唇を沾《うるお》した。が、その間に芭蕉の呼吸は、一息ごとに細くなって、数さえ次第に減じて行く。喉も、もう今では動かない。うす*痘痕《いも》の浮《うか》んでいる、どこか蝋《ろう》のような小さい顔、遥《はるか》な空間を見据えている、光の褪《あ》せた瞳の色、そうして頤《おとがい》にのびている、銀のような白い鬚《ひげ》――それが皆人情の冷《つめた》さに凍てついて、やがて赴くべき*寂光土を、じっと夢みているように思われる。するとこの時、去来の後の席に、黙然と頭を垂れていた丈艸《じょうそう》は、あの老実な禅客の丈艸は、芭蕉の呼吸のかすかなるのに従って、限りない悲しみと、そうしてまた限りない安らかな心もちとが、①おもむろに心の中に流れこんで来るのを感じ出した。悲しみは元より説明を費すまでもない。が、その安らかな心もちは、②あたかも明方の寒い光が次第に暗の中にひろがるような、不思議に朗《ほがらか》な心もちである。しかもそれは刻々に、あらゆる雑念を溺らし去って、果ては涙そのものさえも、毫《ごう》も心を刺す痛みのない、清らかな悲しみに化してしまう。彼は師匠の魂が虚夢の生死を超越して、常住③涅槃《ねはん》の宝土に還ったのを喜んでいるのであろうか。いや、これは彼自身にも、ⓐ肯定の出来ない理由であった。それならば――ああ、誰か④いたずらに*踏跙《しそ》⑤逡巡《しゅんじゅん》して、己を欺くの愚をあえてしよう。丈艸のこの安らかな心もちは、久しく芭蕉の人格的圧力の⑥桎梏《しっこく》に空しく屈していた彼の自由な精神が、その本来の力をもって、ようやく手足を伸ばそうとする、ⓑ解放の喜びだったのである。彼はこの［　　］たる悲しい喜びの中に、菩提樹《ぼだいじゅ》の念珠をつまぐりながら、周囲にすすりなく門弟たちも、眼底を払って去ったごとく、唇頭にかすかな笑を浮べて、恭しく臨終の芭蕉に礼拝した。――

こうして、古今に*倫を絶した俳諧の大宗匠、芭蕉庵《ばしょうあん》桃青《とうせい》は、「悲歎《ひたん》かぎりなき」門弟たちに囲まれたまま、⑦溘然《こうぜん》と⑧属纊《しょくこう》に就いたのである。

（芥川龍之介「枯野抄」）

［語注］＊痘痕…あばた。＊寂光土…仏が住む極楽浄土。＊踏跙…行き悩むこと。＊倫を絶した…類のない。

問一 語句 傍線部(a)(b)の対義語を記せ。

問二 読解 傍線部①とあるが、この内容として最も適当なものを次から選べ。

ア 一度に止めどなく心の中に流れこんでくる
イ 予期しないままに心の中に流れこんでくる
ウ 静かにゆっくりと心の中に流れこんでくる
エ いつでもどこでも心の中に流れこんでくる

問三 語句 傍線部②の意味を平仮名三字または四字で記せ。

問四 語句 傍線部③の関連語を次から選び、その対義語を漢字二字で記せ。

ア 地獄　イ 彼岸　ウ 陶酔　エ 永眠

問五 語句 傍線部④を漢字仮名交じりで記せ。

問六 語句 傍線部⑤と意味が重ならない語を次から選べ。

ア 右顧左眄《うこさべん》　イ 躊躇《ちゅうちょ》
ウ しりごみ　エ 決意

問七 語句 傍線部⑥とほぼ同じ意味の語を次から選べ。

ア 屈服　イ 束縛　ウ 権威　エ 崩壊

問八 語句 空欄□に入る「うっとりするさま」の意味の二字熟語を次から選べ。

ア 恍惚《こうこつ》　イ 安眠　ウ 暢気《のんき》　エ 酔眼

問九 語句 傍線部⑦は「突然」とほぼ同じ意味だが、「突然」の同義語を次から選べ。

ア 悠然　イ 天然　ウ 俄然《がぜん》　エ 釈然

問十 語句 傍線部⑧と同じ意味で使われている熟語を本文から抜き出せ。

問十一 読解 丈艸の心理として最も適当なものを次から選べ。

ア 仲間たちの悲しみの度合いをうかがう猜疑心《さいぎしん》
イ 俳諧の大宗匠を失うという底知れぬ恐怖
ウ 師匠の束縛からようやく解き放たれた喜び
エ 師匠の功績を伝えていくのは自分だという自負

◆重要語フィードバック（問題文にある重要語を再確認！）

徐に（➡P.252）　恰も（➡P.278）　肯定（➡P.32）
徒に（➡P.256）　逡巡（➡P.242）　桎梏（➡P.110）
解放（➡P.64）　恍惚（➡P.94）　臨終（➡P.134）

＊色字は既出語

解答　問一 (a) 否定　(b) 拘束　問二ウ　問三まるで・ちょうど　問四イ・此岸　問五徒に　問六エ　問七イ　問八ア　問九ウ　問十臨終　問十一ウ　解説 問十一本文23行目以降に丈艸の心情描写がある。

第4章

文学必修語ネットワーキング③

第4章頻出㉑～㉚を、3 態度・状態・行為②としてまとめています。ここで学ぶテーマ・語句がどのようなものか、全体像を押さえられます。また、読みや意味の確認にも使えます。

3 態度・状態・行為②

■頻出㉑㉒称賛・尊敬

㉑
□人口に膾炙する　□一目置く
□兜を脱ぐ　□舌を巻く
□錦を飾る　□功を奏する
□如才ない　□殊勝
㉒
□従容　□鷹揚
□気骨　□瀟洒
□雲泥の差　□高嶺の花
□役不足　□金字塔

■頻出㉓討論・会話

㉓
□水を差す　□歯に衣を着せない
□的を射る　□子細らしい
□切り口上　□泥仕合
□詭弁　□傍目八目

■頻出㉔保留・調整・手段

㉔
□帳尻を合わせる　□曰く言い難し
□名状し難い　□棚に上げる
□体裁を成す　□余儀無い
□塩梅　□試行錯誤

頻出㉕支配・指図

㉕
- □ 追い討ちをかける
- □ 牛耳る
- □ 目配せする
- □ 手玉に取る
- □ 腹を探る
- □ 素っ波抜く
- □ 差し金
- □ 狡猾

頻出㉖批判・非難

㉖
- □ 取り付く島もない
- □ 二の句が継げない
- □ 身も蓋もない
- □ 埒もない
- □ 心許ない
- □ 片腹痛い
- □ 付け焼き刃
- □ 紋切り型

頻出㉗幼少・年少

㉗
- □ 三つ子の魂百まで
- □ 頑是ない
- □ 後生畏るべし
- □ 子は鎹
- □ 屈託がない
- □ 生来
- □ 感化
- □ 天真爛漫

頻出㉘空間・時間

㉘
- □ 屯する
- □ 漫ろ歩く
- □ 一刻を争う
- □ 間断なく
- □ 渡りに船
- □ 後の祭り
- □ 余地
- □ 二六時中

頻出㉙㉚副詞・連語・その他

㉙
- □ 恰も
- □ 押し並べて
- □ 辛うじて
- □ 差し詰め
- □ 得てして
- □ 頗る
- □ 奇しくも
- □ 果たして

㉚
- □ 取りも直さず
- □ 我知らず
- □ 強か
- □ 弥が上にも
- □ 無下に
- □ 因みに
- □ 就中
- □ 畢竟

頻出㉑ 称賛・尊敬①

676 **人口《じんこう》に膾炙《かいしゃ》する**

広く世間に知れ渡る。

「膾」は「なます」、「炙」は「あぶり肉」。どちらも美味の代表として人々に好まれることから。

677 **一目《いちもく》置《お》く**

相手が自分よりまさっていると認め、敬意を払う。

囲碁で、弱い者が先に一つ石を置くことから。

678 **兜《かぶと》を脱《ぬ》ぐ**

降参する。謝る。

関 降伏《こうふく》＝負けて相手に従うこと。
関 投降《とうこう》＝みずから敵に降参すること。

679 **舌《した》を巻《ま》く**

あまりの見事さにひどく感心する。

ひどく驚いて声も出ないさま。「相手の博識に舌を巻く」。

680 **錦《にしき》を飾《かざ》る**

成功して故郷に帰る。

「錦」は、色糸や金糸・銀糸で模様を織り出した美しい厚地の絹織物。「故郷に錦を飾る」。

681 **功《こう》を奏《そう》する**

思い通りに事が運び、期待した成果を収める。成功する。

「奏功する」とも。「地道な研究が功を奏した」。

682 **如才《じょさい》ない**

気が利いていて愛想がいい。抜けめがない。

相手の気持ちをそらさないように、要領よくふるまうさま。「如才」は「如在」の変化で、手抜かりの意。

683 **殊勝《しゅしょう》**

心がけや行いが健気《けなげ》で感心なこと。

「殊勝な心がけ」。
関 奇特《きとく》＝行いが感心なこと。

確認問題

1 **次の空欄に入る語を後のア～エから選べ。**

① 「俺たちはもうこの道を通らなくなるけれど、おばあちゃんは元気でがんばってくれよな」と、声をかけていったという。三年間、朝夕その道を通った中学生のほうが根負けして、□。
（小関智宏「大森界隈職人往来」）

② それから二日間、あの宿で、あなたと共に起居して、私は驚嘆の連続でした。なんという達者なじいさんだろうと、□。
（太宰治「風の便り」）

ア 兜《かぶと》を脱いだ　イ 歯に衣《きぬ》を着せた
ウ 舌を巻いた　エ 思いに沈んだ

2 **次の空欄に入る語を後から選べ。**

今度は主人の鉄砲が少しも□を奏しない。
（夏目漱石「吾輩は猫である」）

ア 効　イ 講　ウ 巧　エ 功　オ 興

3 **次の傍線部の意味を後から選べ。**

① 一平も大助の腕力には**一目置いていた**。
（大城貞俊「アトムたちの空」）

ア 圧倒されていた　イ 恐れおののいていた
ウ 憧れていた　エ 敬意をはらっていた
オ 頼り切っていた

② 看護婦が又**殊勝な**女で小さい声で一度か二度呼ばれると快い優しい「はい」と云《い》う受け答えをして、すぐ起きた。
（夏目漱石「変な音」）

ア まけずぎらいで勝気な
イ 古風で献身的な
ウ しっかりしていて健気な
エ 礼儀正しく優美な
オ なりふりかまわず懸命な
［センター追試］

③ 「それは御丁寧なことです。ぜひ、聞かせていただきましょう。」と、**如才なく**いうと、…
（谷崎潤一郎「蘆刈」）

ア 何気なく　イ 才気なく　ウ はっきりと
エ 愛想よく　オ よろこんで
［南山大］

4 **次の傍線部の意味を簡潔に答えよ。**

父の仇《あだ》滝沢休右衛門を討って、故郷へ晴《はれ》がましい**錦を飾った**ことである。
（菊池寛「仇討三態」）
［福岡教育大］

5 **「人口に膾炙す」の意味を簡潔に答えよ。**
［福岡教育大］

解答　**1**①ア　②ウ　**2**エ　**3**①エ　②ウ　③エ　**4**成功して故郷に帰った　**5**広く世間に知れ渡る

頻出㉒ 称賛・尊敬②

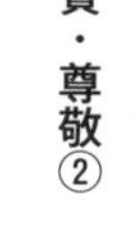

684 従容《しょうよう》
ゆったりと落ち着いているさま。
「従容として死地に赴く」。
関 泰然自若《たいぜんじじゃく》＝落ち着いて動じないさま。

685 鷹揚《おうよう》
小さな事にこだわらず、ゆったりしているさま。

「鷹揚な話し方」。

関 大様《おおよう》＝ゆったりとして、大らかなさま。

686 気骨《きこつ》
困難に屈せず、信念を貫こうする強い心。

「気骨のある人物」。「きぼね」と読むと、心づかい・気苦労の意。

687 瀟洒《しょうしゃ》
さっぱりして、しゃれているさま。

「瀟洒な別荘」。

関 垢抜《あかぬ》ける＝洗練されて、すっきりする。

688 雲泥《うんでい》の差《さ》
大きな違いや差。
関 月《つき》とすっぽん＝あまりにも違うことのたとえ。
関 提灯《ちょうちん》に釣《つ》り鐘《がね》＝釣り合いがとれないたとえ。

689 高嶺《たかね》の花《はな》
ながめるだけで手に入れることのできないもの。

特に、自分とは格が違い過ぎて結婚を望めない女性。

「高嶺の花とあきらめる」。

690 役不足《やくぶそく》
与えられた地位や役目が実力に比べて軽いこと。

他人が言うのは問題ないが、自分で言うと傲慢と受け取られる。「力不足」とへりくだるなら問題はない。

691 金字塔《きんじとう》
後世に残るすぐれた業績。

「金の字の塔」、すなわちピラミッドの形から。「近代文学の金字塔」。

確認問題

1 次の傍線部の意味を後から選べ。

① 鷹揚にうなずきました。（梅崎春生「Sの背中」）

ア 別段興味が無く、どうでもよいと思っている様子
イ 面倒くさく、うっとうしいと思っている様子
ウ 何も考えていない、ぼんやりしている様子
エ ゆっくりとしていて慌てていない様子
オ 偉そうにいばっている様子 ［愛知大］

② 広い庭とガレージ付きの瀟洒な家々が、きっちりした区画に分けられて建ちならんでいた。（内海隆一郎「林を抜けて」）

ア 清潔で、手入れの行き届いた
イ 豪勢で、高級感にあふれた
ウ 開放感があって、落ち着いた
エ さっぱりして、しゃれた
オ 真新しくて、画一化された

2 「従容」の用例として適切なものを次から選べ。

ア 私は従容として友人とけんかをした
イ 彼女は従容として美しいままである
ウ あなたは従容として人間味にあふれている
エ あの人は従容として寂しそうである
オ 彼は従容として入学試験に臨んだ ［神戸学院大］

3 「金字塔」の用例として適切なものを次から選べ。

ア 近代音楽の金字塔　イ 電線をつなぐ金字塔
ウ 建設現場の金字塔　エ 大都会の金字塔

4 次の傍線部の用法が適切な場合はa、不適切な場合はbと答えよ。

会長というような大任は私ごときには役不足ですので、辞退いたします。［法政大］

5 次の空欄に入る語を後から選べ。

① わたしは彼女など、自分のようなものにとってはとても手の届かぬ高嶺の□だと思っていますから、…（筒井康隆「エディプスの恋人」）

ア 人　イ 花　ウ 頂　エ 虹　オ 雲

② それとこれとは雲□の差というよりは、何の共通点もなかった。（島木健作「むかで」）

ア 水　イ 晴　ウ 泥　エ 霧　オ 龍 ［成蹊大］

③ 「近頃の藩政のありようを見ておれば、気□のある若者ならそのくらいのことを考えそうなものだが、どうだ?」（藤沢周平「風の果て」）

ア 分　イ 合　ウ 性　エ 骨　オ 温

解答　**1**①エ　②エ　**2**オ　**3**ア　**4**b　**5**①イ　②ウ　③エ

頻出㉓

討論・会話

692
水《みず》を差《さ》す

仲のよい間柄を割くようにする。邪魔をして続ける気をなくさせる。

「親子関係に水を差す」。
関 生木《なまき》を裂《さ》く＝親しい者や恋人を無理に別れさせる。

693
歯《は》に衣《きぬ》を着《き》せない

包み隠すことなく言う。思ったままを遠慮なく言う。

「歯に衣着せぬ」とも。「衣」は衣服のことで、おおい隠しているものの意。「歯に衣を着せない発言」。

694
的《まと》を射《い》る

的確に要点をつかむ。意見や論評が問題の核心を鋭く衝《つ》いている。

矢を射て、的に当てる意。「的を得る」は本来誤りで、「当を得る」（道理にかなっている）と混同したもの。

695
子細《しさい》らしい

わけがありそうだ。物事を心得ているというようすだ。

「子細・仔細」は、くわしい事情・差し障り。
関 勿体《もったい》振《ぶ》る＝ものものしく振る舞う。尊大ぶる。

696
切《き》り口上《こうじょう》

改まった堅苦しい物の言い方。

一語一句の区切りをはっきりさせて言う意。「口上」は、口で言うこと。

697
泥《どろ》仕《じ》合《あい》

互いに相手を非難しあう、醜い争い。

双方が泥まみれになる争いの意。「泥試合」は誤り。
「討論会は泥仕合と化した」。

698
詭《き》弁《べん》

こじつけ・ごまかしの議論。

道理に合わないことをいかにももっともらしくこじつける、巧みな弁論。「詭弁を弄する」。

699
傍《おか》目《め》八《はち》目《もく》

当事者より第三者のほうが物事をよく見極められるということ。

「岡目八目」とも。他人が打つ碁を傍らから観戦していると、対局者よりも八目も先が見えるということから。

確認問題

1 **次の空欄に入る語を後から選べ。**

① 僕は、オトンとバスとの思い出の世界に□をさされた気がして、…
（森沢明夫「海を抱いたビー玉」）

ア 耳　イ 口　ウ 湯　エ 水　オ 歯

② 犯人は判《わか》っていたので、春生は相手に同じことをやり返して応戦した。完全には食い止められなかったが、一時的に□となった後は緩やかに沈静化してゆき、終息した。
（阿部和重「ニッポニア・ニッポン」）

ア 青天井　イ 泥仕合　ウ 裏取引
エ 猿芝居　オ 大団円
［二松学舎大］

2 **次の傍線部の意味を後から選べ。**

① <u>仔細らしく</u>小声で話し合ってる客もあった。
（志賀直哉「正義派」）

ア わけありげに　イ 秘密めかして
ウ 用心ぶかげに　エ とりつくろって
［神戸親和女子大］

② 枯木産、あるいは海産とは、すべて<u>詭弁</u>である。
（堀田善衞「路上の人」）

ア 弁舌さわやかで信じるに足る議論
イ 道理にあった本当のように見える議論
ウ 自分を正当化するためにする議論
エ 弁舌さわやかに相手を論破すること
オ こじつけの議論
［日本福祉大］

3 **次の傍線部の用法が適切な場合はa、不適切な場合はbと答えよ。**

① 彼の批評は<u>歯に衣を着せない</u>とマスコミで評判だ。

② 話を聞くうちに、ご近所の奥さんたちの議論が全く<u>的を射ていない</u>ことに気づいた。

③ 私は人を一度好きになってしまうと<u>岡目八目</u>で、その人のいいところしか見えなくなってしまう。
［法政大］

④ 先生から「勉強をしなければいけないよ」と指摘され、彼は不服そうな顔で「わかりました」と<u>切り口上</u>で答えた。

解答　1①エ　②イ　2①ア　②オ　3①a　②a　③b　④a

700
帳尻《ちょうじり》を合《あ》わせる

過不足がないように物事の決着をつける。

「帳尻」は、会計帳簿の最後に記す収支の最終計算。

関 **辻褄《つじつま》が合《あ》う＝物事の筋道がよく通っている。**

701
曰《いわ》く言《い》い難《がた》し

複雑で言葉では表現しにくい。

「曰く」は、込み入った事情。「言ふ」の未然形に接尾語「く」がついて名詞化されたもの。

702
名状《めいじょう》し難《がた》い

何とも言葉では言い表せない。

「名状」は、言葉で言い表すこと。「名状し難い光景」。

703
棚《たな》に上《あ》げる

不利なことには触れず、そっとしておく。やるべきことを先に延ばす。

人の目につかない棚の上にのせて、しまっておくということから。「棚上げにする」とも。

704
体裁《ていさい》を成《な》す

姿や形をそれなりに作っている。

「体裁」は、外見・体面。転じて、口先だけの言葉。

関 **体《たい》を成《な》す＝姿や形を作っている。**

705
余儀《よぎ》無《な》い

他にとる方法がない。仕方がない。

他に方法がないので、仕方なくするさま。「退去を余儀なくされる」。

706
塩梅《あんばい》

物事の具合・調子・加減。按排。按配。

室町時代、「塩梅《えんばい》」（料理の味加減）と「按排《あんばい》」（適切な処置）が混交してできた語。

707
試行錯誤《しこうさくご》

いろいろと試みて、失敗を繰り返しながら目標に近づくこと。

「trial and error（トライアル・アンド・エラー）」の訳語。「試行錯誤の子育て」。

確認問題

1 **次の空欄に入る語を後から選べ。**

① 夏の誕生日の子たちは、明るくて元気で活発というイメージだな、なんて自分のことを□にあげて思ったりする。（椰月美智子「しずかな日々」）

ア 風上　イ 屋根　ウ 高み　エ 棚

② 大学に現役で合格してなんとか帳尻は□もののの、高校時代は警察や学校に呼び出されたり、…（重松清「拝復、ポンカンにて」）

ア 持て余した　イ 取り戻した　ウ 済ませた　エ 合わせた

③ 消耗品がつぎつぎに運び込まれて教室の□をなし、…（堀江敏幸「雪沼とその周辺」）

ア 仲裁　イ 体裁　ウ 制裁　エ 和裁

2 **次の傍線部の意味を後から選べ。**

① 僕はその時高木から受けた**名状し難い**不快を明らかに覚えている。（夏目漱石「彼岸過迄」）

ア 言い当てることが難しい
イ 名付けることが不可能な
ウ 意味を明らかにできない
エ 何とも言い表しようのない
オ 全く味わったことのない
［センター試験］

② 湧き上がっていた**いわく言い難い**哀《かな》しみが、絡み合う音の底から（中沢けい「楽隊のうさぎ」）

ア 言葉にするのが何となくはばかられる
イ 言葉では表現しにくいと言うほかはない
ウ 言葉にしてしまってはまったく意味がない
エ 言葉にならないほどあいまいで漠然とした
オ 言葉にするとすぐに消えてしまいそうな
［センター試験］

③ 尾田は物凄《ものすご》い手品でも見ているような**塩梅で**あっけに取られつつ、…（北条民雄「いのちの初夜」）→P228

ア 驚きで　イ 恐れで　ウ 格好で
エ 性質で　オ 具合で
［琉球大］

3 **次の中から「余儀なく」の用法として適切でないものを選べ。**

ア 内閣は総辞職を余儀なくされた
イ 宿泊施設がどこも満室で余儀なく野宿した
ウ 余儀なく欠席したが、事前に連絡をいれた
エ 彼の罪が事実であることは、余儀なく考えられる
［北星学園大］

4 **「いろいろと試みて、失敗を繰り返しながら目標に近づくこと」という意味の四字熟語を記せ。**

解答　**1**①エ　②エ　③イ　**2**①エ　②イ　③オ　**3**エ　**4**試行錯誤

頻出㉕ 支配・指図

708 **追《お》い討《う》ちをかける**

打撃を受けて弱っている者にさらに打撃を与える。

「追い討（打・撃）ち」は、逃げる敵を追いかけて討つこと。

関 **追撃《ついげき》＝逃げる敵を追いかけて攻撃すること。**

709 **牛耳《ぎゅうじ》る**

団体や党派などのかしらとなる。仲間の上に立ち思うままに指図する。

もとは「牛耳を執る」。中国で同盟の中心人物が、刀で牛の耳を切り、皆でその血をすすって誓った故事から。

710 **目配《めくば》せする**

目で合図する。

「目配せ」は、目つきで知らせること。「余計なことを言わないように目配せする」。

711 **手玉《てだま》に取《と》る**

相手を思い通りに操る。

「手玉」は、お手玉。曲芸師が玉を自由自在に扱うところから。「先輩を手玉に取る」。

712 **腹《はら》を探《さぐ》る**

相手の考えをそれとなく知ろうとする。

「腹」は、心や考え。「提案者の腹を探る」。

関 **顔色《かおいろ》を窺《うかが》う＝相手の気持ちをひそかに探る。**

713 **素《す》っ破《ぱ》抜《ぬ》く**

他人の秘密などをあばく。

「素っ破・透っ波」は、武士に仕えた忍びの者。敵陣に忍び込み、敵を出し抜いて情報を入手したことから。

714 **差《さ》し金《がね》**

陰で人を操ること。

歌舞伎の小道具の一つ。金属の棒の先に作り物の蝶《ちょう》などをつけ、それを陰で操って空を舞わせることから。

715 **狡猾《こうかつ》**

ずるがしこいさま。

「狡猾な手段を取る」。

関 **抜《ぬ》け目《め》がない＝うまく立ち回るさま。**

確認問題

1 次の空欄に入る語を後から選べ。

① 席を隔てて李陵を見ては□配せをし、しばしば己の刀環《かたなわ》を撫《な》でて暗にその意を伝えようとした。陵はそれを見た。（中島敦「李陵」）

ア 耳　イ 鼻　ウ 口　エ 額　オ 目

② 「六年間只奉公してあげくの果てに痛くもない□を探られたのは全く お初だよ。私も今夜という今夜は、欲もへちまもなく腹を立てちゃった。…」（有島武郎「親子」）

ア 頭　イ 目　ウ 腹　エ 胸　オ 肝

③ 夫が帰ってきたことも、それも私の何か差し□に依《よ》っての事と単純に合点している様子でした。（太宰治「ヴィヨンの妻」）

ア 身　イ 出　ウ 当　エ 金

2 次の傍線部の意味を後から選べ。

① 自分たちを**手玉にとろうとした**この連中が今、当惑しきっている。（遠藤周作「侍」）

ア 巧みなわなにはめようとした
イ 味方に引きいれようとした
ウ 思うままにあやつろうとした
エ 口先でからかおうとした

② 「藩政ぐらいは、ひとつこのおれが**牛耳って**やるなどと、…」（藤沢周平「風の果て」）

ア 強引にひっくり返して
イ じっくりと取り組んで
ウ 自分の思うように動かして
エ 注意深く気を配って
オ こまめに情報を集めて

③ 私だけがこれら**狡猾な**異端の日本人たちと戦うことができるのだ、と……。（遠藤周作「侍」）

ア ごうまんな　イ ずるがしこい
ウ 恥知らずな　エ 気の置けない

④ さらに**追い討ちをかけて**電話までかかってきて、…（小池昌代「石を愛でる人」）

ア 無理に付きまとって　イ 強く責め立てて
ウ しつこく働きかけて　エ 時間の見境なく
オ わざわざ調べて
［センター試験］

⑤ 俺、よっぽど警部の前で**素っぱぬいてやろう**かと思ったっけ。（志賀直哉「正義派」）

ア ののしってやろう　イ 言い負かしてやろう
ウ 怒鳴ってやろう　エ 暴露してやろう
［神戸親和女子大］

解答　**1**①オ　②ウ　③エ　**2**①ウ　②ウ　③イ　④ウ　⑤エ

批判・非難

716 取《と》り付《つ》く島《しま》もない

すがりつくところがなく、どうしようもない。

「島」は、頼れるものの意。「暇」は誤り。

関 途方《とほう》に暮《く》れる＝→P.254

717 二《に》の句《く》が継《つ》げない

あきれたり驚いたりして、次の言葉が出ない。

相手の言葉にあきれたり気後れしたりして、次に言うべき言葉が出なくなるさま。

718 身《み》も蓋《ふた》もない

露骨で情味も深みもなく、話にならない。

表現が露骨すぎて味わいも含みもなく、聞いていてうんざりするさま。

719 埒《らち》もない

取るに足りない。筋道がなく、とりとめがない。

「埒」は、馬場を囲う柵。

関 埒外《らちがい》＝範囲外。

720 心許《こころもと》ない

物足りず、不満だ。不安である。

「年金だけでは心許ない」。

関 心細《こころぼそ》い＝頼るものがなく、不安に思うさま。

721 片腹痛《かたはらいた》い

わきで見ていて苦々しく、また、滑稽に感じられる。

もとは「傍ら痛し」（はた目にも気の毒だ）。中世以降、「かたはら」を「片腹」と解し、意味が変化。

722 付《つ》け焼《や》き刃《ば》

その場しのぎの知識や技術。

もとは、工程を省いて薬品などで刃を付けたもの。

関 俄仕込《にわかじこ》み＝必要に迫られて大急ぎで覚えること。

723 紋切《もんき》り型《がた》

形式が決まっていること。決まり切っていて新しさがないこと。

もとは、紋の形を切り抜くための一定の型。

同 ステレオタイプ＝「ステロタイプ」とも。

確認問題

1 **「相手の態度が冷淡で、話を進めるきっかけがつかめない」という意味の慣用句を次から選べ。**

ア 取り付く暇もない　イ 取り付く島もない
ウ 取り付く様もない　エ 取り付く馬もない

2 **次の空欄に入る語を後から選べ。**

「東京へ行って相撲取りになりたい。」といった。母はびっくりして二の句が□なかった。
（三浦哲郎「わくらば」）

ア 言え　イ 遂げ　ウ 吐け　エ 継げ
オ 置け　カ 聞け
［九州産業大］

3 **次の傍線部の意味を後から選べ。**

① 手紙の内容は、しかし**埒もない**ものであった。
（三島由紀夫「詩を書く少年」）

ア 簡単な　イ 支離滅裂な
ウ 実用性のない　エ とりとめのない
［大妻女子大］

② それを言っては、**みもふたもない**。
（中沢けい「楽隊のうさぎ」）

ア 現実でなくどうにもならない
イ 大人気なく思いやりがない
ウ 露骨すぎて話にならない
エ 計算高くてかわいげがない
オ 道義に照らして許せない
［センター試験］

③ 自分たちの道徳心が、作者より高い気でいるから、**かたわら痛い**次第です。
（芥川龍之介「戯作三昧」）

ア 滑稽に感じられる　イ きまりが悪い
ウ 恐縮してしまう　エ はらはらする

④ **付け焼き刃**の説明をした後、…（北村薫「スキップ」）

ア とてもあいまいなもの
イ その場しのぎのもの
ウ 鋭くポイントを捉えたもの
エ 誰にでもはっきりわかるもの

⑤ これは今から四十八年前の実験で、うそは言わぬつもりだが、余り古い話だから自分でも少し**心もとない**。
（柳田國男「幻覚の実験」）

ア 不安である　イ 勇気が無い
ウ 待ち遠しい　エ 難しい　オ じれったい
［立教大］

4 **次の中から「紋切り型」の同義語を選べ。**

ア ステレオイメージ　イ ステレオタイプ
ウ ステレオスコープ　エ ステレオコード

解答　**1** イ　**2** エ　**3** ①エ　②ウ　③ア　④イ　⑤ア　**4** イ

頻出㉗ 幼少・年少

724 三《み》つ子《ご》の魂《たましい》百《ひゃく》まで

幼時の性格は年をとっても変わらないというたとえ。

「三つ子」は三歳児のこと。三歳の子供の魂は、百歳まで変わらない、という意。

725 後生《こうせい》畏《おそ》るべし

若者は立派な人物になる可能性があるから畏れるべきだ。

「後生」は、あとから生まれた者、後輩、若輩の意。「後世」（のちの世）は誤り。

726 頑是《がんぜ》ない

幼くて聞き分けがない。あどけない。

「頑是」は、物のよい・悪いの分別の意。「頑是ない子どもの笑顔」。

727 屈託《くったく》がない

物事に拘《こだわ》らず、のびのびしている。心配事がなく、さっぱりしている。

「屈託」は、気にかけてくよくよ悩むこと。「なんの屈託もない日々」。

728 子《こ》は鎹《かすがい》

子は夫婦の間をつなぎとめるものだということ。

「鎹」は、材木を堅くつなぐための両端が曲がった釘。子への愛情によって夫婦の間の不和も治まるの意。

729 感化《かんか》

人に影響を与えて、考え方や心を変えさせること。

「大学の恩師に感化される」。

関 教化《きょうか》＝→P.86

730 生来《せいらい》

生まれつき。生まれたときからの性質や能力。

「生来、人に優しい性格だ」。

関 生得《せいとく》＝生まれつき。「しょうとく」とも。

731 天真爛漫《てんしんらんまん》

言動に飾り気がなく、ありのままであること。

純真で無邪気なことをいう。「天真爛漫な笑顔」。

関 天衣無縫《てんいむほう》＝詩歌などに技巧のあとがなく、完全であるさま。無邪気で飾り気がないさま。

確認問題

1 次の空欄に入る語を後から選べ。

① 千秋さんも、弥之助さんも。三つ子の□百まで、ってやつですかい。（浅田次郎「壬生義士伝」）

ア 命　イ 心　ウ 魂　エ 徳

② おふくろは、子は□だよ、とその知人夫婦にたしなめられて、…（小関智宏「大森界隈職人往来」）

ア 鎹　イ 鍵　ウ 糊《のり》　エ 要

2 次の傍線部の意味を後から選べ。

① お前たちの**頑是無い**驚きの眼は、大きな自動車にばかり向けられていた。（有島武郎「小さき者へ」）

ア 我がままで手がかかること
イ いつまで経《た》っても聞き分けがないこと
ウ まだ幼くてものごとが分かっていないこと
エ 幾つになっても可愛《かわい》らしいこと
オ 腕白で親を困らせること ［神戸女子大］

② 「ええ、もう、どうやら」**くったくなく**、そうほがらかに答えて、…（太宰治「黄金風景」）

ア 鬱屈することなく　イ 恥ずかしげもなく
ウ 屈するような感じがなく
エ 人を食ったような感じがなく
オ 特に何かを気にすることなく ［広島修道大］

③ グリブーユの行動を見ているうちに**感化**されたのか、…（堀江敏幸「砂の森」）

ア 人に影響を与えて心を変えさせること
イ 人を感動させて喜ばせること
ウ 人に感染するほどの強さで説得すること
エ 人を心の底から啓蒙すること
オ 人を叱咤《しった》激励して導くこと ［法政大］

3 次の傍線部の意味を簡潔に答えよ。

古人は**後生恐(畏)るべし**と言いましたがな。（芥川龍之介「戯作三昧」） ［山形大］

4 「生来」の用例として適切なものを次から選べ。

ア 生来、のんきな人柄だ
イ この世に存在することの生来
ウ 地道に働く生来の考え方
エ 生来、進学したくなかった

5 次の中から「天衣無縫」と最も意味が近いものを選べ。

ア 泰然自若　イ 天下泰平　ウ 天真爛漫
エ 純粋無垢　オ 傍若無人 ［南山大］

解答　1①ウ　②ア　2①ウ　②オ　③ア　3後から生まれた人を尊敬しなければならない　4ア　5ウ

頻出㉘ 空間・時間

732 屯《たむろ》する

一箇所に群れ集まる。

「屯」は、人が集まるところや兵士が集合する場所。

関 駐屯《ちゅうとん》=軍隊がある土地にとどまること。

733 漫《そぞ》ろ歩《ある》く

あてもなくのんびりと歩く。散歩する。

「公園を漫ろ歩く」。

関 逍遥《しょうよう》=気ままに歩くこと。

734 一刻《いっこく》を争《あらそ》う

非常に急ぐ。

「一刻」は、わずかな時間。事態が差し迫っていて、時間的な余裕が全くない状態に置かれるさま。

735 間断《かんだん》なく

絶え間なく。

「間断」は、切れ目・絶え間。「間断なく雨が降る」。

736 渡《わた》りに船《ふね》

ちょうど都合がよいこと。

渡し場にちょうど船があることから。何かをしようとするときに都合のよいことが起こり、利用すること。

737 後《あと》の祭《まつ》り

手おくれ。時機遅れであるさま。

祭りの後の山車《だし》が無駄であることから、時機を失するさま。「後悔しても後の祭りだ」。

738 余地《よち》

空いている場所。何かをするだけのゆとり。

「検討の余地がある」。

関 立錐《りっすい》の余地《よち》=ごくわずかな空間。「立錐」は、錐《きり》を立てるの意。

739 二六時中《にろくじちゅう》

一日じゅう。

かつて一日を十二の時刻に分けたことから。二×六=十二。二十四時間と考え、現在では「四六時中」とも。

確認問題

1 次の空欄に入る語を後から選べ。

① いずれにしましても、今になってはもう、あなたがおっしゃるように□です。　（井上靖「星と祭」）

ア 眉唾もの　イ 諸刃《もろは》の剣　ウ 渡りに舟
エ あとの祭り　オ 机上の空論　［聖心女子大］

② 実際彼には、言いわけをするだけの心のゆとりがなかった。また言いわけをしようとしても、証拠があまりに歴然としていて、まったくその□が残されていなかった。　（下村湖人「次郎物語」）

ア 根拠　イ 弁解　ウ 余地　エ 自負

2 次の傍線部の意味を後から選べ。

① 家の周りに**たむろして**いたからすたちが神経質な呼び声で迎える。　（蜂飼耳「崖のにおい」）

ア 寄り集まって　イ うろうろして
ウ 荒らし回って　エ 大声で騒いで
オ ねじろにして　［畿央大］

② 艦砲射撃の**間断ない**重々しい音が、南の方向から空気をふるわせて伝ってくる。　（吉村昭「殉国―陸軍二等兵比嘉真一」）

ア 途切れ途切れの　イ 規則的な間隔で
ウ 絶え間ない　エ 予測不可能な
オ 時間を断つような　［琉球大］

3 次の傍線部の意味を簡潔に答えよ。

① **そぞろ歩く**外国人観光客でにぎわっている。　（青木奈緒「くるみ街道」）［宮城教育大］

② 自在に移動させることも出来る名人だということで、**渡りに舟**だった。　（永井龍男「ブルフロッグ大全」）［長崎大］

③ **二六時中**富岡氏の顔出しする時は全く無かったと言って宜《よろ》しい位、…　（国木田独歩「富岡先生」）［福岡教育大］

4 「一刻」を用いた慣用句として適切なものを次から選べ。

ア 一刻を従える　イ 一刻を恥じる
ウ 一刻を争う　エ 一刻を知る

解答　**1**①エ　②ウ　**2**①ア　②ウ　**3**①あてもなく歩く　②ちょうど都合がよいこと　③一日中　**4**ウ

頻出㉙ 副詞・連語・その他①

740 恰《あたか》も

ちょうど。
まるで。

話し手が見たり感じたりしたことを、別の物事にたとえて形容する場合に用いる。

関 **恰好《かっこう》=適当なこと。ちょうどいいこと。**

741 押《お》し並《な》べて

一様に。
だいたい。

関連するものすべてに渡って一様にその傾向が見られるさま。

742 辛《かろ》うじて

やっとのことで。
ぎりぎりのところで。

「かろうじて」は、「からくして」の転。

同 **からくも=やっとのことで。**

743 差《さ》し詰《づ》め

結局のところ。
さしあたり。

「差し詰む」（切羽詰まったぎりぎりの状態になる）の連用形が名詞化したもの。

744 得《え》てして

ともすると。
ややもすると。

動詞「得《う》」の連用形に接続助詞「て」がついて「得て」となった。「得て」だけで、ともするとの意に。「得て」とも。「傲慢な人ほど得てして失敗する」。

745 頗《すこぶ》る

かなり多く。
たいそう。
大いに。

程度のはなはだしいさま。「すこし」の語根「すこ」に状態を示す接尾語「ぶる」がついたもの。

746 奇《く》しくも

不思議にも。
偶然にも。
怪しくも。

霊妙である意の形容詞「くし」の連用形「くしく」に係助詞「も」がついて副詞化した語。「奇しくも怪我と病気が重なった」。

747 果《は》たして

思ったとおりに。
予想どおりに。
本当に。ついに。

「果たして成功するかどうか」。

関 **案《あん》の定《じょう》=思ったとおり。**

確認問題

1 「一様に」の意味の語を次から選べ。

ア ひっきょう イ あながち ウ ゆくりなく エ おしなべて

2 「あたかも」の用例として適切なものを次から選べ。

ア あたかも悪くはない絵を鑑賞する
イ あたかも帰省するのは十年ぶりだ
ウ あたかも猫のように目を光らせる
エ あたかも昨日のことを話し出した

3 次の傍線部の意味を後から選べ。

① それではあまり予期に反しすぎた。彼は**さしずめ**〇村まで引き返し、…（堀辰雄「菜穂子」）

ア きっと イ やはり ウ さっそく エ できれば オ さしあたり

② それでも声音は、**かろうじて**嘘をつく。（蜂飼耳「崖のにおい」）

ア 無意識に イ やすやすと ウ やっとのことで エ 本心をごまかして オ 厳しい調子で 〔畿央大〕

③ 真実とは貧しく偏頗《へんぱ》なものではなく豊かな百面相なのである。それなのに人は**えてして**ことを一面相で整理したがるようにみえる。（大森荘蔵「真実の百面相」）

ア 得意げに イ ややもすると ウ 特別に エ 要するに オ 何があっても 〔北海学園大〕

④ その話の内容たるや**頗る**簡単なものであった。（井上靖「花の下」）

ア たいそう イ 意外に ウ あきらかに エ それ相当に オ 相変わらず 〔センター追試〕

⑤ **奇しくも**ケンがみずから口を開いた。（玉岡かおる「ひこばえに咲く」）

ア あきれたことにも イ 思いがけなくも ウ ためらいながらも エ 大胆にも オ 浮かれながらも 〔佛教大〕

4 次の傍線部の意味を簡潔に答えよ。

はたして、現像液の中に浮かび上がった順ちゃんのポートレートは、ひどいものだった。（浅田次郎「霞町物語」）〔東北大〕

解答 1エ 2ウ 3①オ ②ウ ③イ ④ア ⑤イ 4思った通り

748 取《と》りも直《なお》さず

それがそのまま。**すなわち。つまり。**

「便りがないというのは、取りも直さず元気だということだ」。

749 我《われ》知《し》らず

思わず知らず。**無意識に。**

自分自身も知らないの意。「我知らず、涙が出てきた」。

750 強《したた》か

ひどく。**非常に強いさま。手ごわいさま。**

「なかなか強かな子どもだ」。

関 **一筋縄《ひとすじなわ》ではいかない＝普通の方法では通用しない。**

751 弥《いや》が上《うえ》にも

なおその上に。**いよいよますます。いっそう。**

すでにそうであるのに、その上、と重ねるさま。「弥」は、程度が次第に強まるさまを表す副詞。

752 無下《むげ》に

素っ気なく。**一概に。通りいっぺんに。**

考慮すべき価値がまったくないとして扱うさま。「無下に断るのも悪い」。

753 因《ちな》みに

ついでに。**それに関して。**

関連する意の動詞「因む」の連用形「因み」が名詞化し、それに「に」がついて接続詞的に用いる。「因みに、父と同様に母も元気だ」。

754 就中《なかんずく》

とりわけ。

「中に就く」の転。多くの物事の中から特に一つを取り立てるさま。

755 畢竟《ひっきょう》

結局。**つまるところ。**

「畢」も「竟」も、終わる。

同 **とどのつまり＝**→P.100

確認問題

1 「なかんずく」の用例として適切なものを次から選べ。

ア なかんずく立ち上がる
イ なかんずく危地を脱する
ウ なかんずく相談に乗る
エ なかんずく秀作である

2 次の傍線部の意味を後から選べ。

① 頭がいい女性というのは**したたか**なものさ。（東野圭吾「幻夜」）

ア ずる賢い　イ 心優しい　ウ 手ごわい
エ 頼りない　オ 洒落《しゃれ》ている

② それがこの遊びのスリルを**いやがうえにも**ますのだった。（江國香織「つめたいよるに」）

ア しぶしぶ　イ だんだんと　ウ ちょっぴり
エ いっそう　オ いやいや

③ **畢竟**我々は大小を問わず、いずれも機関車に変《かわ》りはない。（芥川龍之介「機関車を見ながら」）

ア つまるところ　イ なぜならば
ウ もちろんのこと　エ たとえるならば
オ どちらかといえば　〔成蹊大〕

④ 道子は**われ知らず**顔をほころばした。（岡本かの子「快走」）

ア 自分では意識しないで
イ あれこれと迷うことなく
ウ 人には気づかれないように
エ 本当の思いとは逆に
オ 他人の視線を意識して　〔センター試験〕

⑤ 日本人は、そして、**とりもなおさず**日本語では、表現に際して、現在の事象である事柄や周囲の状況を…（森田良行「日本人の発想、日本語の表現」）

ア 訂正する必要もなく　イ 言うまでもなく
ウ 取り違えることもなく　エ ほかでもなく　〔姫路濁協大〕

3 次の傍線部の意味を簡潔に答えよ。

① **ちなみに**私が一般の読者を対象として書いた『甘えの構造』や『表と裏』などの書物は、「甘え」「オモテ」「ウラ」およびそれに類縁の言葉に含まれる意味を論じたものだと言うことができる。（土居健郎「辞書と私」）

② こんどは、光太夫は相手の申し出を**むげに**は退けなかった。（井上靖「おろしや国酔夢譚」）

解答　**1**エ　**2**①ウ　②エ　③ア　④ア　⑤エ
3①それに関して（ついでに）　②素っ気なく（一概に・通りいっぺんに）

問題　次の小説を読んで、後の問に答えよ。

沼倉は不良少年ではない。餓鬼大将としても①頗《すこぶ》る［A］な*嘉《よみ》すべき餓鬼大将である。同級の生徒を自分の部下に従えて威張り散らすという事は、そういう行為を許して置くことは多少の弊害があるにもせよ、生徒たちが甘んじて悦服しているのなら、強いて干渉する必要もないし、干渉したところで恐らく効果がありそうにもない。いや、それよりも寧《むし》ろ沼倉の行いを褒めてやる方がいい。子供ながらも正義を重んじ、*任侠《にんきょう》を尚《たっと》ぶ彼の気概を賞讃《しょうさん》して、なおこの上にも生徒の人望を博するように励ましてやろう。彼の勢力を善い方へ利用して、級全体のためになるように導いてやろう。貝島はこう考えたので、ある日授業が終ってから、沼倉を傍へ呼んだ。

「先生がお前を呼んだのは、お前を叱るためではない。先生は大いにお前に感心している。お前にはなかなか大人も及ばないえらい所がある。全級の生徒に自分のいい付けをよく守らせるという事は、先生でさえ容易に出来ない仕業だのに、お前はそれをちゃんとやって見せている。お前に比べると、先生などは却《かえ》って恥《はず》かしい次第だ」

人の好い貝島は、実際腹の底からこう感じたのであった。自分は二十年も学校の教師を勤めていながら、一級の生徒を自由に治めて行くだけの徳望と技量とにおいて、この幼い一少年に及ばないのである。自分ばかりか、総《す》べての小学校の教員のうちで、よく餓鬼大将の沼倉以上に、②生徒を感化し心服させ得る者があるだろうか。われわれ「学校の先生」たちは大きななりをしていながら、沼倉の事を考えると*忸怩《じくじ》たらざるを得ないではないか。われわれの生徒に対する威信と慈愛とが、沼倉に及ばない所《ゆ》以《えん》のものは、つまりわれわれが子供のような無邪気な心になれないからなのだ。全く子供と同化して一緒になって遊んでやろうという誠意がないからなのだ。だからわれわれは、今後大いに沼倉を学ばなければならない。生徒から「恐い先生」として［B］されるよりも、「面白いお友達」として気に入られるように努めなければならない。……

「そこで先生は、お前がこの後もますます今のような心がけで、生徒のうちに悪い行いをする者があれば懲らしめてやり、善い行いをする者には加勢をして励ましてやり、全級が一致してみんな立派な人間になるように、みんなお行儀がよくなるように導いて貰《もら》いたい。これは先生がお前に頼むのだ。とかく餓鬼大将という者は乱暴を働いたり、悪い事を教えたりして困るものだが、お前がそうしてみんなのためを計ってくれれば先生もどんなに助かるか分からない。どうだね沼倉、先生のいったことを承知したかね」

③意外の言葉を聴かされた少年は、腑《ふ》に落ちないような顔をして、優和な微笑をうかべている先生の口元を仰いでいたが、暫《しばら》くたってから、ようよう貝島の精神を汲《く》み取る事が出来たと見えて、

「先生、分りました。きっと先生の仰っしゃる通りにいたします」

と、いかにも嬉《うれ》しそうに、得意の色を包みかねてニコニコしながらいった。

貝島にしても満更得意でないことはなかった。

（谷崎潤一郎「小さな王国」）

[語注]＊嘉すべき…良しとして褒めるべき。＊任侠…強きをくじき弱きを助け、仁義を重んじること。＊忸怩…深く恥じ入るさま。

問一 語句 傍線部①の意味を次から選べ。

ア 変わりなく　イ それなりに
ウ はっきりと　エ たいそう

問二 語句 空欄 A に「心がけや行いが健気で感心なこと」、 B に「おそれうやまうこと」の意味の二字熟語が入る。それを漢字で記せ。

問三 読解 傍線部②「生徒を感化し心服させ得る」沼倉に先生は何を期待しているのか。次の文の空欄に当てはまるように本文から適当な語を探して入れよ。

生徒が□な人間になるように、□がよくなるように導くこと。

問四 読解 傍線部③の理由として最も適当なものを次から選べ。

ア 教師と仲良くなって、これからの学校生活が楽しく過ごせそうに思ったから。
イ 教師を言い負かせてやろうと思っていたのに、相手が謝ってきたから。
ウ 教師に叱られるかと思っていたのに、褒められて今後のことも託されたから。
エ 教師の言いなりになれば、大過なく学業を修められるに違いないと思ったから。

◆重要語フィードバック（問題文にある重要語を再確認！）

頗る（➡P.278）　殊勝（➡P.262）　甘んじる（➡P.82）
感化（➡P.274）　所以（➡P.120）　畏敬（➡P.226）
腑に落ちない（➡P.230）　満更（➡P.214）　＊色字は既出語

解答　問一エ　問二A殊勝　B畏敬　問三立派・行儀　問四ウ
解説　問三「生徒を感化」させる沼倉への先生の期待を34行目以降の発話から押さえる。

コラム ④

小説を読んで情感を養おう①

第5章にちなんだテーマの書籍を紹介しています。「人間とは何か」に迫るのが小説の真髄ですが、肩肘張らずに読めるのも小説の良さです。

家族

『海炭市叙景《かいたんしじょけい》』佐藤泰志（小学館文庫）
母は去り、父は亡くなった。唯一の家族である兄が雪山から下山するのを、妹である私は六時間以上待ち続ける。

「さくらんぼパイ」江國香織（『つめたいよるに』所収　新潮文庫）
娘が母の作ったチェリーパイを残したという滑稽な理由から、離婚した夫婦が仲直りに至る。

『櫛挽道守《くしひきちもり》』木内昇（集英社文庫）
嫁ぎ先での居場所がないと嘆く妹を姉が訪れ、立派な母であり家に不可欠な存在になっている、と慰める。

「ネコはコタツで」重松清（『季節風　冬』所収　文春文庫）
田舎の母は、野良猫に「お父ちゃん」と名付けて共に暮らしているが、拭いきれない孤独感に涙を流す。

成長

「キリコさんの失敗」小川洋子（『偶然の祝福』所収　角川文庫）
万年筆や書き物やパフェや口紅などによって、多感な少女がおとなの世界に気づいていく。

『あんちゃん、おやすみ』佐伯一麦（新潮文庫）
少年は、監督から禁じられていた変化球を使って勝利を収めたものの、そこに充実感はなく、淋《さび》しい思いだけを味わった。

『真夜中の自転車』村田喜代子（文藝春秋）
倒れるのを怖がって自転車の稽古に苦戦し、ようやく成し遂げる娘をとりまく一家の姿を描く。

青春

『一瞬の風になれ』佐藤多佳子（講談社文庫）
怪我《けが》にも関わらず大会に向けて練習する連が、怪我を軽視しているとして先生に怒鳴られ、頬を叩かれる。

「受験生の手記」久米正雄（『学生時代』所収　新潮文庫）
私が受験で落第し弟が合格したこと、私の思い人と弟が恋仲であると分かったことにより、私は絶望する。

恋愛

『120％COOOL』山田詠美（幻冬舎文庫）
雨宿りに特別な思い出のある主人公が、雨宿りをしていて出会った美しい女性に、恋してしまう。

「普請中《ふしんちゅう》」森鷗外（『舞姫・うたかたの記』所収　角川文庫）
渡辺はかつての恋人と食事を共にする。女性は男性の伴奏者であることを渡辺が嫉妬せず、かつての恋人は悔しく思う。

『若い詩人の肖像』伊藤整（講談社文芸文庫）
好意を寄せる女子から、別の女子と関係があると勘違いされたと思い込み、私は意気消沈する。

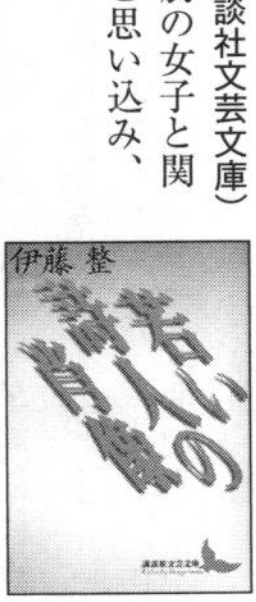

「雨の中の噴水」三島由紀夫（『剣』所収　講談社）
男女の別れに憧れる男が、恋人に別れを切り出す。泣き続ける女を見て、男は言いしれぬ怒りにかられる。

第5章

文学テーマ理解編

- 家族
- 成長
- 青春
- 病気
- 戦争
- 老い

第５章では、文学的文章を読む上で押さえておきたい６テーマを学習します。各テーマの本質をとらえた、それらに適切な作品を読み味わってから、テーマについて学びます。これらを理解することは、人間の本質を知ることにつながり、皆さんの将来にきっと役立つことになるでしょう。

家族

出典 幸田《こうだ》 文《あや》『おとうと』

姉の「げん」と弟の「碧郎《へきろう》」の父親のもとに後妻としてやってきた「母」は、その性格から子どもたちと打ち解けられずにいた。一方、「碧郎」は姉と違って非行に走り「母」を困らせることがたびたびあった。

何より母親にとっていちばんこたえているのは、第一には＊この子を好くことができないこと、第二には好く好かないにかかわらずこの子の性格は、生《な》さぬ中の自分が心身かけてどんなに打ちこんでやっても、それだけに応える大丈夫なものがあるとは信じられない、この二ツのことだった。母は好く好かないの点からは、同じひとの子でも碧郎よりげんを好いていると思えた。それもここへ後妻《ごさい》に来た最初は、もう物のわかりかけているげんの機嫌はとりにくくて、いわゆる「いやな子」であり、碧郎のほうはまだ何もよくわからずすぐ懐いたので扱いやすく思っていた。それが大きくなるにしたがって、げんには女の子としての**服従**→P62が出てきたのにひきかえ、碧郎のほうには男の子として、それから年齢的な反抗が現われだしてきて、形勢は逆転した。碧郎は碧郎で、母に疎まれていることを必要以上に敏感に感じていた。いやがられている、さげすまれている、だから自分もあっちが嫌うのに何の憚《はばか》りがいるものかといった態度なのだった。

第二のことは、これもしようがないことらしく思われた。碧郎の人が

テーマ・作品解説

明治〜戦前の「家族」

時代とともに「家族」「家庭」のもつ役割・イメージは変化する。明治時代においては、子・父母・祖父母あるいはその他親戚などを構成員とする「大家族」が一般的であった。そこでは**家父長制**といって、家長である父が強力な権限を持ち、家族構成員を支配する形態が一般的であった。家長の権限は、子の自由を**束縛**→P110するため、近代文学では「家」による子の**抑圧**→P70、および子の「家」に対する反発という主題が数多く作品として結実することとなった。

戦後日本の「家族」

戦後、**核家族化**→P176が進行すると、かつての大家族は失われ、夫婦のみ、あるいは夫婦とその子どものみからなる家

らが変《かわ》るか、母の心のめどの寄せどころが変るかしなければ、問題は解決しないことだからである。「踏みこんで世話はすべきである。しかし踏みこんで世話をしても所詮背かれそうな危険を感じて、不安で足が進まない。碧郎とのつながりは現在以上にでき得ない」というのでは、やりようがない。無理にやらせることなど誰にもできはしない。そしてそれで母は悩んでいた。母も辛い苦しみかたをしているが、碧郎だって、「してくれなくなったって、いいやい」と憎まれ口を利《き》く心のなかは、悲しさと憤慨でいっぱいになっていないはずはないのだった。まだたった明けて十四の少年なのである。

＊この子……碧郎のこと。

確認問題

本文における「母」についての説明として最も適当なものを選べ。

ア 後妻としてやってきた身として碧郎とのつながりを作ろうとするものの、碧郎の性質を思うとなかなか踏み切れないでいる。

イ 反抗的な態度を見せる碧郎のことを、自分に従順な態度を示すげんよりもかわいいと思うような屈折したところがある。

ウ もともと自分に懐いてくれていた碧郎の心が自分から離れていくにつれて、碧郎に対する悲しみと怒りを抱くようになった。

エ 非行に走る碧郎を母として厳しくしつけようと思ったが、相手がまだたった十四歳の子どもなので遠慮している。

族像が一般化した。戦前の大家族のもとでは家族内の人間関係に煩わされることが多かったが、戦後の家族においてはむしろ「孤立」「孤独」のイメージが家族を覆った。個室付きの洋風家屋の普及に伴って、自室に閉じこもる子ども、核家族化によって孤立する老夫婦、個人主義の浸透に伴い社会的に隔絶されていく家族……。戦後の小説の多くが、こうした移ろいゆく家族を描いている。

主題化されやすい「後妻」

上で取り上げた作品にも言えるが、家族の**軋轢**《あつれき》→P126を直接的に引き起こすものとして主題化されやすいのは「**後妻**」である。新たな母親として家族に加わる者、新たな母親を迎える子どもは時にすれ違うこともあるし、生活をともにする中で互いに家族として認め合うようにもなる。父親が新たな妻を迎える場面では、**家族員同士の葛藤**→P94**がありありと交錯する**→P130のだ。

解答　ア

第5章

文学テーマ理解編

成長

出典 井上《いのうえ》 靖《やすし》『あすなろ物語』

小学六年の鮎太《あゆた》は祖母から近くの雪山で若い男女が心中したと聞かされ、仲間の子どもたちと一緒に心中現場の様子を見に来ている。なお、冴子《さえこ》は鮎太の家で暮らしている祖母の姪《めい》にあたる少女で、村の温泉宿に滞在する加島《かしま》という大学生に想いを寄せていた。

雪は二人の男女の顔の高さとすれすれに降り積《つも》っており、四辺《あたり》は少し蒼味《あおみ》を帯《お》んだひどく静かな世界だった。

鮎太はやっぱりお姉さんだったと思った。男の方の顔は半分雪面に俯《うつ》伏《ぶ》しているので誰か判《わか》らなかったが、鮎太はそれを確かめなくても、それが大学生の加島であることを信じて疑わなかった。

自分に克己ということを教えてくれた大学生の加島が誘ったか、冴子が誘ったか、勿論《もちろん》それは判らなかったが、自分に今までに一番大きいものを与えてくれた二人の人間が、同時に、同じ場所で死んでいることが、鮎太の心に悲しみよりもっと大きい得体の判らぬ衝撃を与えていた。二つの全く異質なものが、雪に包まれて、息をひそめている感じだった。

気がつくと、二人の死体の右手に、杉の木立に混じって、翌檜《あすなろう》の老樹が一本だけ生えていた。鮎太はいつか冴子が家の庭にある翌檜の木のことを、

「あすは檜《ひのき》になろう、あすは檜になろうと一生懸命考えている木よ。で

テーマ・作品解説

「成長」というテーマ

人間の精神的成長を描いた文学は古今東西を通じて人気がある。そこには苦難や葛藤→P94を乗り越え、未来を切り開いていく逞《たくま》しい人間の姿が描かれており、そうした姿が読者の心を強く捉えるからであろう。このテーマを描く作品は、上で取り上げた作品のように少年少女や青年が主人公となりやすい。「成長」を描く作品が主人公と年の近い少年少女や青年などの若い読者の関心を惹《ひ》くのは、彼らが自らの苦境を主人公に重ね合わせ、それを乗り越えるきっかけや活力を得ようとするためなのかもしれない。

「成長物語」と「遍歴物語」

主人公が経験したことが一つずつ主

第1章
第2章
第3章
第4章
第5章
終章

も、「永久に檜にはなれないんだって！　それであすなろうと言うのよ」と、多少の軽蔑をこめて説明してくれたことが、その時の彼女のきらきらした眼《め》と一緒に思い出されて来た。あすなろうの木の下で二人が横たわっているそのことに何の意味もあろう筈《はず》はなかったが、その木の命名の哀れさと暗さには、加島の持つ何かが通じているように鮎太には思われた。

　この二人の死を超えていかねばならない。己れに克《か》って人生を歩んで行かねばならない。中学に入って、沢山本を読まねばならない。そんないろんな昂《たか》ぶった感情が入り混じって、いっせいに鮎太の心から噴き出し、それが鮎太をそこに棒立ちにさせていた。

確認問題

本文における「鮎太」についての説明として最も適当なものを選べ。

ア　自分に克己という言葉を教えてくれた加島が、自分の弱さに負けて死を選んだことに強い憤りを感じている。

イ　独り立ちしようと意気込む自分を、軽蔑を込めて翌檜にたとえた冴子に対して怒りを覚えたこともあった。

ウ　自分も将来は冴子や加島のように純粋な恋愛をしようと、二人の死を前に心新たにしている。

エ　自分にとって特別なことを教えてくれた冴子と加島の死を乗り超えていかねばならないと複雑な高揚感を抱いている。

人公の心に堆積していって、やがてそれらが主人公の**アイデンティティ**→P172の形成に結晶するのが成長をテーマにした**典型的**→P112なパターンである。児童文学者の石井直人はこれを「成長物語」と名付ける一方で、これとは異なるタイプの物語として「遍歴物語」を対置した。「成長物語」が主人公の成長という時間軸を設定しているのに対し、「遍歴物語」は成長という時間軸がなく、主人公は繰り返し同じ〈空間〉を生き続けることで、「作品を通じて繰り返し試される**観念**→P146」を**象徴**→P156する。例えば、『ズッコケ三人組』では主人公たちは繰り返し様々な体験を重ねるが、それにより常に〈友情〉という観念を提示するし、『アンパンマン』は繰り返し色々な出来事や事件に遭遇してそれを解決するが、それにより常に〈愛と勇気〉という観念を提示する。主人公の成長はないかわりに、主人公が〈友情〉〈愛と勇気〉などの観念を象徴しているというわけである。

解答　エ

第5章

文学テーマ理解編

青春

出典　夏目漱石《なつめそうせき》『三四郎』

三四郎は恋心を寄せていた里見美禰子《みねこ》が結婚すると聞かされ茫然《ぼうぜん》自失となっていた。

　朝食《あさめし》後、襯衣《シャツ》を重ねて、外套《がいとう》を着て、寒くない様にして、美禰子の家へ行った。玄関によし子が立って、今沓脱《くつぬぎ》へ降りようとしている。

「里見さんは何処《どこ》へ行ったんですか」

「美禰子さんは会堂《チャーチ》」

　美禰子の会堂へ行く事は始めて聞いた。何処の会堂か教えて貰《もら》って、三四郎はよし子に別れた。横町を三つ程曲ると、すぐ前へ出た。三四郎はともかくもして、美禰子の出てくるのを待つ積りである。

　やがて唱歌の声が聞えた。讃美歌というものだろうと考えた。美禰子の声もそのうちにある。三四郎は耳を傾けた。歌は歇《や》んだ。風が吹く。三四郎は外套の襟を立てた。空に美禰子の好きな雲が出た。

　かつて美禰子と一所に秋の空を見た事もあった。所は広田先生の二階であった。田端の小川の縁に坐《すわ》った事もあった。その時も一人ではなかった。

　忽然《こつぜん》→P244として会堂の戸が開いた。中から人が出る。美禰子は終わりから四番目であった。

「どうなすって」

テーマ・作品解説

青春と文学

　子どもから大人へ。そういう過渡期を生きる青年は時に世間・家族と戦い、時に熱烈な恋をし、時に大きな**理想**→P30を夢見る。そうした青年は、多くの文学作品で主役の座を射止めてきた。

青春小説の代名詞『三四郎』

　主人公の小川三四郎は九州の田舎育ちの青年で、大学生として東京で暮らしている。明治末期には三四郎のように立身出世を目指して上京する若者が増えつつあったが、三四郎もそのような青年として描かれている。三四郎は東京という大都会に孤独を感じてふさぎこみがちであったが、都会的な女性・美禰子に心惹《こころひ》かれる。しかし、三四郎の想《おも》いもむなしく美禰子は他の男

「今御宅まで一寸《ちょっと》出たところです」

「そう、じゃいらっしゃい」

女は半ば歩を回《めぐら》しかけた。相変らず低い下駄を穿《は》いている。男はわざと会堂の垣に身を寄せた。

「結婚なさるそうですね」

美禰子は白い手帛《ハンケチ》を袂《たもと》へ落した。

「御存じなの」と云《い》いながら、二重瞼《ふたえまぶた》を細目にして、男の顔を見た。女はややしばらく三四郎を眺めた後、聞兼《ききかね》る程の嘆息《ためいき》をかすかに漏らした。

「われは我が愆《とが》を知る。我が罪は常に我が前にあり」

それを三四郎は明かに聞き取った。三四郎と美禰子は斯様《かよう》にして分れた。下宿へ帰ったら母からの電報が来ていた。

確認問題

本文の内容や表現についての説明として最も適当なものを選べ。

ア 美禰子の不義理を責めようと、会堂の前で美禰子を待ち構える三四郎の覚悟が、抒情的《じょじょうてき》に描写されている。

イ 若い二人の男女の思いがはかなくすれ違っていく様子が、それぞれの視点から多角的に描かれている。

ウ 美禰子との思い出を振り返りつつも、最後の別れとなる時を迎えようとする三四郎の姿が写実的に描かれている。

エ 美禰子が結婚するという知らせを受けて悄然《しょうぜん》とする三四郎の様子が、比喩的な表現を通じて印象的に描写されている。

と結婚してしまう。『三四郎』はそのようなほろ苦い恋愛を描いた青春小説の代名詞的存在である。

文学を味わおう

上で取り上げた場面は、三四郎と美禰子が最後に言葉を交わす場面である。最後に美禰子は「われは我が愆を知る。我が罪は常に我が前にあり」という旧約聖書の言葉を呟《つぶや》く。これはいったいどういう意味か。実はこの**解釈**→P120をめぐって多くの研究者が多量のインクを流してきた。〈美禰子は都会的な振る舞いで色々な男性を魅惑した女性だった。したがって、これは三四郎を含めた男達への懺悔《ざんげ》の気持ちの表明である〉。あるいは〈美禰子に対して煮え切らない態度をとってきた三四郎に謝罪を求める美禰子の思い〉……。この「謎解き」に**絶対**→P10の答えはない。ぜひ一読して、最後の美禰子の言葉の意味を自分自身で考えてみてほしい。

解答　ウ

病気

出典 **横光《よこみつ》利《り》一《いち》『春は馬車に乗って』**

或《あ》る日彼は医者の所へ妻の薬を貰《もら》いに行った。

「あなたの奥さんは、もう駄目ですよ」

彼は自分の顔がだんだん蒼《あお》ざめて行くのをはっきりと感じた。

彼は海浜に添って、車に揺られながら荷物のように帰って来た。晴れ渡った明るい海が、彼の顔の前で死をかくまっている単調な幕のように、だらりとしていた。彼はもうこのまま、いつまでも妻を見たくないと思った。もし見なければ、いつまでも妻が生きているのを感じていられるにちがいないのだ。

彼は乱れた心を整えて妻の病室へ這入《はい》っていった。

妻は黙って彼の顔を見詰めていた。

「何か冬の花でもいらないか」

「あなた、泣いていたのね」と妻は云《い》った。

「いや」

「もう分っていてよ。お医者さんが何か云ったの」

妻はそうひとり定《き》めてかかると、別に悲しそうな顔もせずに黙って天井を眺め出した。彼は妻の枕元の籐椅子《とういす》に腰を下ろすと、彼女の顔を更《あらた》めて見覚えて置くようにじっと見た。

——もう直ぐ、二人の間の扉は閉められるのだ。

その日から、彼は彼女の云うままに機械のように動き出した。そうし

テーマ・作品解説

不治の病だった「結核」

かつて不治の病と恐れられていた病気は「**結核**」である。明治以降の産業化に伴う長時間労働や栄養失調、都市化による人口密集度の増加が結核の**蔓**《まん》→P.100**延**《えん》に拍車をかけた。

サナトリウム文学

俳人・歌人の**正岡子規**も結核を患い、自らの死と向き合う中で優れた俳句・短歌・随筆を残している。近代文学の歴史をひもとくと、結核にかかった人物を主人公に、あるいは結核にかかった人物の看病をする者を主人公にした小説は数多い。**堀辰雄**『風立ちぬ』、**福永武彦**『草の花』、そして上で取り上げた**横光利一**『春は馬車に乗って』などが有名である（このような作品の舞台

て、彼は、それが彼女に与える最後の餞別《せんべつ》だと思っていた。

「でも、あたしね、あなたに済まないと思うのよ。あなたを苦しめてばっかりいたんですもの。御免なさいな」

「うむ」と彼は云った。

「あたし、あなたのお心はそりゃよく分っているの。だけど、あたし、こんなに我《わが》ままを云ったのも、あたしが云うんじゃないわ。病気が云わすんだから」

「そうだ。病気だ」

「あたしね、もう遺言も何も書いてあるの。だけど、今は見せないわ。あたしの床の下にあるから、死んだら見て頂戴《ちょうだい》」

彼は黙って了《しま》った。——事実は悲しむべきことなのだ。それに、まだ悲しむべきことを云うのは、やめて貰いたいと彼は思った。

確認問題

傍線部「彼は黙って了った」とあるが、ここでの「彼」について説明したものとして最も適当なものを選べ。

ア 妻の死が刻一刻と近づいているが、夫としてその最期をしっかり看取《みと》ってやらなければならないと決意を固めている。

イ 妻が死を覚悟しているらしいことを悟ったが、妻の死期が確実に迫ってきている現実をなかなか受け止めきれないでいる。

ウ 妻の言葉は自分を驚かせるための冗談に過ぎないと見抜き、そうした不謹慎なことを言う妻に怒りを覚えている。

エ 妻の発言は、機械的にしか看病しない自分の不実をなじったものだと気づき、何も言い返すことができないでいる。

となるのが「サナトリウム」という結核患者の治療施設であるので、「**サナトリウム文学**」と呼ばれることもある）。

「病」の文学性

結核を患い、死に直面した人間の恐怖や孤独。あるいはそうした人の病状の進行や死を見届けねばならない人間の悲しみや無念。さらには死の意識の中で切なく結ばれる男女の絆《きずな》。「**病**」というものは、このように**人間の感情が素直に露出し**、**交錯する現場**→P130であり、小説家たちの創作動機になったのもうなずけるだろう。

新感覚派

横光利一は**川端康成**と並ぶ**新感覚派**の一人とされている。それまでにない**斬新**→P60な表現を開拓した点が「新感覚」と評されたことによっているが、本文の波線（〰〰）部分が、当時新しい言語感覚による表現と評価されたものの一端を示している。そうした表現の工夫を味わうのも面白いかもしれない。

解答　イ

戦争

杉の家は世田谷の経堂《きょうどう》にあった。その夜も彼は工場での勤労奉仕のために骨の芯まで疲れ果てて晩飯の雑炊をたべるや、*ゲートルを足にまいたまま眠りこけた。しばらく眠ったと思うと彼は父の大声で眼《め》をさまさせられた。既に敵の編隊は東京の空を飛びまわり、その轟音《ごうおん》や高射砲の炸裂《さくれつ》する響きのために杉の寝ている部屋の窓硝子《まどガラス》は小きざみに揺れていた。その窓をあけて見ると、渋谷、青山付近の空が古血のような赤黒い炎の色を反映して拡がっていた。火の粉は風に送られて時々、屋根の上を飛びすぎて消えていく。遠い家々の燃えるような音にまじって群衆の叫ぶ喚声がドッときこえてくるのである。勿論《もちろん》、群衆の喚声があのように伝わる筈《はず》はないのに杉の耳にはたしかにそれがきこえた。

「早くおりんか」父は庭から息子を呼んでいる。「まだ運ぶものが沢山あるんだ」

しかし杉は寝床に体を横たえたまま眼をあけて夜空をじっと眺めた。敵機の尾燈と星屑《ほしくず》の光とが夜空の中では見わけがつかぬ。探照燈の青白い光が空を駆けめぐっている。時々、二つの長い光が一点で結び合うとその真中に両足をひろげた虫に似た大きな飛行機の影がうかびあがった。トタン屋根の上に小石のぶつかるような音がはじまった。家の焼ける臭気が少しずつ強くなった。

出典　**遠藤周作《えんどうしゅうさく》『あまりに碧《あお》い空』**

テーマ・作品解説

戦争と文学

太平洋戦争終結後、悲惨な戦争体験をした一群の作家たちから、戦争をテーマにした多くの文学が生まれている。代表的作品としては**大岡昇平《おおおかしょうへい》**『野《の》火《び》』『俘虜記《ふりょき》』、**原民喜《はらたみき》**『夏の花』、**井伏鱒《ます》二《じ》**『黒い雨』、**野坂昭如《のさかあきゆき》**『火垂《ほた》るの墓《はか》』などが挙げられる。

多様性に満ちた「戦争」文学

戦争をテーマにした文学作品が描くものは**多様性**→P16に満ちている。それだけ**戦争体験というものが人間存在や人間心理**→P14**の本質をえぐる**からなのであろう。

極限状況に置かれた人間心理

戦争は人間を死と隣り合わせの極限的状況に**否応なく**→P232追いやる。それは何

杉はこの時、今、誰かが死んでいるのだなと感じた。そして自分もひょっとすると今夜死ぬのかもしれぬと思った。だがふしぎにこの時は死にたいして恐怖は起《おこ》らなかった。毎日の疲労や毎日のくるしい生活にたいする嫌悪感が死の恐怖より強かったからである。青白い探照燈の光をながめ、彼は眼をつむった。それから彼は父に烈《はげ》しくゆり起されるまで眠りこけていた。

既に空襲は終っていた。ぶきみなほどあたりは静かだった。遠くでパチパチというまだ家々の燃えている音がかえってその静かさを深めるのである。空襲の時は気がつかなかったのに月が黒ずんで屋根のむこうを照らしている。つかれ果てた杉の心には今夜も一晩だけ生きのびたという疲労とも諦《あきら》めともつかぬ感慨が起っただけだった。

＊ゲートル……ズボンの裾を押さえて、足首から覆うもの。

確認問題

本文の内容や表現についての説明として最も適当なものを選べ。

ア 空襲が来ても動じない杉の心の強さが、空襲におびえて慌てて逃げ出そうとする父の姿と対照的に描かれている。

イ 過酷な時代状況にありながらも、自分の生き方を大切に守ろうとする杉の様子が、淡々とした筆致で描写されている。

ウ 極限状況において、生きることを諦めたような杉の達観した姿勢が、杉の心情に踏みこむことなく冷静に叙述されている。

エ 日々の苦しさが勝《まさ》って、死に対する恐怖が麻痺《まひ》している杉の姿が、視覚などの感覚的表現とともに印象深く描かれている。

も自分の死に限ったことではない。時に兵士として敵国の兵士を殺さねばならない「他者の死」として死は現前することもあるだろう。**「死」「殺人」などという文学的テーマ**がここには**露呈**→P130している。あるいは戦地においては人間は自分の欲望を抑えきることができなかったりする。食欲などの生理的欲望がむき出しになった人物、兵隊を支配しようというびつな欲望にかられた上官……。こうした**人間のもつエゴイズム**→P174は多くの作家の文学的関心をも集めてきた。

「銃後」の人々

最前線の戦地だけが物語の舞台になるわけではない。肉親や恋人が兵隊にとられてしまえば、戦地に赴く者と残される者の恐怖、悲哀、絶望が描かれる。上で取り上げた作品のように、空襲は「死」というものに人を直面させる。また、戦争が長引けば厭戦的《えんせんてき》気分も生まれる……。こうした**「銃後」の生活も文学的な舞台となる。**

解答 エ

老い

出典 上田三四二《うえだみよじ》『立秋のころ』

季節の感覚には年齢が関係するらしい。本卦還《ほんけがえ》りをしたいま、そのことが身にしみて思われる。

若いときは夏休みの終わりが夏の終わりだった。学校時代はもちろん、学校を出てからもながいあいだ、八月といえば夏そのものだった。つくつくほうしが鳴き出し、馬追《うまおい》が障子に来て、しめやかな涼しい声を聞かせはじめると、それが秋の到来だった。

十五年ほどまえ、『日本の詩歌』のシリーズで太田水穂を担当したとき、大正六年「大原海岸」と題した作品に、「葦《あし》むらをおし靡《なび》けくる秋風の寒さに瞑《つ》むる我がまなこかも」があって、それが七月にその地に肺炎の病後を養ったときの歌と知って驚いたことがある。前年の八月にも、水穂は立秋のころ東山温泉に旅をして、「立ちそめし今宵《こよい》の秋の風ならん山の萱原《かやはら》うちなびく見ゆ」と歌っている。水穂はこのころすでに芭蕉に傾倒しているから、季節の折り目を俳句の約束に求めたと考えられるが、根本には彼自身のうちに鋭敏な季節の感覚あってのこととしなければならない。大正六年は水穂数え年四十三歳である。

水穂の歌を評釈したとき、私もほぼ同じの年齢であったが、立秋に秋の実感はなかった。「風の音にぞ驚かれぬる」の古歌を知っていても、身をもって古歌のこころを理解するにはいたらなかった。

これまで、季語を必要としない短歌の気安さから、作歌の上でも季節

テーマ・作品解説

「老いゆく者」自身にとっての老い

重篤な病でなくとも、人は年老いていくにつれて、自らの人生の遍歴を振り返り、それが意味あるものであったかを問うだろう。あるいは、人生に幕がおりる瞬間が近づくにつれ、自らの人生をいかに閉じるべきかについて考えるだろう。このように、老いによって「死」が差し迫った人間は、自らの人生について様々な思いが去来するはずである。そうした**「老境」（＝年老いた境遇）は、文学的な関心を喚起**→P124**しやすいテーマ**であり、そこでは**老いを迎えた者の悲哀、感慨などが主題として描かれる**ことになる。

「老い」の効用

人は齢《とし》を重ねる中で、身体的な衰え

の感覚を歳時記よりは自由に主観の側に片寄せて扱ってきた私であったが、いま、おのずから、歳時記にしたがっている自分に気付く。身の衰えのためだろうか。たぶん、そうだと思う。血気盛んであったころには表面を通り過ぎてしまったかすかなものの気配が――たとえば立秋の風のそよぎが、古歌にいうとおり、そこにすでに秋をひそめていることを私におしえる。

小さな川に出る。川風が吹く。世はこんなにも暑く、秋とは義理にも言えそうもないのに、夕風はかすかに秋を含み、川風はことにそうだ。この感覚はわが身からのものか。それとも、「秋立つや川瀬にまじる風の音」――蛇笏《だこつ》の句にみちびかれてのことか。蛇笏の句にみちびかれてのこととしても、私の側にそれだけの身体的理由がなくてはかなわない。六十の私が、そこにいる。

確認問題

傍線部「いま、おのずから、歳時記にしたがっている自分に気付く」とある。ここにあらわれた筆者の思いの説明として最も適当なものを選べ。

ア　若い頃には自由に季節を感じることができていたのに、年を取りそうした感覚が失われたことに絶望を覚えている。

イ　季節というものの移り変わりを察することができるようになっていることに気づき、自らの老いをしみじみと感じている。

ウ　血気盛んな自分もすっかり大人しくなったことを惜しむ一方で、自然に親しむことができるようになったことを喜んでいる。

エ　立秋に秋の気配を感じるようになっていることに気づき、これからはよりよい作歌ができるようになると期待している。

解答　イ

を強く意識するだろう。また、心身とも万全だった頃に比べれば、社会の中で「必要とされている」感じも抱けなくなっていくだろう。だが、「老い」とはそのような否定的な意味をもつばかりではない。むしろ、身体が衰えていくからこそ、そして産業社会のサイクルを外れるからこそ、**自然の大きな循環の中で自らの身体を捉え返すようになる。**ふとした**自然の変化に対する鋭敏な感覚をもたらし、その人の日々の生活を豊かなものとするという面が「老い」にはある**のかもしれない。上で取り上げたエッセイも、そうした「老い」のありように気づいた筆者の感慨を述べたものと読むことができるだろう。

「老い」を考える意味

誰しも必ず迎える「老い」というものにどう向きあっていくのか、**身近に存在する老いた人々の存在をどう受けとめていくのか**、ということは、**超高齢化社会を迎えた現代**においてきわめて重要な問いである。

コラム 5

小説を読んで情感を養おう②

第5章にちなんだ書籍を紹介しています。戦争や病気、老いなど極限状況に陥った人間描写のすさまじさには目を見張るものがあります。

友情

「東京画」吉田修一（『あの空の下で』所収　集英社文庫）

親友は裏切り合えるものであると感じる雅夫は、予定に結局来られないという友人に苛立《いらだ》ちもせず、快諾する。

病気

「春は馬車に乗って」横光利一（『機械・春は馬車に乗って』所収　新潮文庫）

結核で入院し、恩返しして死にたいと言う妻の傍らで、気持ちを転換させるべく、夫は話題を逸《そ》らそうとする。

「風立ちぬ」堀辰雄（『風立ちぬ・美しい村』所収　新潮文庫）

死病に侵された恋人との二人きりの時間に比類なき幸福を見出した私は、小説として残すことを思いつく。

「明るい夕方」吉本ばなな（『体は全部知っている』所収　文春文庫）

命に関わる可能性のある病気が原因で幼馴染《おさななじみ》が入院したが、前日まで普段通りに過ごし、潔い姿であった。

戦争

「出征」大岡昇平（『大岡昇平集〈2〉出征』所収　岩波書店）

出征を前にして死を実感した男は、これまでの人生を振り返って屈辱を感じ、海に千人針を投げ捨てた。

『殉国―陸軍二等兵比嘉真一』吉村昭（文春文庫）

小柄な青年比嘉真一は、彼が想像していたよりも遥かに大きい艦砲射撃の音を聞き、戦慄する。

『東京の戦争』吉村昭（ちくま文庫）

戦争末期の混雑した電車で亡くなった母のもとに帰ろうとするが、切符の数は限られており大変困難であった。

『黒い雨』井伏鱒二（新潮文庫）

姪《めい》のつけていた「被爆日記」を清書していると、矢須子に放射線による原爆病の症状が現れ始める。

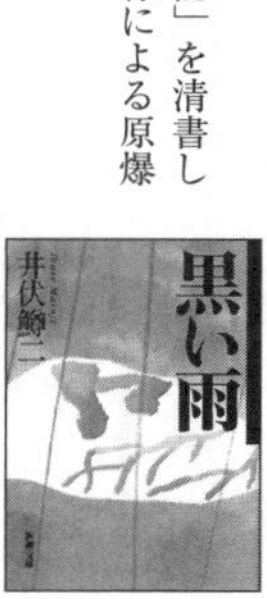

『少年たちの戦場』高井有一（講談社文芸文庫）

少年たちは、空襲から逃れるために集団疎開を行う。疎開先の子供たちは快く受け入れてくれる。

老い

『わが母の記』井上靖（講談社文庫）

認知症が進み記憶が部分的に消えている母親と過ごした年月を思い起こし、老いへの不安を感じる。

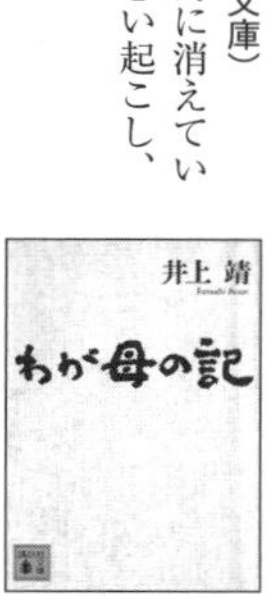

『海岸公園』山川方夫（新潮社）

彼の妾《めかけ》の家に預けてしまおうとする際に駄々をこねた、老いきった祖父に対し、孫たる私は怒りに燃える。

『恍惚《こうこつ》の人』有吉佐和子（新潮文庫）

老人性痴呆《ちほう》を患う父が風呂で溺れかける。救命されるも、医者は嫌いだ、と彼は言い始める。

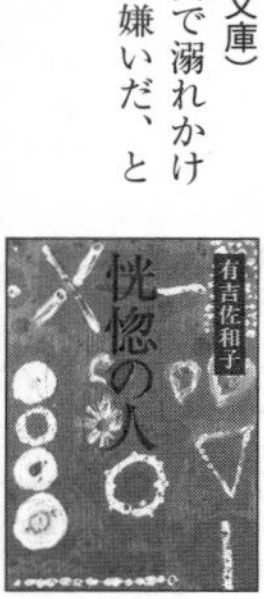

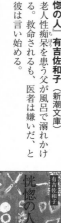

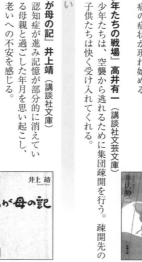

終章

意見論述編

● 方法①～④

終章では、学んだ単語・テーマなどをアウトプットとして生かすために、意見論述の仕方を学習します。意見論述では、与えられたテーマや文章について、自分の体験や知識をもとに、具体的に論じることが求められます。豊かな発想にもとづき、自分の意見をまとめる力は、社会の変化とともに、今後ますます必要となると思われます。思考を視覚的に表現し、文章化するための４つの方法について学びましょう。

終章

意見論述編

方法①

マインドマップで思考・表現する

●テーマから心に思い描いたことを表現する――マインドマップ

例1 「責任」という言葉から連想するあなた自身の経験を述べなさい。

例1 マインドマップ作成例

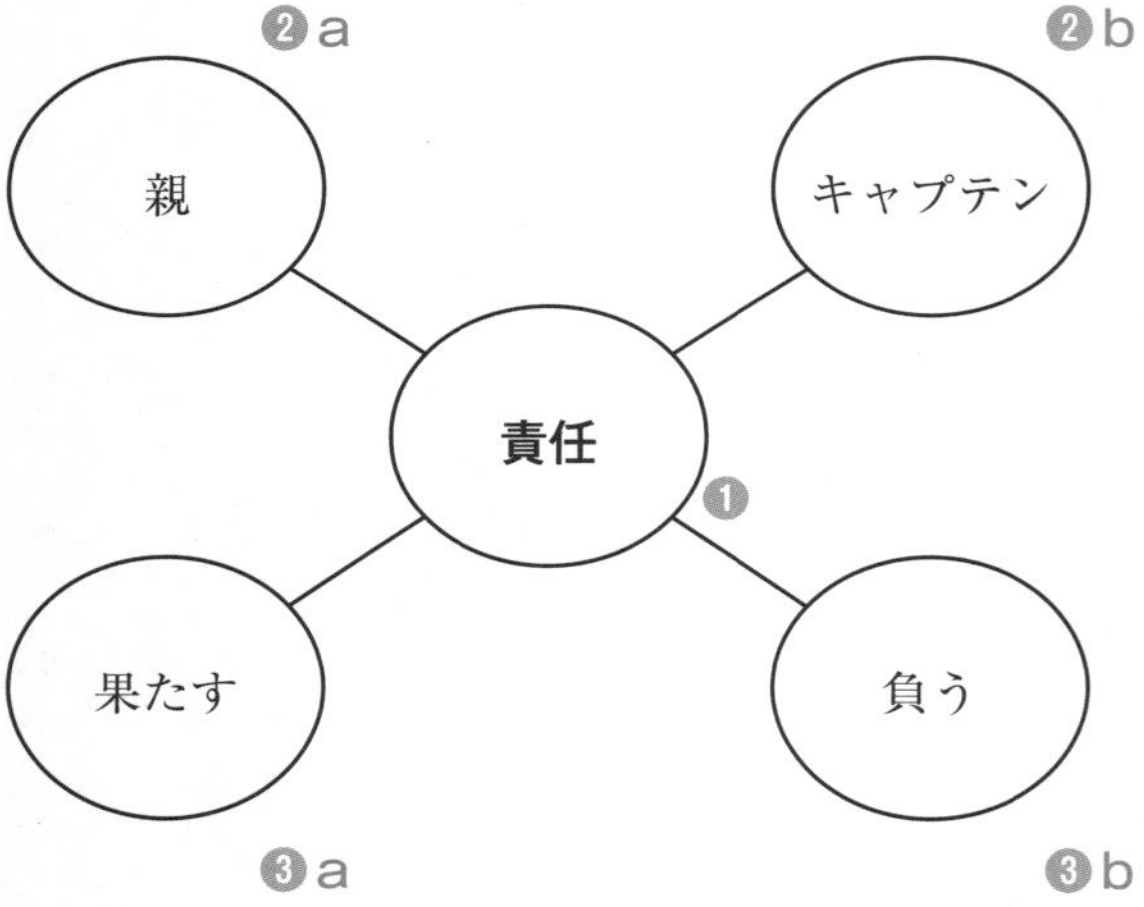

例1 解説

▼マインドマップとは何か

テーマだけ与えられた場合、意見論述のためには、そこからイメージを膨らませることが大事だ。イメージを表現する道具としてマインドマップを使う。

▼どう使うのか（①②③、ab は上に対応）

① 真ん中の円にテーマ「責任」を入れる。

② その周辺に思いつく言葉を書き込んでみる。責任がある人として「親」（a）、「キャプテン」（b）などが思いつく。

③ 「経験」を述べるのだから、「責任」という言葉につながる動詞を考えてみる。すると、「責任を果たす」（a）、「責任を負う」（b）などが思い浮かぶ。

④ 出てきたイメージをつなげてみよう。例えば「私はキャプテンとしての責任を～のように果たした」という内容で文章を書くことができる。

▼メリットは何か

ばらばらのアイデアを結びつけやすくなる。

例2 「子どもの貧困」について、あなたの考えを述べなさい。

例2 マインドマップ作成例

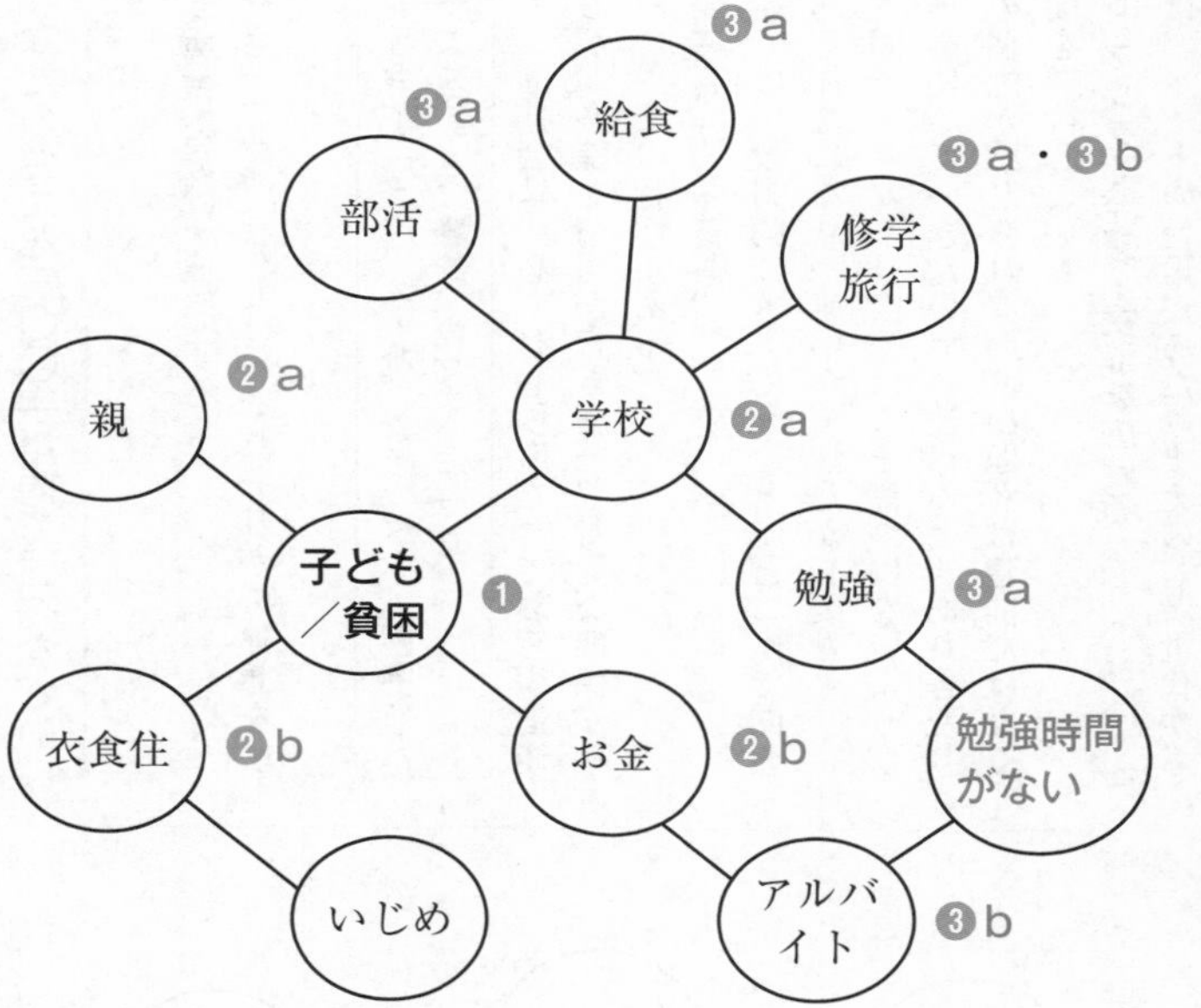

例2 解説

「子どもの貧困」というテーマでは、例1とは違い、「○○の△△」というテーマになっている。この場合、「○○」と「△△」に分ける。

▼どう発想するのか（❶❷❸、abは上に対応）

❶ 「子ども」と「貧困」と二つの要素があるので、それぞれについてイメージを膨らませる。

❷ 「子ども」からは「学校」「親」が連想される（a）。「貧困」から思い浮かぶのは、例えば「お金」「衣食住」に困るというイメージ（b）。

❸ 最初のイメージから発想を膨らませてみよう。学校で子どもがすることは勉強、そして部活、給食、修学旅行など（a）。一方、お金に関係するのはアルバイトや修学旅行など（b）。

❹ これらを組み合わせると、子どもの貧困について、より具体的に想像することが可能となる。例えば「貧困家庭の子どもは家計を助けるためにアルバイトに忙しく勉強する時間がないことで進学が難しくなる」といった具合だ。

例題 「ネット社会における言語」について、あなたの考えを三〇〇字以内で述べなさい。

❶考え方

▼テーマを要素に分けて連想する

「ネット社会」「言語」に分け、それぞれから連想を広げてみる。

◎「ネット社会」→LINE、メール、ツイッター、動画など。
◎「言語」→つぶやき、議論、絵文字、デマなど。

また、ネット社会は、必ずしも秩序→P28立っておらず混沌《こんとん》→P28としているが、多様→P16な情報が行き交い、対等な関係が築けるところに、その特性がある。

▼意見論述における注意点

意見論述では、教訓的に考えていくと、どこかで聞いたことのある作文になりやすいから注意が必要だ。

例えば本問で「ネット社会では人を傷つけないよう、適切な言葉を使っていきたい」と述べると、ありきたりで書き手の個性が感じられない。出題者は建前→P30ではなく本音→P30の議論を期待している。

▼マインドマップで発想・視野を広げる

出題者は、ネットの使用があたりまえの若者世代からネットの魅力を引き出したいのだ。マインドマップを使ってみると、発想や視野を広げることができる。

❷マインドマップを作成する

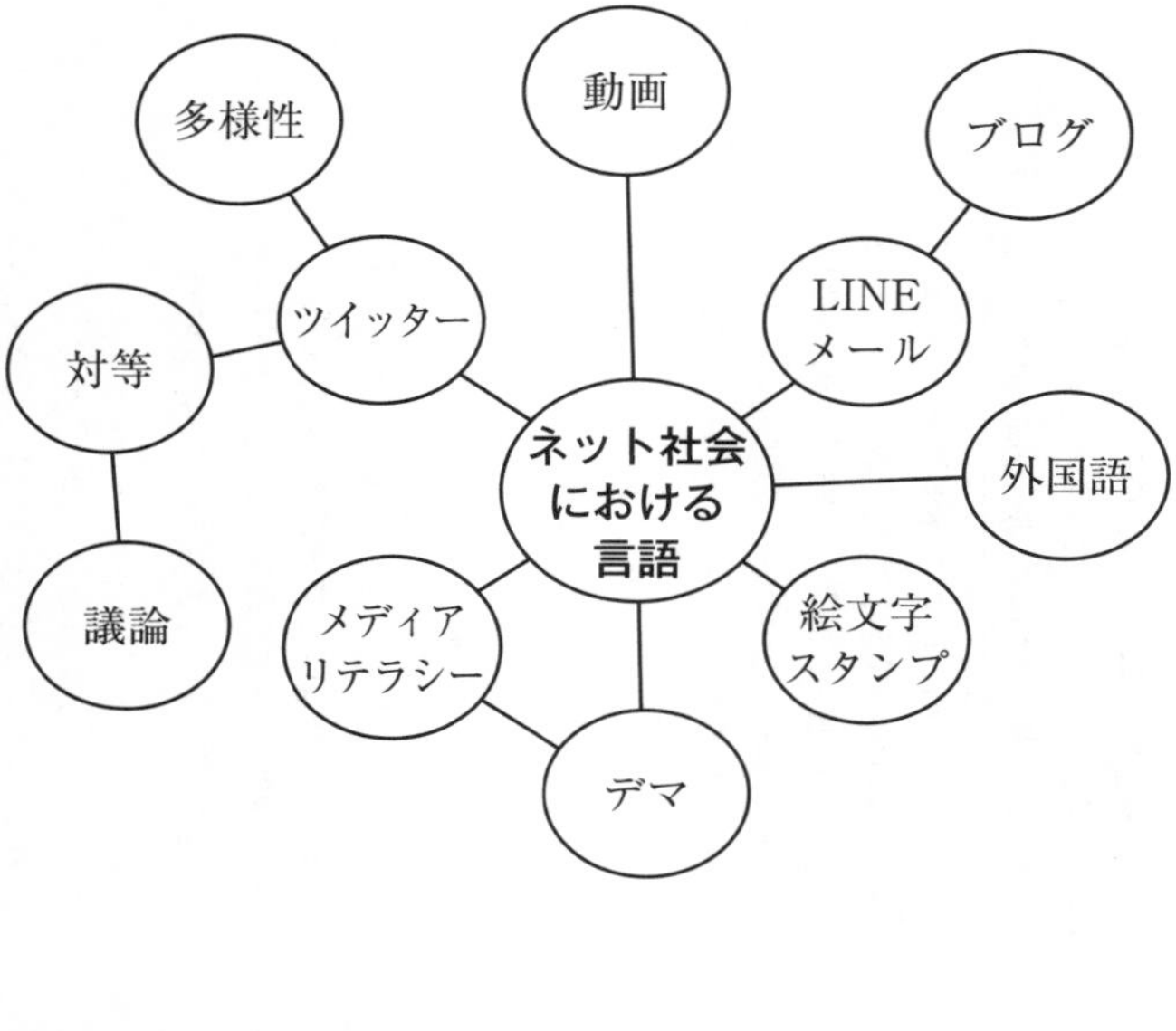

❸マインドマップから思考を整理する

例1　マインドマップを見て、自分の体験に基づけば、LINEやメールで絵文字やスタンプを使った体験を素材にすることができる。　↓体験の素材化

メール等の言語は短文で確かに誤解が生じやすいが、絵文字やスタンプで自分の気持ちを表現したり、相手からのスタンプに思わず心がなごんだりした体験があれば、それを「ネット社会の言語」のポジティブな側面として書いていけばよい。　↓ネット社会言語のポジティブ面

例2　災害時に飛び交うデマ情報と有益な情報を対比させて書くこともできる。

災害時のデマ情報は、人々を惑わせ不安にさせる有害な情報である。同時に災害時に役立つのもネット情報である。有益な情報を見きわめるメディア・リテラシー→P196の必要性について意見を述べていってもよい。　↓メディア・リテラシーの必要性

❹構成を考える

三〇〇字は長くない。いきなり具体例から入るのがよい。不必要な「前置き」を書かないように気をつけたい。自分の言いたいことを強調するには、その逆のものとの対比を意識すると、軸のしっかりした答案となってわかりやすい。

例題解答例　※太字は第1章・第2章で学んだ語句、「↓」下はそのページ。

ネット社会では他人をバッシングする書き込みが頻繁に見られる。**双方向**→P102で対等な関係を特長とするはずのネット社会で、言葉による暴力が横行している事実は問題である。だが、私は動画による**コミュニケーション**→P138の広がりに期待したい。いま、ネット社会は投稿された**多様**→P16な動画で彩られている。心のなごむ動物系の動画や衝撃映像など、見ていて飽きることがない。動画は言葉の壁を超え、文化の違い自体が素材になってネット社会に流通していく。動画は新たなネット社会の言語だと言えるのではないか。中には注目を集めるために悪ふざけや違法行為を動画にして投稿する人もいるが、悪質な情報を淘汰していく健全さもネット社会は持ち合わせている。

（300字）

確認問題

あなたはどのような情報社会が望ましく、その実現にはどうすればよいと考えますか、三〇〇字以内で述べなさい。

［静岡大 前期］

解答例 P.320

方法②

マトリクスで思考・表現する

●分類する・整理する・多角的にみる——マトリクス

例1 「転んでもただでは起きない」という言葉から連想するあなた自身の体験について述べなさい。

〈近畿大文芸学部 推薦改題〉

例1 マトリクス作成例

	信頼	自信	気楽
友人への失言	❶		
部活でのミス			❷
受験で失敗		❸	

例1 解説

▼マトリクスを使う

「転んだ」→「失敗した」、「ただでは起きない」→「何かを得た」。つまり、「失敗したことで何かを得た」体験について語るという問題である。このような体験を二つの観点（失敗・得るもの）を軸として多角的に捉える道具としてマトリクスを使う。

▼どう使うのか・メリットは何か

失敗の具体例をマトリクスの左端に挙げる。それとの関係を考えずに、何か得るもの（精神的なもの）を上の行に書く。そして、交差する箇所を自分の体験で埋める。例えば、上の❶〜❸から次のように考えられる。多角的に捉えることで厚みが増す。

❶ 友人に感情的に怒ったら、真剣に向き合ってくれたからと、かえって信頼された。

❷ 上級生なのに試合でミスをしたが、下級生に「ドンマイ」と言われ、気楽にプレーできるようになった。

❸ 受験に失敗したが、親から「勉強中の集中力に感心した」と言われ、これからの自信になった。

例2 自分にとって「コミュニケーション」とは何か、述べなさい。
〈岐阜医療科学大看護学部　推薦改題〉

例2 マトリクス作成例

	情報を伝えるa	考えを伝えるb	思いを伝えるc
友人に①	流行やいい店の情報を交換する	部活動の方針について議論する	将来の夢や希望を語り合う
家族に②	ペットの様子を伝え合う	ゲームの制限について議論する	将来の職業について話し合う
他人に③	商品の使用感をレビューする	まちの活性化について議論する	自分の進路をプレゼンする

例2 解説

コミュニケーションとは誰かとの意思疎通である。その相手を**友人**（①）、**家族**（②）、**他人**（③）としてマトリクスの左端に挙げる。コミュニケーションとして何を伝えるのか、**情報**（a）、**考え**（b）、**思い**（c）を上の行に書く。交差する箇所を自分の体験で埋めてみる。

コミュニケーションのあり方に正解はない。したがって、一つの体験から「コミュニケーションとは○○だ」とすると決めつけに見える。マトリクスの複数のマスを利用する。

③①
商品のレビュー（③a）を利用して賢い消費者となるだけでなく、友人と店の情報を交換（①a）して居心地のいい店をシェアすることにコミュニケーションの意義がある。

②
家族という対話の相手は、ときに議論を盛り上げ（②b）、ときに自分の助言者となってくれる（②c）。

③①
友人たちと考えを練り上げていくときの（①b）話し方と、自分の熱意を伝えようとするときの（③c）話し方には、言葉遣いや姿勢などに違いがあるのではないか。

例題　人々がともに暮らすとは、どういうことか。三百字以内で考えを述べなさい。

［東京都市大人間科学部　推薦改題］

❶考え方

▼具体的に述べるためにマトリクスを使う

人々がともに暮らす社会とは、人々が助け合いながら社会生活を営む「**共生社会**」のことである。しかし、共→P200生と述べるだけでは具体性に欠ける。そこで、社会を営む人々と、暮らしの場面を、それぞれ複数取り上げてマトリクスを作成してみる。

例えばマトリクスの左端に**近隣の人**、**高齢者**、**外国人**を、上の行に**子育て**、**老後**、**コミュニティ**をそれぞれ入れてみる。

▼社会を営む人々と暮らしの場面を取り上げる理由

お互いを共に生かし合う共生社会は、多様→P16な人々がつながるところに特徴がある。だから、近隣の人以外に、**高齢者**や**外国人**、あるいは**障害者**など多様な人たちを考えていくのがよい。

また、暮らしの場面では、近隣生活の役割が重要になる**子育て**や**老後**について取り上げてみる。大人は一人でも生きてゆけるが、**子育て**や**老後生活**では、支え合う人間関係こそが求められる。

❷マトリクスを作成する

<table>
<tr><th></th><th>子育て</th><th>老後</th><th>コミュニティ</th></tr>
<tr><td>近隣の人</td><td>防犯</td><td>見守り</td><td rowspan="3">防災
お祭り</td></tr>
<tr><td>高齢者</td><td>世代間交流</td><td>グループホーム</td></tr>
<tr><td>外国人</td><td>ハウスキーパー</td><td>介護ヘルパー</td></tr>
</table>

❸マトリクスから思考を整理する

▼マトリクスの交差する箇所を具体的に考える

近隣の人は、子どもの防犯や独居老人の安否確認に欠かせない存在である。

高齢者と子どもの世代を超えた交流は双方にとって意義深い。また、**高齢者**が助け合って共同生活を行う**グループホーム**は、孤独を避けることができる。

さらに、近年は子育てや介護の人手不足が言われている。そこで**ハウスキーパー**として、また**介護ヘルパー**として、**外国人**の活用が見込まれている。

▼コミュニティ全体として必要なこと

コミュニティ全体では、災害時にこそ人々の助け合いが必要となる。迅速な避難を可能とするには、日頃から弱者の居所を把握しておかなければならない。そのため、**お祭り**などを通して顔見知りの関係を築いておくことが大切だろう。災害を未然に防ぐ**防災**の意識も欠かせない。

❹構成を考える

どういう「人々」がどのような「暮らし」を「ともに」するか、それぞれの項目を具体的→P8に書く。それを、多様な人々が作り出す共生社会としてまとめる。このような社会の必要性をアピールするには、どういった「街・町」を対象にするのか、最初に書いておくとよい。

例題解答例 ※太字は第1章～第3章で学んだ語句、「→」下はそのページ。

私の住む街は、以前ニュータウンと言われ、今では同時期に移住してきた人々の高齢化→P176が進んでいる。最近は子育て世代も少しずつ増えてきた。この街を持続可能とする鍵は、コミュニティによる見守り機能にある。街には独り暮らしの高齢者が多いため、定期的な見回りサービスが必要だ。郵便や食料品の配達と同時に、高齢者の安否確認ができるといい。高齢者を気づかう近隣住民の目は、子どもを見守る目ともなり、防犯機能が高まる。こうして近隣の人々の目が高齢者や子どもに注がれていけば、人々がともに暮らす共生社会→P200となるだろう。多様→P16な人々がお互いを共に生かし合うコミュニティは、世代間のつながりを生み、安全・安心な街を創り出していく。

（300字）

確認問題

子どもから高齢者まで幅広い世代の共生をはかるためのまちづくりについて、あなたの考えを三〇〇字以内で述べなさい。

［山梨大　前期教育人間科学部］

解答例 P.321

方法③

りんごマップで思考・表現する

●対比を使って考える——りんごマップ

例1 いま、人工知能の進展は目ざましく、人間の仕事が機械に奪われるのではないかと考えられている。このことを踏まえ、人間と機械の違いについて、あなたの考えを述べなさい。

例1 りんごマップ作成例

例1 解説

▼りんごマップを使う

仕事という観点から人間と機械の違いを考えるのだが、このような違いを表現する道具としてりんごマップを使う。

▼どう使うのか（❶❷、abは上に対応）

❶ 真ん中の芯部分に「仕事」と書き込む。

❷ 左側には人間の特徴（a）、右側には機械の特徴（b）を書き込む。

❸ 機械は正確、休まないという特徴があるが均質でマニュアル的である。それに対して、人間は間違うし、さぼることもあるが、個別にコミュニケーションを図ることができる。

▼どのようなメリットがあるのか

このようにりんごマップを使って対比させると、両者をよりよく理解できる。人間の間違いや怠慢を機械は補える。逆に、機械には難しい個別ケースへの対応が人間には可能だ。両者の得意分野を組み合わせて仕事を進めていけばよい。

例2 食品ロスについて、あなたの考えを述べなさい。

例2 りんごマップ作成例

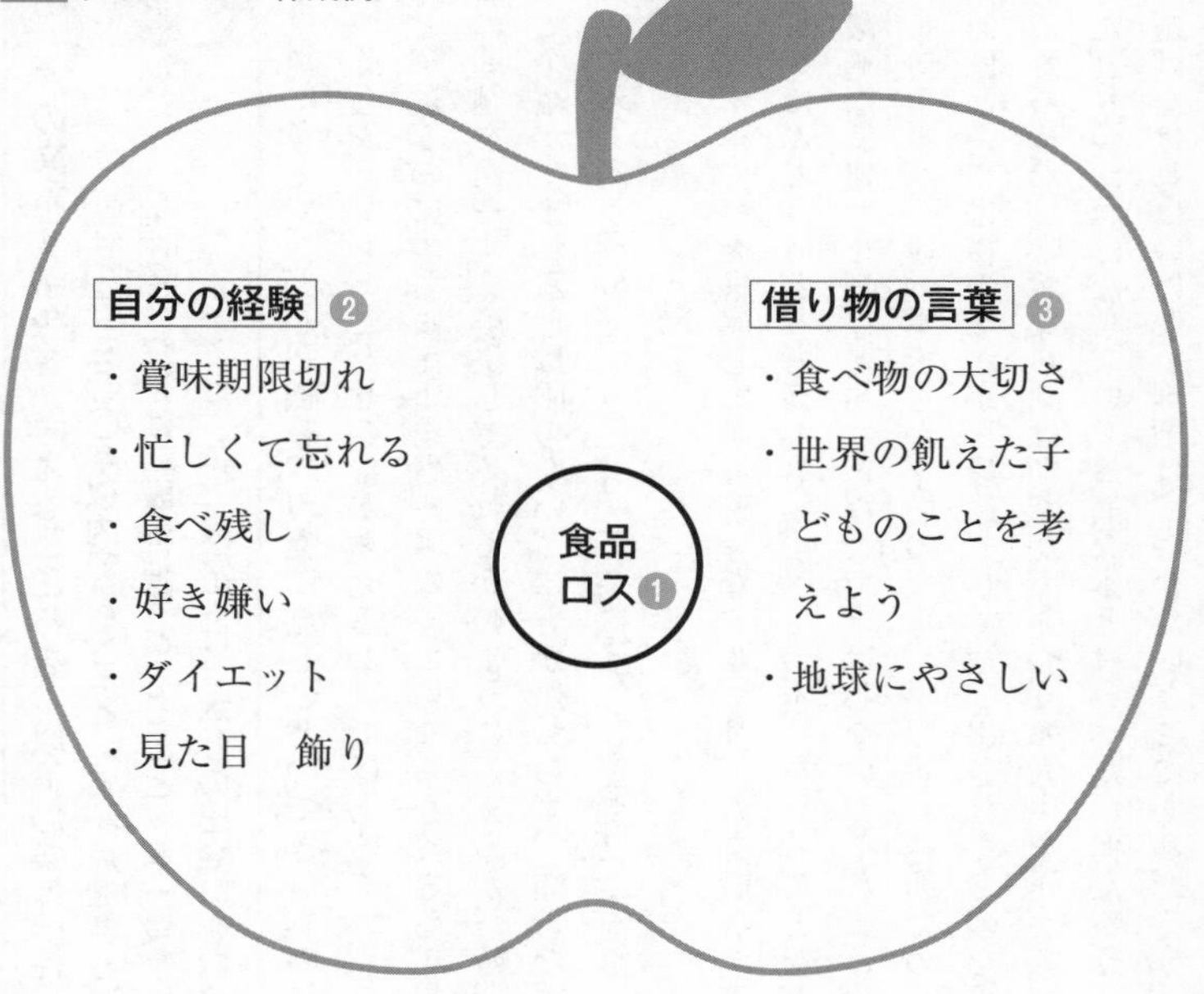

例2 解説

別の例として、「食品ロス」というテーマについて考えてみよう。こういったテーマでは、教訓的な内容になりやすい。「借り物」の言葉を使った優等生の答案では「あなたの考え」とは言えない。

▼どう発想するのか

① 芯部分に「食品ロス」と書き込む。

② 左側に「自分の経験」を書き込む。

食品を無駄にしてしまった「自分の経験」を探ってみると、「食品の賞味期限切れ」や「食べ残し」が思いあたる。

前者は忙しくて食べるのを忘れていたことが原因で、後者は好き嫌いやダイエットのために食べ残しが出ることがある。他にも、食品の見た目をよくするための飾りに使われているものが、食べられずに廃棄されることがある。

③ 右側に「借り物」の言葉を書き込む。「借り物」の言葉は、例えば「食べ物の大切さ」や「世界の飢えた子どものことを考えよう」、といったものだ。自分の経験と関わらない「作文」をつづっても、読む人の心には訴えるものがない。

例題

次の文章を読んで、考えるところを、以下の条件に従って書きなさい。

条件1 三〇〇字以内で書くこと（句読点を含む）。

条件2 解答は二段落構成とすること。第一段落には、最適な本選びについて、その問題点を書くこと。第二段落には、本との出会いを自分の経験から書くこと。

［首都大学東京 改題］

1 ごく単純に考えて、人が認識し、現実に見ることのできる本の量には限界がある。選べる対象がいくらふえても、こなせる量がふえるわけではあるまい。むしろ選択肢がふえればふえるほど、選ぶのにエネルギーを費やさなくてはならなくなる。早くて便利な検索エンジン*は、この問題をたやすく解決してくれるかのようにみえるが、時間と手間が短縮されたからといって余裕が生まれるとは限らない。にもかかわらず、知らないうちに「すべての本の中から（最適なものを）選ぶ」ということだけが、無条件によいこととしてスタンダードになっている。

2 いかに「すべて」を網羅して「最適」なアルゴリズム*を設計するか、が問題になっている。けれども、ほんとうはどう考えても「すべての本」を見ることなどできないし、人間がそこから「最適な一冊」を選びとることなどできはしない。それにどういう回路を経てきたとしても、一冊の本が一冊の本でしかないのなら、手の届く範囲でめぐってきた本を読むことと、何万、何億という書物のなかから最適として選び出されたものを読むことに、どれほどの違いがあるだろうか。学者なら話は別だが、ふつうの人生を送っている人が、限られた時間のなかでたどりつかねばならない、最適な本とはいったい何だろう。その一冊を「すべて」の中から選ばなければいけない理由は、いったいどこにあるだろう。

3 世の中に不要な本があると言っているのではない。すべての本に行きつく回路は、いうまでもなく開かれていたほうがよい。だが見果てぬ夢を手にした人々があまり幸せそうにみえ

＊検索エンジン…インターネットを使い目的に応じた情報を検索する機能。

＊アルゴリズム…コンピュータなどで、演算手続きを指示する規則と、その算法。

ないのは、*喧伝《けんでん》される自由がそれほど楽しくないからだ。本を選ぶのはただでさえ大仕事なのに、「すべての本」からとなれば疲れるのは当然だ。検索エンジンを使って、あたかも自分の手で選んだかのような結果だけをスライドショーのように繰り出し続けることと、*物理的に本を発見することは同じではない。アルゴリズムを借りた*プロセスは、自分と本の中に記憶されない。

4 人はさまざまなことをきっかけに、一冊の本を手に入れる。あたりを見渡せば、あらゆるところに本はある。その中で、納得できる何冊かの本とほどほどに出会える才能がありさえすれば、たとえ「すべての本」に行きつかなくても人は幸福に生きていくことができると思うのだ。

（柴野京子「誰もすべての本を知らない」より）

*喧伝…盛んに言いふらすこと。
*物理的…→P.98
*プロセス…→P.134

例題解説

❶課題文の趣旨を把握する

現代の本選びには検索エンジンを用いることが多くなっている。本の題名や著者名を特定せずとも、調べたいことのキーワードを入力するだけで、それに関連した本が膨大に検索できる。ここから検索条件をさらに絞っていけば、自分が調べたいことについて「最適の一冊」を選びとることができるのではないか、と思えてくる。しかし、著者はその考えを否定する。最適な本ではなく、自分が納得できる本に出会うことの方が大事だと言いたいのだ。

❷設問の要求を確認し、意見論述の論点を探る

設問の条件1は解答字数、条件2は段落構成について指示している。条件2を見ると、第[1]段落では最適な本選びという考えを批判することが求められている。これは、著者の言いたいことと同じ方向の内容だ。

そうすると**設問は、本選びに関して、「最適な一冊」を選びとる方向ではなく、本と出会った「自分の経験」にもとづいて考えていくことを求めていると言えるだろう。**

❸りんごマップで思考を整理する

すべての本の中から「**最適な一冊**」を選ぼうという発想は、無駄を認めない考え方だから「**効率主義**」である。時間効率を重視するから、時は金なりという考えでもあり、自分にとって最適なもの＝正解や、すぐ使えそうな実用的なものを好む態度である。本を選ぶ際の基準は、人気のランキングや売れ行き、賞をとったことなどが重視される。

一方、「**自分の経験**」から本との出会いを考えてみると、絵本や図書館との思い出があるだろう。初めて買った本や、泣いた本、笑った本など心が動いた経験を思い出すのもよい。効率を度外視して手当たり次第読むことから良本と出会うこともある。

❹対義語から考える

対義語の知識を活用し考え方の対立を整理してみる。

偶然⟷必然

最適な一冊を選ぼうとする考え方は、本との出会いを**必然**と考えるが、実際の経験からすれば本との出会いは**偶然**→P36であることが多いのではないか。たまたま出会った本が自分にとって一生の宝物になることもある。

既知⟷未知

最適な本選びでは、つねに新しい情報を求めるあまり、本を読み捨てる態度にもつながるので、**既知**→P46のものが大事にされない。逆に、これまで自分が出会った思い出の本は、読み直すたびに新鮮で、自分の目を開かせてくれる。**既知**のものが**未知**→P46に変わるのである。

❺構成を考える

各段落の分量は大よそ半分ずつを予定し、一五〇字程度で改行する。条件2の指示通り、各段落の内容は明確に分け、入り混じらないよう気をつける。

第一段落の最適な本選びの問題点では、その効率重視の姿勢が本の豊かな世界とは相いれないことを示す。第二段落は本との出会いを自分の個別的な経験から思い切り具体的に書き、段落間を対照的に構成する。

例題解答例　※太字は第1章～第3章で学んだ語句、「→」下はそのページ。

検索エンジンを使って「最適な一冊」を選ぶ方法では、本がもたらす豊かな世界に入ることはできない。最適な効率化を図る**直線的**→P158な時間意識での読書は、本を**消費**→P68するだけだ。本を、単なる情報の束と見てしまうと、本選びも読書の時間も効率化され、余裕のないものとなってしまう。

すべての本を網羅せずとも、自分の納得する本に出会うことはできる。私が子どもの頃に読んで泣いた本は、今でも同じところで泣いてしまう。くり返し読むからといって、それはむだな時間ではないし、進歩がないのでもない。本と共にある時間を持った経験は、自分の世界を豊かにしてくれる。自分にとっての一冊は、どんな**偶然**→P36から出会うかわからない。（３００字）

確認問題

あなたが未来に残したい日本の文化について、自分の経験にもとづいて三〇〇字以内で述べなさい。

［防衛大２次］

解答例 P.322

終章　意見論述編

方法④

ベン図・座標軸で思考・表現する

●比較・分類する①――ベン図

例1　学校に通う服装は制服がよいか、私服がよいか、あなたの考えを述べよ。

例1　ベン図作成例

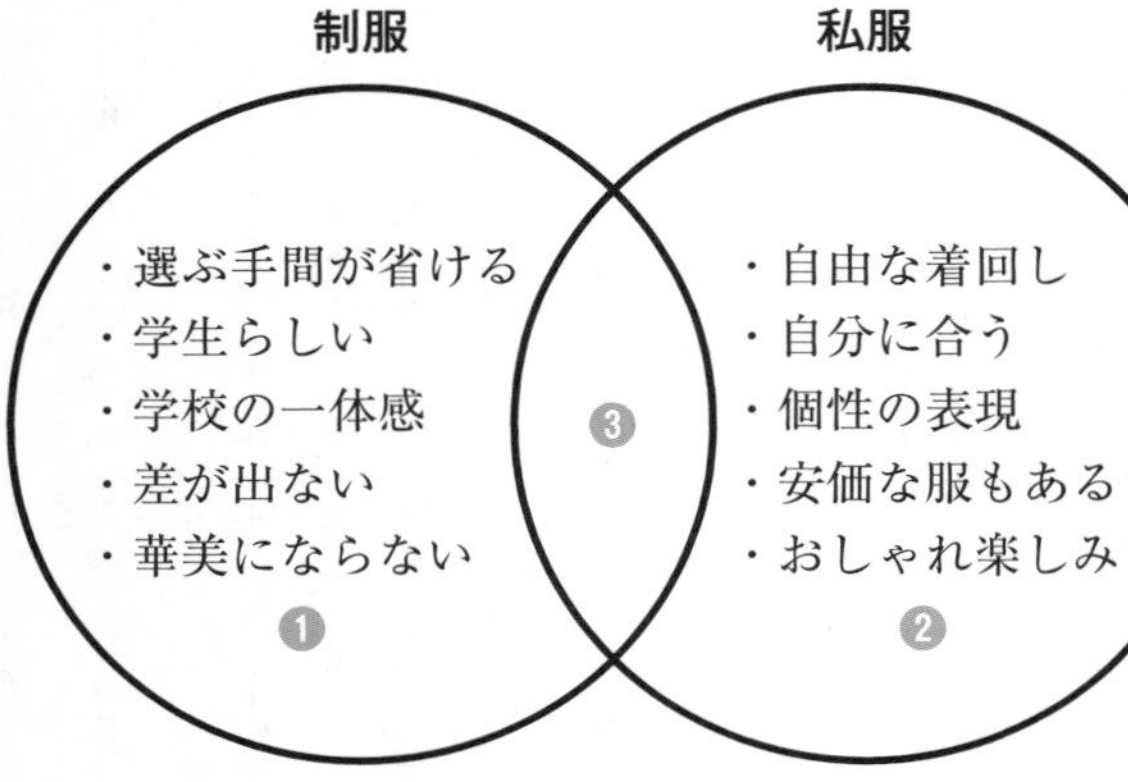

例1　解説

▼ベン図を使う

二つの項目の相違点と共通点を比較・分類し、そこから考えを展開する場合はベン図を使うとよい。

▼どう使うのか

① 左円に制服のメリットを書き出す。制服には、毎朝服を選ぶ手間が省ける、学生らしいきちんとした格好になるといったメリットがある。

② 右円に私服のメリットを書き出す。私服には、自由な着回しができて、自分に合う格好を選択できるなどのメリットがある。

③ 真ん中の重なる部分には共通点を書き込むが、この場合、共通点＝両者の併用と考えてみる。例えば、ふだんは私服で自分に合う格好を選び、学校の式典には制服で揃うのが見栄えがきちんとしてよいとか、あるいは、標準服としての制服で、私服が華美になるのを防ぎつつ、私服で自分なりのおしゃれも楽しめる、などと考えることができる。

●比較・分類する②——座標軸

例2 部活動では、競技能力の向上を目指すか、楽しみながらやるかの両極がある。これについて、あなたの考えを述べよ。

例2 座標軸作成例

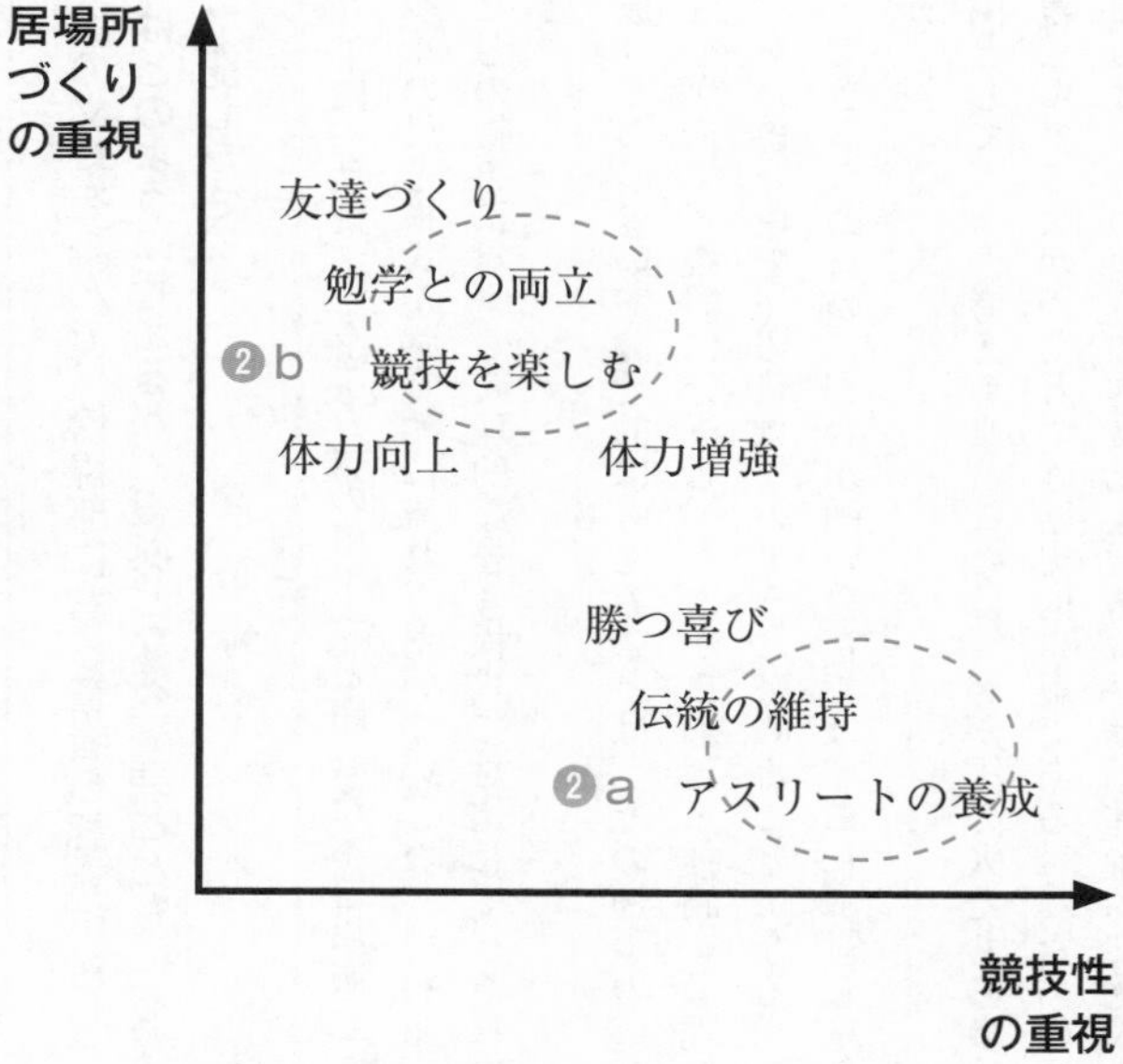

例2 解説

▼どう使うのか・メリットは何か

両極の関係にある二つの項目それぞれについて、考えを深め多様に展開する場合は座標軸を使うとよい。

❶ 競技性の重視を横軸に、居場所づくりの重視を縦軸に座標軸を作り、その間に部活動のさまざまな目的を書き込んでみる。

❷ トップレベルの選手の養成や強豪校としての伝統の維持を目的とした、活発な部活動ほど右下に位置する（❷a）。勉学との両立や友達づくりが重視される部活動は左上に位置するだろう（❷b）。

❸ ここから、同じ部活動を目的によって二つに分けるという考えも出てくるだろう。

❹ 例えば、競技・勝利にこだわり、選手の育成を目的とするコース（右下の円）と、勉学と両立させながら体力向上も図るコース（左上の円）の二つに分け、練習日数や時間を変える。そうすれば生徒は自分でコースを選び、無理なく部活動を続けることができる。

❺ 座標軸を使って考えることで、部活動のあり方を多様化させることが可能となる。

例題

次の文章を読んで、傍線部にある筆者の認識に対し、「この頃の若い世代」の一人でもあるあなたはどのように考えるか。根拠となる事実とともにあなたの考えを二百五十字以内（句読点を含む）で記しなさい。

［長崎大　前期日程改題］

1 一九七九年に、私は『「考え方」の風土』と題した本を出版した。この本の中で、私たち日本人の多くの思考様式が感覚的に流れ、あいまいとなっている、と指摘した。そのうえで、欧米の人たちの物事に対する論理的な思考様式に対比して、それに〝感覚的思考〟という表現を用いた。

2 物事の成り立ちについて論理的に考えることは、その物事の成り立つ要素と要因とを徹底的に、＊恣意を交えず客観的に＊分析し、そこから論理・推論を論理的に展開することに通じる。それゆえ、＊あいまいさを一切残さないように努めることになる。このような思考様式は、誰にでも必ずできることなのに、わが国の教育では、これに対し重きを置いてこなかった。なぜだろうか。

3 その理由として、一つ考えられることは、わが国の人たちの多くが、自分の意見を持つことに馴《な》れ親しんでこなかったという歴史的事実である。私たちの多くは、時の＊為政者や、現代でいうならば、いわゆる知的文化人、あるいは、進歩的文化人といわれる人たちが、世界事情、あるいは社会や経済、その他いろいろな問題について、書いたり述べたりしたものに従って、自分たちの意見だとしてきた。というよりか、そうした権威に寄りかかることにより、安心してきたのだ。

4 このように、私たち日本人は、自分の意見を持ち、それを的確に表現できるようにする訓練を、教育上で怠ってきた。だから先に挙げた著書の中で、〝日本という国はふしぎな国で

＊恣意…→P.154
＊分析…→P.18
＊あいまい…→P.50
＊為政者…政治を行う人。

ある。自分の意見を持たなくても生きていける〟と書いたのである。これでは、ディベート*など望むべくもないではないか。

5私たちの多くが、ある問題について、自分の意見を求められた時に、好きか嫌いかが判断基準となり、本当はどうなのかと追及された時、あいまいな返答しかできないことになってしまう。そのうえで、「誰それの本にはこう書いてあった」とか、「何とかという評論家は、このように書いていた」などと、答えてしまうことになる。こんな経験を、私はアメリカで仕事をしていた時、日本から来た人たちから、実際に経験させられたのであった。

6この頃の若い世代の人たちの多くは、自分の意見を持っているように見えるから、近い将来には、外国人相手のディベートにおいても、堂々と立ち向かっていける人たちが出てくるものと予想される。このように期待したいものである。

7自分の意見を持つということは、思考の過程において、あいまいさを排除*し、厳密な論理に則り、思考の発展的展開を図ることである。意見とは、いろいろと自分なりに努力し、勉強したり、研究したりして作りあげるもので、簡単にくつがえされたりするものではない。

8だが、今でも多くの人が、「思う」や「思います」を頻繁に使っているのを聞くと、日本人のことば遣いから、あいまいな表現をなくすのは難しいと感じられてならない。議論の最中に、自分が正確に理解していなかったり、知識が十分でなかったりしたことに気づいた場合には、自分の意見が不確かなものであり、推測で話しているのだと、はっきり表明すべきである。このようにすれば、相手側に誤解されずに済むことになる。

（桜井邦朋『日本語は本当に「非論理的」か』より。設問の都合上、一部本文を省略）

＊ディベート…一定のテーマについて、賛否二つのグループに分かれて行われる討論。

＊排除…↓P.88

例題解説

❶課題文の趣旨を把握する

課題文の著者は、日本人が自分の意見を持っていないのではないか、と述べている。その**根拠**→P84は、私たちの思考様式が感覚的で、**曖昧**→P50なことである。私たちの多くが好きか嫌いかで判断しており、知識人の考えに**依存**→P62しているのを自分の意見としている。そうした**権威に寄りかかる姿勢を著者は問題にしている。**

❷設問の要求を把握し、意見論述の論点を探る

著者はこのような問題意識を持ちながら、傍線部のように述べ、若い世代の人たちへの期待をにじませている。自分の意見を持つということは、思考の**過程**→P134において**曖昧さを排除**→P88し、論理的に考えることである。若い世代の人たちが自分の意見を持っていると考えるなら、その**根拠を具体的**→P8に挙げ、厳密な論理展開を図らねばならない。

若い世代の人たちは自分の意見を持っていないという立場で書くときにも、**根拠**を挙げて論理的思考を行う。そうすると、いずれにせよ、自分の意見を持っていることになる。

❸ベン図を作成する

自分の意見を持てない依存状態を右円に、自分の意見を持った**自立**→P62状態を左円に書き込む。

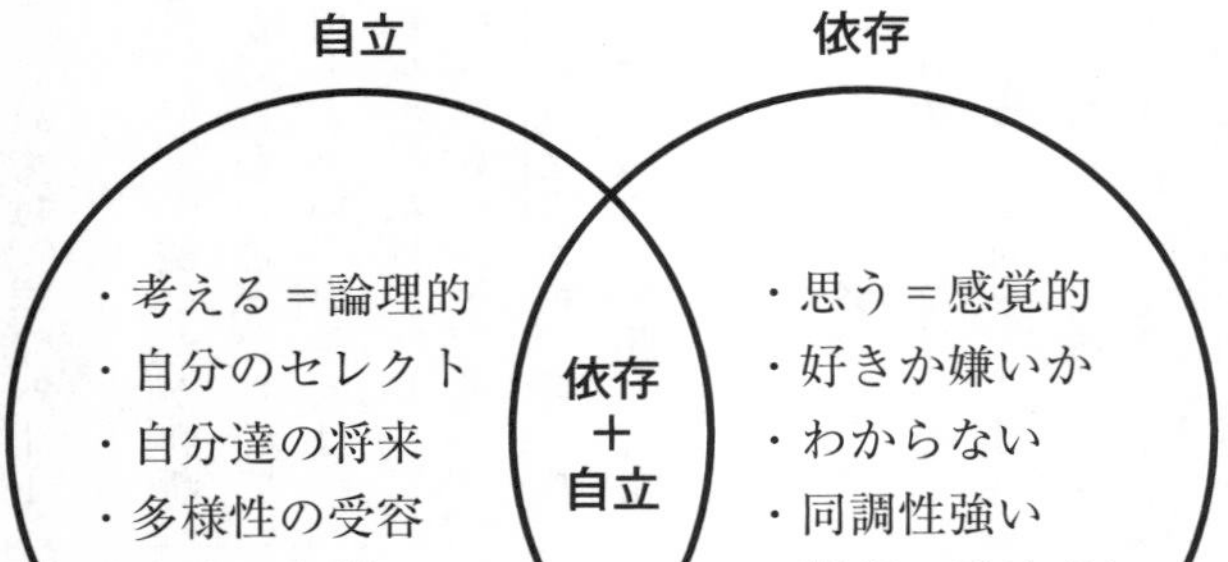

④ベン図から思考を整理する

依存状態は感覚的で好きか嫌いかが判断基準となり、**自立**状態は論理的で自分なりの根拠で選択を行う。

二〇一六年から選挙権年齢が十八歳に引き下げられた。しかし、政策について「よくわからない」と述べる若者は多いし、マスメディア→P196からの情報をそのまま自分の意見としたり、周りの空気を読んでそれに同調したりという傾向は根強い。こうした事例が**依存**としてあてはまる。**自立**できている若者は、安全保障や少子高齢化→P176等の問題についても自分達の将来を考えている。**自立**した個があるから、マイノリティに対しても寛容で、多様→P16な価値観→P112を受け容《い》れることができるのである。

⑤構成を考える

現代の若者には**依存**と**自立**の両方の傾向が見られる。だから、若い世代の人たちは**依存＝自分の意見を持っていない**ような面も見られるが、**自立＝論理的思考も育っている**、という方向で考えていけばよい。つまり、ベン図の円の重なる部分である。傍線部に対して、ディベート的に賛否いずれかに決める必要はない。依存、自立それぞれの具体例をあげ、**依存＋自立**として見解を述べればよい。

例題解答例 ※太字は第1章・第2章で学んだ語句、「→」下はそのページ。

若い世代の人たちは、よくインターネットで得た情報の受け売りをしている。その点では他者に**依存**→P62して自分の意見を持っていない。しかし、論理的思考を放棄しているのでもない。若い人が「よくわからない」と言うのも、実は慎重に物事の是非を見きわめようとしている態度なのではないか。私も含め若い人たちは、自分達の将来をそれほど**楽観**→P32視できないことを知っている。だから、今すぐにわからないことについては判断を保留し、「〜と思う」と断定を避ける。決してあきらめていないこの思考様式が、私たち世代の自分の意見なのだと思う。

（250字）

確認問題

「監視カメラ」の設置について、そのメリットとデメリットを指摘した上で、あなたの考えを三〇〇字以内で述べなさい。

［新潟大　前期法］

解答例 P.323

方法① 確認問題 解説・解答例

マインドマップ作成例

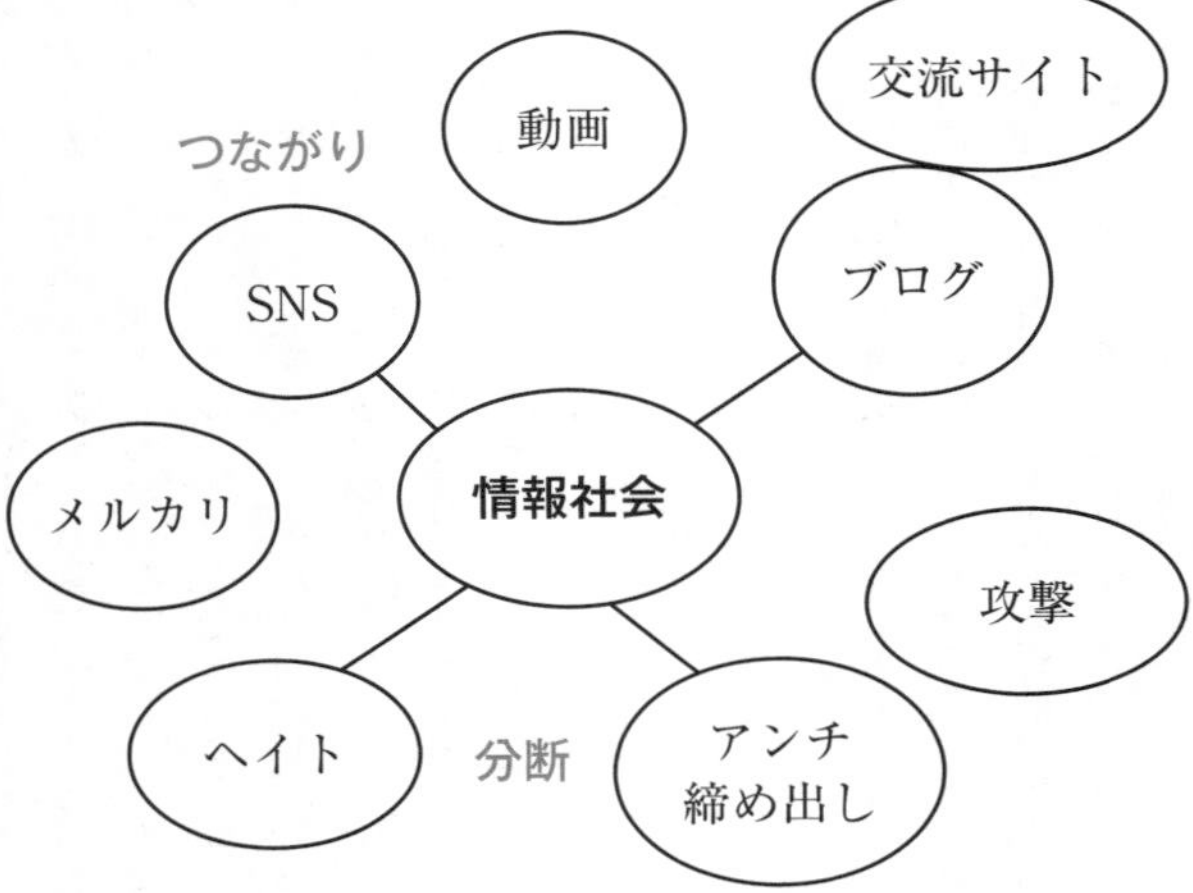

解説 中央の「**情報社会**」から、**SNS**や**ブログ**、**交流サイト**など自分がふだん利用しているものを書き出してみると、「つながり」がキーワードとして浮かぶ。対して、**攻撃**や**アンチ締め出し**は、つながりとは逆の「分断」だ。

解答例

私はふだん、SNSで友人や家族と連絡を取りあう。日常会話が大半だが、ときに深刻な相談に乗ったり、夢を語りあったりする。私の趣味はブリティッシュロックを聴くことで、好きなアーティストのブログに新作の感想を書き込んでファンと交流もしている。音楽関係の掲示板もよく見ている。

こうしてみると、私はインターネットを人とつながるために利用していることがわかる。しかし、最近はその逆の動きが見られる。ファンの交流サイトでもアンチのファンを締め出そうとする人たちがいる。それではネット上に分断を持ち込むことになってしまう。つながりのある**情報社会**→P196を維持していくには、**多様**→P16な意見に耳を傾けることが必要だ。

（300字）

方法②　確認問題　解説・解答例

マトリクス作成例

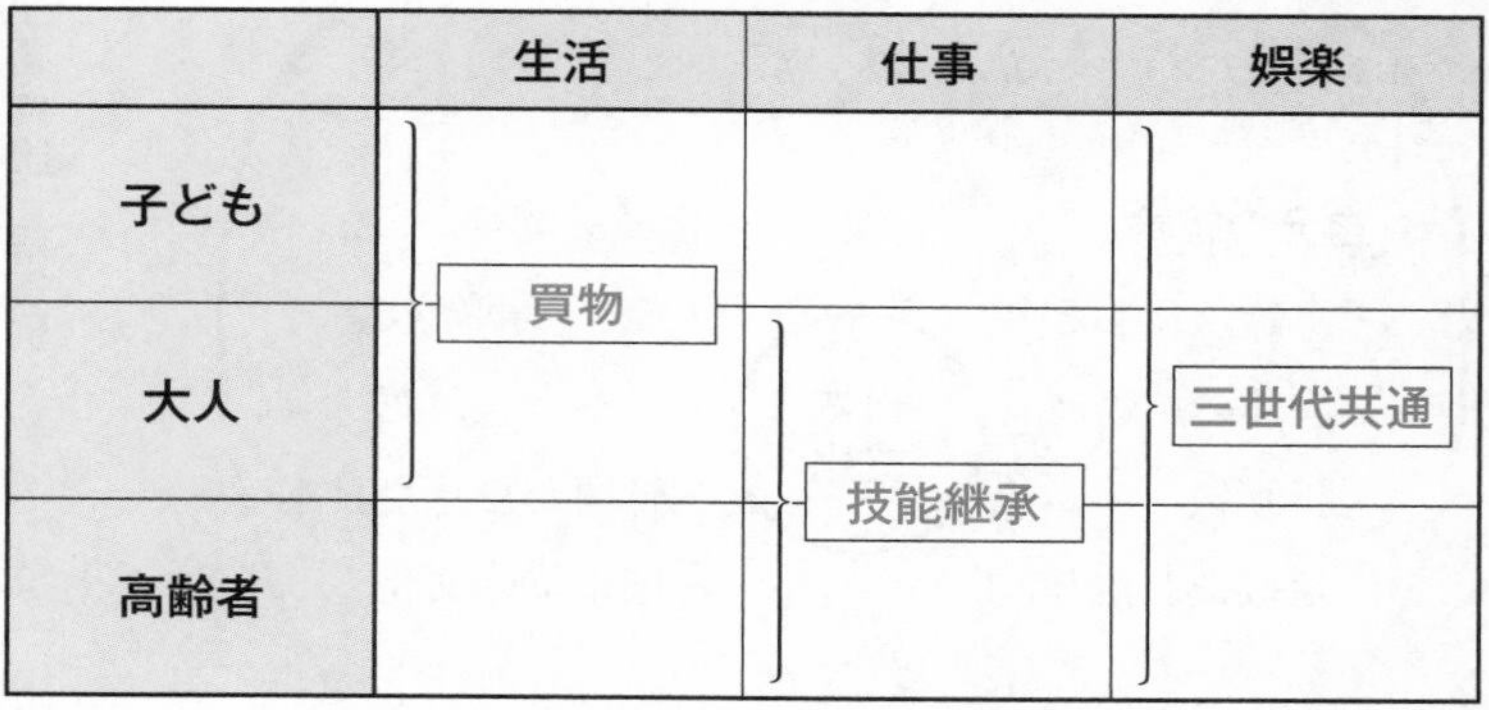

解説　図のようなマトリクスを作成し、中身を考えていく。**生活の場面**で子どもと大人に共通なのは買物、**仕事の場面**で大人は高齢者から技能を継承する。**娯楽の場面**なら、世代を超えて共通に楽しめるものを考えてみる。

解答例

私の街には大型のショッピングセンター（ＳＣ）がある。その中の映画館で大人から子どもまで楽しむことができる。ただ、各自が見たい映画を観るだけで、お互いに共有するものがないから、家に帰っても話がはずまない。ゲーム画面に没頭する子どものように、個々人を超えた関係が作られないのだ。

先日、ＳＣの中のミニ広場で、父の日の川柳教室が開かれていた。私ものぞいてみると、ルールも簡単で子どもからお年寄りまで楽しんでいた。これなら家でも共通の話題ができ、他の人に広げることもできる。さまざまなお題を用意すれば、定期的に開催できるイベントだ。幅広い世代に共有される文化と広場があれば、活気あるまちづくりは可能だ。

（３００字）

方法③ 確認問題 解説・解答例

りんごマップ作成例

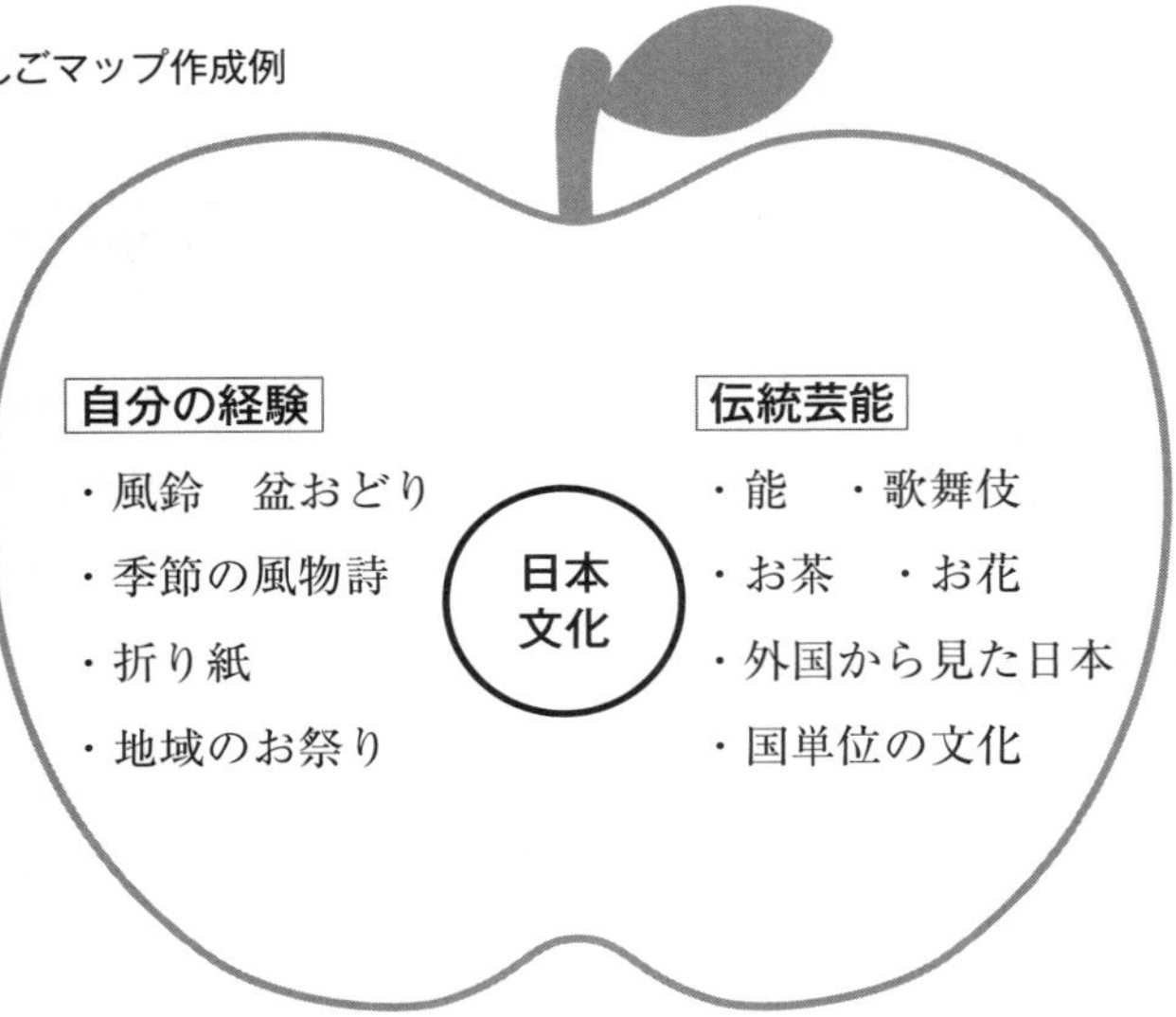

解説 真ん中の「**日本文化**」について、左側に**自分の経験**にもとづいた文化を、右側に**伝統芸能**を書き出して対比してみる。外国から見た日本文化ではなく、**自分の経験を未来に残す**つもりで、**自らが文化の担い手**になる。

解答例

私は高校二年生の夏、アメリカに短期留学した。ホームステイ先で日本の文化を教えてほしいと言われ、夏に合う風鈴を作ってプレゼントした。風が吹いて金属製の澄んだ音が聞こえると、涼しさが増したような気がした。ホストファミリーは、音で涼しさを表現する工夫に感心していた。そして「この音を聞けば、あなたと日本を思い出すよ」と言ってくれた。

日本の文化というと、すぐに能や歌舞伎、お茶やお花と考えがちだが、そうした伝統芸能を日本文化の代表と考える必要はない。日本人は五感→P118を働かせて季節ごとに自然と折り合う工夫をしてきた。どこの家にも一つはあるような風鈴の音を、日本の高い技術力とともに、私は未来に残していきたい。

（300字）

方法④ 確認問題 解説・解答例

座標軸作成例

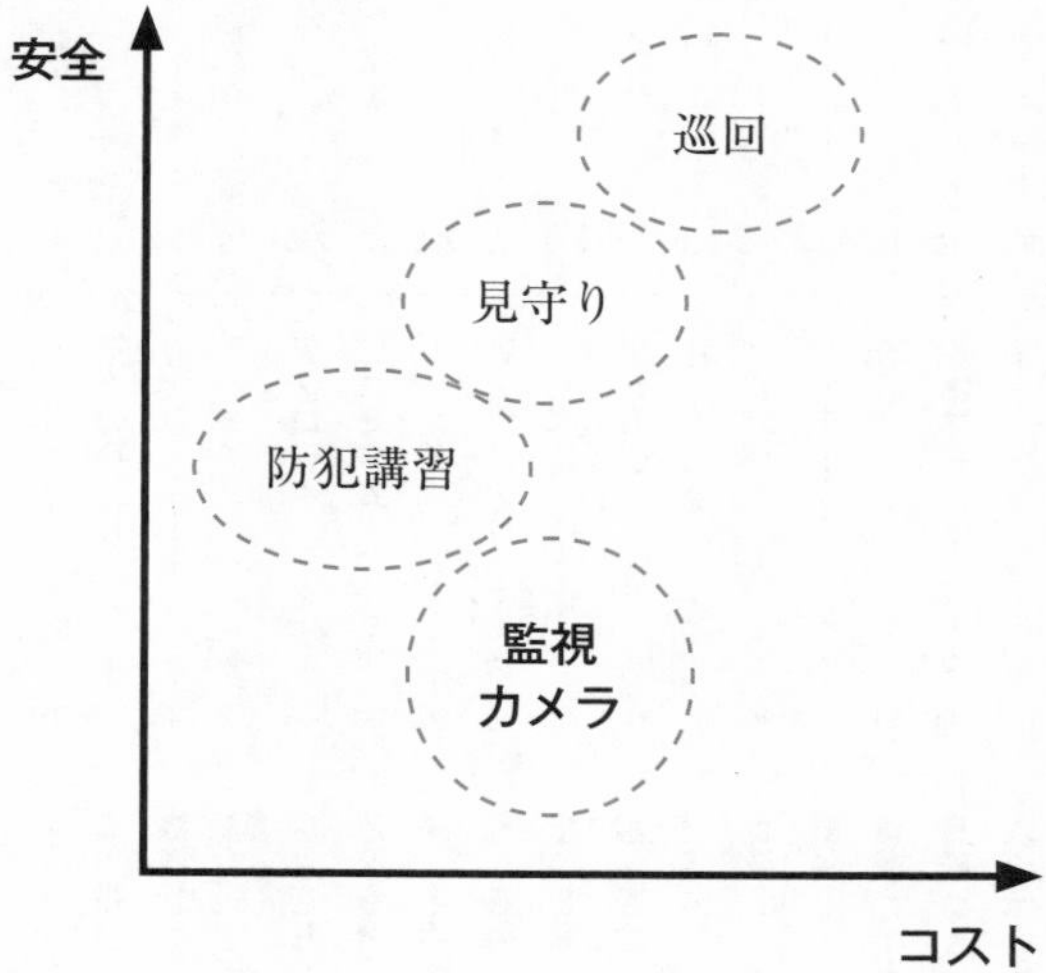

解説 横に**コスト**、縦に**安全**をはかる座標軸を作る。**監視カメラ**は低コストだが、直接に人の安全を守るわけではない。**防犯講習**、**見守り**、**巡回**の順に、コストはかかるが安全度は高くなる。**複数の対策**を組み合わせて考えていく。

解答例

監視カメラは私たちに安心感を与えてくれる。万引き防止や容疑者の早期割り出し、第二の犯行抑止に威力を発揮する。このようなメリットの一方で、監視カメラは人々に緊張感→P52を与える。人々の目は不審者を探し出そうとする監視カメラそのものとなり、不審者扱いされる人が生き辛くなる。また、プライバシーが侵害されるデメリットもある。

さまざまな安全対策を安全度とコストではかると、記録するだけの監視カメラは低コストだが、安全度も高くはない。防犯サポーターや警察官による巡回はコストを要するが、直接防犯に役立つ。安上がりの安全対策である監視カメラだけに頼らず、空き交番の解消など、人による見守りを行っていくべきだ。

（３００字）

索引

太字は見出し語。
細字は関連語等。

け

こ

さ

し

す

せ

な

に

ぬ

ね

の

は

ひ

ふ

へ

ほ

初版第１刷発行　2016年10月10日
第２版第１刷発行　2017年１月１日
第２版第６刷発行　2020年４月１日
改訂版 初　版第１刷発行　2020年10月10日
改訂版 初　版第２刷発行　2021年１月１日
改訂版 第２版第１刷発行　2021年４月10日
改訂版 第２版第５刷発行　2022年11月１日

イラストとネットワーキングで覚える
現代文単語 げんたん
改訂版

著者紹介

伊原勇一（いはら　ゆういち）
1953年東京都生まれ。早稲田大学卒業。33年にわたり埼玉県内の中学・高校で国語科教諭を務めたのち退職。現在は著述業。現代文を中心に著書多数。幅広い読書量を誇り、近年では江戸研究の知識を生かして時代小説も執筆。

土井諭（どい　さとし）
1984年名古屋市生まれ。広島大学大学院修了（専門は現代言語理論）。河合塾現代文科講師。難解な文章でもわかりやすく構造化・視覚化する授業に定評がある。各種模擬試験の作問にも携わっている。

柴田隆行（しばた　たかゆき）
1964年東京都生まれ。東京大学卒業。河合塾小論文科講師。小論文科講師として、長年にわたり、現役生・浪人生の小論文の添削、授業にあたる。推薦・ＡＯ入試、早慶大・国公立大入試の小論文対策を受け持ち、多くの生徒を指導してきた。

著　　者｜伊原 勇一　土井 諭　柴田 隆行
発 行 者｜前田 道彦
発 行 所｜株式会社 いいずな書店
〒110-0016
東京都台東区台東1-32-8 清鷹ビル4F
TEL 03-5826-4370
振替 00150-4-281286
ホームページ https://www.iizuna-shoten.com
印刷・製本｜株式会社　丸井工文社

◆装丁・図版・本文デザイン／ケイ・アイ・エス有限会社
◆組版／株式会社 新後閑

ISBN978-4-86460-735-3 C7081

Ⅰ 修辞用語の一覧

※修辞（レトリック→P.156参照）

❶ 直喩（明喩・シミリ）

「ようだ」「まるで」「ごとし」などの表現によってあるものをたとえる。

例 彼の演説はまるで激しい川の流れのようだった。

❷ 隠喩（暗喩・メタファー）

「ようだ」「まるで」「ごとし」などの語を用いないで、二つの物事を直接に結びつけてたとえる。

例 人生とは乗り換えのない電車だ。

❸ 提喩（シネクドキ）

上位カテゴリーの概念で下位カテゴリーの概念を表す。または、下位カテゴリーの概念で上位カテゴリーの概念を表す。


例 「すっかり春だね。もう花は見に行ったかい？」

（「花」という上位カテゴリーの概念で「桜」という下位カテゴリーの概念を表す）

「人は米だけでは生きられない。だから、芸術や学問を愛するのだ」

（「米」という下位カテゴリーの概念で「食事」という上位カテゴリーの概念を表す）

❹ 換喩（メトニミー）

隣接関係にあるものによって、ある物事を表す。「隣接関係」としては、「部分と全体」「作者と作品」「容器とその中身」といったものがある。


例 当社は規定により長髪を雇用しない。

（「長髪」という部分によって長髪の人全体を表す）

昨日はモーツァルトを聴きに行った。

（「モーツァルト」という作者でその作品を表す）

やかんを沸かす。

（「やかん」という容器でその中身の「水」を表す）

❺ 擬人法

人以外のものを人にたとえて表す。

例 風が耳元でそっとささやいた。
浜辺では打ち寄せる波たちが歓声をあげていた。

❻ 擬音語（擬声語）・擬態語

物音や動物の鳴き声などの「音」を言語音で表す（＝擬

❷ 短歌を味わう

ⓐピストルの音　いっせいにスタートをきる少女らは風よりも風

（俵万智『かぜのてのひら』所収）

使用修辞　**体言止め（⓫）／隠喩（❷）**

鑑賞しよう

陸上競技会だろうか。少女らが駆け出すその一瞬を切り取っている。ピストルの音がまるでカメラのシャッター音のようだ。また、「音」「風」が読む者の五感を刺激しているのも面白い。

ⓑ手でぴゃっぴゃっ／たましいに水かけてやって／「すずしい」とこえ出させてやりたい

（今橋愛『O脚の膝』所収）

使用修辞　**擬音語（❻）**

鑑賞しよう

水をかけてやるのは自分のたましい？　それとも誰かのたましい？　熱い心を冷やすのか？　それとも眠れる心の奥の何かを目覚めさせるのか？　擬音語が愉快な響きと可愛らしさを添えている。

❸ 俳句を味わう

ⓐ叩《たた》かれて　昼の蚊を吐く　木魚かな

（夏目漱石）

使用修辞　**擬人法（❺）**

鑑賞しよう

季語は「蚊」（夏）。僧侶が読経をしようと木魚をポクポクと叩き始めると、木魚の中にいた蚊が慌てて飛び出してきたようだ。漱石らしいユーモアだ。

ⓑ颱風《たいふう》去り雑兵《ぞうひょう》のごと風残る

（小川軽舟）

使用修辞　**直喩（❶）**※「ごと」＝ごとく

鑑賞しよう

季語は「颱風」（秋）。颱風が去った後も強い風が残っている。「颱風」は軍隊の列に、まだ残る風は本隊から取り残された「雑兵」（身分の低い兵）に見立てられている。戦い疲れた雑兵たちの姿が句全体に哀愁を与えている。

Ⅱ 詩歌の種類

1 言葉による分類

文語詩	文語体で書かれた詩。
口語詩	口語体で書かれた詩。

2 形式による分類

定型詩	一定の形式（音数や行数などに一定の決まり）がある詩。 ※短歌や俳句はここに分類される。
自由詩	一定の音数によるリズムを持たない詩。
散文詩	普通の文章のように書かれた詩。 ※自由詩との違いは、詩に特徴的な行分けがなく、一見すると普通の文章のように見える点にある。

3 内容による分類

叙情詩	感情や感動などの主観を表した詩。
叙景詩	目に映った景色を描写した詩。
叙事詩	神話や歴史的事件などを語る詩。

Ⅲ 味わってみよう

1 詩を味わう

自分自身に　　吉野弘

他人を励ますことはできても
自分を励ますことは難しい
だから――というべきか
しかし――というべきか
自分がまだひらく花だと
思える間はそう思うがいい
すこしの気恥ずかしさに耐え
すこしの無理をしてでも
淡い賑《にぎ》やかさのなかに
自分を遊ばせておくがいい

使用修辞　対句法（⑧）／反復法（⑨）／隠喩（②）

詩歌の種類　口語自由詩・叙情詩

鑑賞しよう

自分自身を励ますことは難しい。それだからこそ（あるいはそうであったとしても）、自分自身は「まだひらく花」だと思おう。自分のことをそう思うのは気恥ずかしいかもしれないが、自分の可能性を信じて、自分を「遊ばせておく」のがいいのだ。

音語）。事物の状態や身振りなど（「音」がしないもの）を言語音で表す（擬態語）。

例 雨がざあざあ降る。（擬音語）
象がのそのそ歩く。（擬態語）

7 倒置法

叙述の順序を入れ替えて、調子を整えたり強調したりする。

例 私は知っている。それは叶《かな》うことのない夢だということを。

8 対句法

類似したリズムの文を繰り返すことでリズムを生み出したり強調したりする。（●●な○○。■■な□□。／●●は○○である。■■は□□である。等）

例 海の波は高く、空の雲は厚い。
清涼とした海の風。燦然《さんぜん》とした空の星。

9 反復法

同じ言葉や類似した言葉を繰り返して印象深く表す。（○○は○○だ。／□□な△△。△△な□□。等）

例 これは夢だと思った。間違いなく夢だと思った。
僕はやはり夢を見ていたのだ。
絶対に許さないと言ったら絶対に許さない。
どこまでいっても彼は彼だった。
静かな森だった。どんなに歩いても森は静かだった。

10 押韻

同じ音をそろえる。（文の最初でなら「頭韻」／文末でなら「脚韻」）

例 人の人生は一度きり。なのに人のお世話にかかりきり。（脚韻）

11 体言止め

文節の終わりを体言で止めて、余韻やリズムを生み出す。

例 修学旅行に行った。荘重な雰囲気の神社。雄大な大自然。どれも素晴らしい体験だった。

ネットワーキングで覚える　一覧